KB013616

패자의 게임에서 승자가 되는 법

WINNING THE LOSER'S GAME

내 돈을 지키는 성공 투자 전략

패자의 게임에서 승자가 되는 법

찰스 엘리스 지음
이혜경, 방영호 옮김

중앙books

사랑하는 아내이자 가장 좋은 친구 린다 로리머에게 이 책을 바칩니다.

"당신 덕분에 이 책과 내 삶이 훨씬 더 좋아졌고
사람들에게 더 많은 도움을 주게 되었으며 우리 모두에게 더 많은 재미를 선사했다오."

투자자를 위한 최고의 필독서

메타포는 우리가 생각하고 행동하는 방식에 강력한 영향을 미칠 수 있으며, 실제 결과물에도 큰 변화를 불러일으킬 수 있다. 요컨대, 메타포는 인간의 마음과 시장을 움직일 수 있다. 잘 알려진 사례를 하나 들자면, 애덤 스미스의 '보이지 않는 손(invisible hand)'은 경제사상에 큰 영향을 미쳤으며 자유 시장 자본주의의 근간을 이루는 지적 토대가 되었다.

마찬가지로 찰스 엘리스도 메타포를 만들어 투자운용 분야에 획기적인 변화를 불러일으켰다. 이 책은 1985년에 처음으로 출간되었지만, 그 시초가 되는 개념은 10년 전 그의 투자 이론을 다룬 글에서 발표되었다. 엘리스는 테니스 경기를 예로 들어 아마추어 테니스 선수들에게는 흔히 그들 자신이 최악의 적이 된다는 점을 보여준다. 아마추어 선수들의 경기는 프로들의 경기처럼 최고의 드롭샷이나 강력한 서브를 날리는 사람이 승자가 되는 경우는 드물다. 그보다는 실책을 가장 적게 범하는 사람이 경기에서 승리한다. 따라서 최고의 전략은 단순하다. 공을 받아치고 상대 선수가 실수를 저지르길 기다리는 것이다.

여기서 유추하면 최적의 투자 전략은 시장을 이기려 들지 않는 것이다. 그래서 광범위한 인덱스 펀드를 매수하고 보유하기만 해도 투자에서 성공하는 것이다. 반면에 액티브하게 주식을 사고파는 행위는 추가적인 비용과 높은 세금이 수반되며, 실책으로 이어질 가능성이 매우 높다.

시간이 흐르면서 시장이 발전했고 이 책의 개정판이 세상에 나왔다. 그에 따라 엘리스의 조언이 아마추어 투자자들뿐만 아니라 전문 투자자들에게도 길잡이가 된다는 점이 더욱 분명해졌다. 100년 전에만 해도 증권거래소에서 거래의 90퍼센트 이상이 개인 간에 이루어졌다. 그런 시장에서는 정보에 더 빨리 접근할 수 있는 전문가들이 전문 지식이 없는 투자자들보다 우위를 점하고 패시브 인덱스 펀드보다 더 나은 성과를 낸다고 볼 수 있다. 하지만 시간이 지나면서 개인들 대부분이 기관들이 운용하는 뮤추얼 펀드와 상장지수 펀드(exchange-traded fund)에 그들의 퇴직연금을 투자하게 되었다. 이런 환경에서 매우 숙련된 전문가라 해도 뛰어난 성과를 올리는 것은 매우 드문 일이 되었다.

그래서 《패자의 게임에서 승자가 되는 법》의 개정판에서 엘리스는 '데이터의 악덕함'이 지금도 심화되고 있음을 입증한다. 그에 더해 새로운 근거가 이전 판들에서 다룬 논제에 한층 더 힘을 싣는다. 스탠더드 앤드 푸어스(Standard and Poor's)는 투자 성과에 대한 비공식적인 득점기록원이 되었다. 이 회사는 반년마다 스피바(SPIVA)보고서를 발표하여 액티브 매니저들이 광범위한 S&P 주가지수와 대비해 달성한 성과를 보여준다. 보고서의 내용에 따르면, 해마다 그들이 운용하는 펀드 중 3분의 2 이상이 S&P 1500 주가지수와 비교해 저조한 실적을 올렸다는 사실을 알 수 있다. 더욱이 한 해에 주가지수를 능가하는 실적을 달성한 액티브 매니저들이 다음 해에도 그처럼 시장을 이긴다고 볼 수 없다. 게다가 시장의 수익률을 초과하는 액티브 투자자들의 비율이 계속해서 떨어지고 있다.

엘리스는 지금 시기에 딱 적절한 메시지를 던졌다. 수많은 사람이 집에서 몸을 숨기고 지내는 코로나 19의 시대에 미국은 말할 것도 없고 유럽과 아시아에서 도박이 유행하게 되었다. 스포츠 베팅에서 신기록이 세워지고 있으며, 주식시장에서 하는 도박은 국가적 오락이 되었다. 수수료 없는 거래로 인해 수많은 개인 투자자들이 도박과 투자를 혼동하다 너 나 할 것 없이 데이 트레이더가 되었다. 여러 회사가 다섯 배의 가치가 되었다가 이후 곤두박질해 파산하는 모습을 우리는 목격했다. 로빈후드(Robinhood, 인기 있는 온라인 거래 플랫폼) 상에서 소액 개인 투자자들에게 가장 인기 있는 주식들은 가장 위험하고 변동성이 가장 심한 종목에 속하는 경향이 있다. 대표적인 예를 들면, 테슬라는 주가가 하루 만에 25퍼센트나 내려갔던 종목이다.

여러 연구에서 개인 거래자들이 실제로 주식시장에서 얼마나 형편없는 성과를 거두는지 밝혀졌다. 캘리포니아 대학의 바버(Barber) 교수와 오딘(Odean) 교수는 6년 동안 디스카운트 브로커(discount broker, 증권사의 위탁수수료보다 저렴하게 수수료를 할인해주는 증권사–옮긴이) 찰스 슈왑(Charles Schwab)의 액티브 트레이딩 계정을 분석했다. 그 결과 두 사람은 액티브 트레이더들이 단순하고 저비용의 투자수단인 인덱스 펀드에 비해 상당히 저조한 실적을 거둔 사실을 발견했다. 더군다나 가장 많은 거래를 한 트레이더들이 최악의 수익률을 기록했다. 두 교수는 대만 연구원들과 함께 대만에서 15년 동안 현지 데이 트레이더들이 진행했던 거래를 분석했다. 그에 따르면, 저비용 ETF 펀드로 얻을 수 있는 시장 수익률을 능가한 데이 트레이더는 1퍼센트도 채 되지 않았다. 그중 80퍼센트 이상이 실제로 손실을 입었다. 브라질 시장의 데이 트레이딩을 분석한 연구에서는 3퍼센트만이 수익을 창출했다는 훨씬 더 충격적인 결과가 나왔다.

이 개정판에서 엘리스는 광범위한 분산투자, 리밸런싱, 적극적 세무관리, 시장 타이밍 회피, 끝까지 버티기 등의 활동이 수반되어야 진실한 투자가 된다는 점을 보여준다. 이 개정판에서 특히 주목해야 할 부분은 금융 억압의 시기에는 투자자들이 채권의 활용을 재고려해야 한다고 경고하는 점이다. 세계 각지의 중앙은행들이 채권의 수익률을 제로에 가깝게, 또 유럽과 아시아에서 수익률이 마이너스가 되도록 이끌었다. 이런 환경에서 인플레이션이 2퍼센트 미만으로 억제되더라도 채권이 장기투자로 적합하다고 말하기는 어렵다고 엘리스는 경고한다. 엘리스의 시기적절한 조언을 따라가는 독자들은 투자 게임에서 승자가 될 확률이 상당히 높을 것이다.

프린스턴대학교의 명예교수이자
《랜덤워크 투자수업(A Random Walk Down Wall Street)》의 저자
버턴 말킬(Burton G. Malkiel)

옮긴이의 글

혼돈의 시대일수록 투자의 기본을 생각할 때

《패자의 게임에서 승자가 되는 법》은 찰스 엘리스의 명저《Winning the Loser's Game》의 8번째 개정판을 텍스트로 삼아 번역한 책이다. 지난 2010년에 국내 출간된 기존 번역서의 텍스트는 4번째 개정판으로, 당시의 제목은《나쁜 펀드매니저와 거래하라》였다. 제목이 달라진 만큼 이번 개정판과 기존 번역서도 차이가 있다.《나쁜 펀드매니저와 거래하라》가 좋은 펀드매니저를 고르는 방법을 선별해 편집했다면《패자의 게임에서 승자가 되는 법》은 원서의 내용을 보다 충실히 옮기는 데 중점을 두었다. 제목이 달라진 것도 바로 개정 한국판의 핵심 메시지가 달라졌기 때문이다.

수많은 투자자가 시장 평균 수익률보다 높은 수익률, 즉 대박을 내고 싶어 한다. 하지만 엘리스는 이런 투자 관행은 옳지 않다며 따끔한 질책의 목소리를 전한다. 그는 성공적인 투자란 명확하게 목표를 정의하고 자산 배분을 적절히 해 사전에 계획한 투자 프로그램을 꾸준히 시행할 때 비로소 이루어진다고 강조한다. 성공적인 운전은 사고 없이 안전한 속도로 움직이며 올바르게 주행하는 것이지, 제한속도를 벗어나는 게 아니라는 것이다.

그래서 엘리스는 특히 시간의 힘에 주목한다. 대박 한 번을 노리기보다는 꾸준히 장기적으로 시장에 머물며 복리 투자를 하면 자연스럽게 자산이 불어나 있을 거라고 설명한다. 그가 '비싼 데다 신뢰하기 어려운 액티브 운용 펀드는 가급적 피하고, 시장 수익률을 따르는 인덱스 펀드에 돈을 맡겨라'고 조언하는 것은 바로 이 때문이다.

엘리스가 인덱스 펀드 투자를 권장하는 이유는 또 있다. 투자자의 주머니를 노리는 불공정(높은 수수료 등)이 시장에 난무하는 상황을 고려하면, 투자자가 우위를 얻고 그 우위를 유지하는 가장 쉬운 방법은 인덱스 펀드 투자라는 것이다. 시장을 이길 수 없다면, 시장과 한편이 되라는 게 그의 조언이다. 게다가 개인 투자자가 인덱스 투자를 하게 되면 각자 결정적 우위를 지닌 직업적 전문영역 등에서 시간과 에너지를 쏟을 자유도 얻게 된다고 덧붙인다.

그래서 엘리스는 리스크에 대한 올바른 목표를 설정하고, 그러한 합리적 목표를 달성할 가능성이 가장 큰 포트폴리오를 설계하고, 적절하게 균형을 유지하며, 그 과정을 지속하라고 권한다. 인덱스 펀드나 상장지수펀드(ETF)에 투자하면 투자 정책 실행을 단순하게 만들어서 투자자가 장기적인 목표, 포트폴리오 전략, 투자 정책에 주력할 자유를 얻을 수 있기 때문이다.

엘리스는 우리에게 패자의 게임을 하지 말자고 역설한다. 그의 설명에 의하면 프로는 실수를 거의 하지 않으며 승점을 얻어 승리한다. 하지만 아마추어는 실수 때문에 자멸한다. 아마추어들은 상대 때문이 아니라 자기 자신을 이기지 못해서 패하고 마는 것이다. 그렇다면 프로들이 하는 승자의 게임과, 아마추어들이 하는 패자의 게임 가운데 우리는 과연 무엇을 선택해야 할까? '투자 성공의 비결은 시장을 이기는 게 아니다'라는 그의 말에 정답이 있다.

엘리스는 이렇게 투자해야 하는 이유는 우리가 행복하기 위한 것이라고 말한다. 만약 '성공이란 원하는 것을 얻는 것'이며 '행복이란 얻은 것에 만족하는 것'이라면, 우리가 올바른 자산 조합에 집중하고 몇 가지 단순한 진리와 더불어 살아갈 때, 투자로 성공하고 행복도 얻을 수 있을 것이라고 우리에게 응원을 보내는 것이다.

코로나19 사태로 인해 전 세계 경제가 흔들리며 주식시장 또한 갈팡질팡하는 모습을 보이고 있다. 투자자들도 코로나19 사태 이후 과거와 달라진 패러다임 속에서 투자 방향을 어떻게 잡아야 할지 고민이 적지 않다. 하지만 이럴 때일수록 기본을 생각하는 게 도움이 될 수 있다. 《패자의 게임에서 승자가 되는 법》은 그런 점에서 투자자들에게 든든한 길잡이가 될 것이다.

끝으로 한 가지 당부하고자 하는 것은 이 책이 훌륭한 투자의 고전이지만, 어디까지나 한국 주식시장이 아니라 미국 주식시장을 바탕으로 쓴 책이라는 점이다. 이 점을 감안하고 읽는다면 찰스 엘리스의 날카로운 통찰이 투자의 성공 전략을 세우는 데 큰 도움이 될 것이다.

이혜경

프롤로그

성공하는 투자의 원칙은 결코 변하지 않는다

나는 운이 좋았다! 나는 용기를 북돋워주는 멋진 여성과 결혼했을 뿐만 아니라, 미국에서 태어나 교육적인 면에서도 특혜를 누렸다. 그리고 너무나 사랑하는 부모님, 자녀, 손주들을 만나 행복을 누리는 축복도 받았다. 게다가 똑똑하고 헌신적이며 창의적인 이들로 가득한 투자운용 분야(대단히 인기 높은 산업 중에서도 한없이 매력적인 직종)에서 이례적으로 전 세계의 친구들을 두루 얻는 복도 받았다.

투자는 꽤 복잡한 듯이 보이기도 하는데, 현명한 투자는 그냥 투자보다 시간이 훨씬 더 많이 걸리곤 한다. 사람들은 대부분 너무 바빠서 '투자에 대해 전부 배울' 시간을 내기가 어렵다. 그런 이들과 당신은 지금 하는 일을 계속하는 게 낫다. 나는 장기적 투자라는 전문성에 매료되어 투자 세계에 발을 들여놓았다. 그런데 이 장기 투자 전문성이 점점 원칙에서 멀어지는 모습을 보게 되어 우려가 앞선다. 근시안적인 상업성,

그리고 장기 투자운용 방식에 대한 투자자들의 의심 탓이다. 내가 누린 모든 혜택을 고려할 때, 나는 다른 사람들을 위해 봉사해야 한다는 책임감을 느끼며 이 책을 썼다.

지난 세기 동안 증권시장은 큰 변화를 보여주었다. 이는 여러 면에서 개인 투자자와 전문 투자자에게 엄청난 문제를 일으켰다. 이처럼 상당한 변화를 챕터 1의 '투자 게임의 냉혹한 본질'에서 설명했다. 나는 어떤 문제를 인식하면 적당한 해결책을 찾아내야 한다는 전통을 배우며 성장했기 때문에 부족하나마 진솔한 이야기를 책에 담아 저술하고자 했다. 독자들이 저마다 자신이 직면한 현실을 이해하면 일반적인 패자의 게임을 승자의 게임으로 전환하기 위하여 적절히 손쓰는 방법을 알게 된다. 이 승자의 게임에서는 모든 합리적 투자자들이 장기적으로 승자가 될 수 있고 그렇게 되어야 한다.

윈스턴 처칠(Winston Churchill)은 지혜롭게도 "사람들은 승리를 매우 좋아한다!"고 관찰했다. 우리는 투자에서 승리하기를 원하고, 그런 바람처럼 모두 승리할 수 있다. 우리가 더 낮은 비용, 더 작은 리스크, 부족한 시간과 노력을 들이더라도 우리의 실제 목표를 분명히 설정하고 합리적인 장기 정책을 개발해 이를 지속할 수 있다면 승리가 가능하다. 그래서 시장 변동은 우리에게 불리한 것이 아니라 오히려 도움이 된다.

전 세계 훌륭한 실무자들과 전문 이론가들에게 투자를 배운 지난 50여 년 동안, 나는 성공적인 투자 원칙을 가능한 한 있는 그대로 모으고 추려서 쉽게 설명하고자 노력해왔다. 필수적인 자제력을 갖추었고 패자의 게임을 피하고자 하는 개인과 기관 투자자들에게 이 부족한 책이 담고 있는 메시지들은 현재는 물론 앞으로 50년 동안 합리적 투자라는 승자의 게임에서 성공하는 열쇠가 될 것이다.

기업들은 달라지고, 이따금 시장과 경기가 오르락내리락하는 경우도 많을 것이다. 사실 단기 데이터가 핵심 원칙을 대부분 거스르는 것처럼 보일 때야말로 핵심 원칙이 가장 중요하고 필요한 시기다. 그러므로 이 책을 읽으면 우리가 투자에 성공하기 위해 정말로 알아야 할 모든 것을 얻을 수 있다.

2021년 3월 코네티컷 뉴헤이븐에서

찰스 D. 엘리스

차례 Contents

PART II
실패를 승리로 바꾸는 게임의 룰

PART III
남다른 혜안이 남다른 성공으로 이끈다

PART I

시장 곳곳에 도사린 위험들

어쩌면 시장은 우리 눈에 보이지 않는 함정들을 곳곳에 숨겨둔 채 투자자들의 패배를 유도하는지도 모른다. 때때로 시장은 여러 가지 긍정적인 데이터와 숫자들을 앞세워 참여자를 많이 끌어들이고 참여자 모두가 승리할 수 있다고 떠벌리는 이들로 가득 차 있기도 하다. 그러나 시장에서 모두 승리하기란 불가능한 일이다. 그렇다고 우리가 늘 패하는 길만을 갈 수는 없지 않은가.

01
투자 게임의 냉혹한 본질

마음에 들지 않는 데이터들이 펀드 실적 평가업체의 컴퓨터에서 줄줄이 폐기되고 있다. 반복적으로 나타나는 이러한 사실과 수치는 우리에게 대다수 뮤추얼 펀드가 '실적을 내지' 못하거나 시장을 이기지 못하고 있음을 알려준다. 마찬가지로 암울한 현실이 연금이나 기금 같은 기관 투자자들과 마주하고 있다. 이따금 평균 이상의 실적이 나오는 시기에는 곧잘 잘못된 희망을 갖도록 하는 기대를 불러일으킨다. 시장 평균을 능가한다는 펀드들이 종종 내거는 목표와 달리, 투자 매니저들은 시장을 이기지 못한다. 거꾸로 시장이 그들을 이기고 있다.

우리는 자신이 믿고 있는 것과 전혀 다른 정보에 직면할 때, 둘 중 한 가지 반응을 보이는 경향이 있다. 어떤 이들은 새로운 정보를 무시한 채 자기 신념을 굳건히 고수한다. 나머지 사람들은 새로운 정보의 타당성을 받아들여 그들의 현실 인식에 이를 반영하고 활용한다. — 새로운 정보를 — 계속 거부하려는 대다수 투자 매니저와 수많은 개인 투자자는 오래전 다른 시대의 시장에서 개발된 몇 가지 비현실적 신념을 고수한다. '투자 기회'에 대한 그들의 비현실적 견해는 계속, 그리고 점점 더 틀린 것임이 입증되고 있다.

어리석은 펀드 매니저는 시장을 이기려 든다

전통적인 방법의 투자운용은 투자자들이 시장을 이길 수 있고, 우수한 매니저들이 시장을 이길 것이라는 핵심 신념을 바탕에 둔다. 이처럼 낙관적인 기대는 50년 전에는 타당했다. 그러나 오늘날에는 그렇지 않다. 시대는 시장을 매우 중요한 측면에서 변화시켜 왔기 때문에 그 전제가 비현실적인 것으로 드러났다. 대략 설정 후 1년쯤 된 뮤추얼 펀드의 70%는 그들이 선택한 벤치마크(수익률 실적을 평가하는 기준 지표-옮긴이)보다 저조한 실적을 기록했다. 설정 후 10년 된 뮤추얼 펀드의 경우 더 부진했는데, 거의 80%가 저조한 실적을 보여주었다. 15년 후에는 더 심각했다. — 그 수치가 90%에 이르렀다.

그렇다! 몇몇 펀드가 특정한 어느 해와 십수 년 동안 시장을 이겼지만, 장기적인 기록들을 살펴보면 오랫동안 시장 평균을 능가한 펀드는 극히 드물었음을 알 수 있다. 그리고 어느 펀드가 시장을 능가할지를 식별할 줄 아는 사람은 하나도 없다.

만약 시장을 이기는 일이 가능하다는 전제가 옳다면, 어떻게 실적을 달성할지 결정하는 일은 간단한 논리 문제가 된다.

첫째, 전체 시장은 S&P 500(Standard & Poor's 500 index)이나 윌셔

5000(Wilshire 5000 index) 지수처럼 증시에 상장하여 보여줄 수 있다. 따라서 성공적인 액티브 매니저는 '머리를 쓸 필요가 없는' 지수보다 더 높은 수익률이 나오도록 포트폴리오를 재구성하면 된다. 액티브 매니저는 주식 선정, 특정 주식군(群)에 대한 전략적 강조, 시장 타이밍 또는 이러한 판단을 다양하게 조합하여 추종 벤치마크를 선택함으로써 차별화할 수 있다.

둘째, 액티브 매니저는 가능한 한 다수의 '적합한' 주식을 선정하고 싶어 할 것이기 때문에, 내재가치보다 저렴한 증권을 찾아 매수하고 내재가치보다 비싸게 매도한다는 공통의 목표를 지닌 매우 똑똑하고 의욕적인 전문가 집단을 끌어모을 것이다. 그리고 이들은 시장을 이기고자 대중을 상대로 예리하게 베팅할 것이다. 이렇게 기회도 많은 데다 더 나은 실적을 내기 위해 열심히 노력을 기울이면서 훌륭한 정보, 컴퓨터로 도출한 효과적인 모델, 뛰어난 기술을 갖추고 일하는 노련한 전문가들이 시장을 능가할 거라는 생각은 얼핏 합리적으로 보일 수도 있다. 수십 년 전에는 정말로 그랬다.

불행히도 수많은 기관 투자자들이 오늘날 시장을 능가할 수 있다는 기본 가정은 틀렸다. 오늘날에는 기관 투자자들이 바로 시장이다. 그들은 모든 상장 주식 거래와 파생상품 거래에서 95% 정도를 차지한다. 확실히 투자운용이 패자의 게임이 된 까닭은 능력 출중한 투자 기관들이 수없이 많고 고객을 위해 잘 해보겠다는 의지가 강하기 때문이다. 기관 투자자들이 능력을 발휘하여 열심히 일하고 있음에도 불구하고, 전문 투자자들은 하나의 기관 투자자 집단으로 시장을 능가할 수 없다. 실제로 매매 수수료, 운용 수수료, 시장 영향, 세금 등 대부분의 액티브 운용에 따르는 비용을 안고 있다 보니, 대부분의 액티브 매니저들은 지속적으로 매년 전체 시장보다 낮은 수익을 거둔다. 장기적으로도 대다수 매니저가 전체 시장보다 낮은 수익률이라는 성적표를 손에 쥔다.

승자를 뽑는 게임과 패자를 뽑는 게임

본인이 알아서 투자하는 개인 투자자들의 수익률은 훨씬 더 나쁘다. 평균적으로 그렇다. 그중에서도 데이 트레이딩(Day trading, 주식을 매수한 당일에 바로 매도하는 것-옮긴이)이 가장 나쁘다. 이런 베팅은 호구들이나 하는 짓이니 절대 따라 하지 마라. 기관들의 투자가 승자의 게임에서 패자의 게임으로 바뀐 것을 분석하기에 앞서, 두 게임 사이의 엄청난 차이를 생각해봐야 한다.

TRW(Thompson Ramo Wooldridge, 자동차와 항공우주 부품 제조업체-옮긴이)의 설립자 중 한 명인 사이먼 라모 박사(Dr. Simon Ramo)는 본인의 훌륭한 게임 전략서《평범한 테니스 선수를 위한 특별한 테니스(Extraordinary Tennis for the Ordinary Tennis Player)》를 통해 승자의 게임과 패자의 게임 간 중대한 차이를 정리했다.[1]

라모 박사는 몇 년 동안 테니스 경기의 유형이 한 가지가 아니라 두 가지라는 것을 관찰했다. 한쪽은 프로들과 소수의 유능한 아마추어들의 경기였고, 다른 경기는 나머지 우리 모두가 하는 경기였다.

두 경기의 선수들은 장비, 복장, 규칙, 득점 등이 동일하고, 똑같은 예의범절과 관습을 따른다. 하지만 그들이 하는 게임은 아주 다르다. 라모

1 사이먼 라모,《평범한 테니스 선수를 위한 특별한 테니스》, 뉴욕: 크라운 퍼블리셔스, 1977년.

박사는 폭넓은 통계 분석을 마친 후, 이렇게 요약했다. "프로는 점수를 얻지만, 아마추어는 점수를 잃는다."

프로 테니스에서는 승자의 행동이 최종 결과를 결정한다. 프로 테니스 선수들이 한참 동안 흥미진진하게 공을 주고받으면서 레이저처럼 정확하게 공을 세게 쳐내면, 어떤 선수는 손이 닿지 않는 곳으로 공을 보내기도 하고 또 어떤 선수는 실수를 범한다. 이 훌륭한 프로 선수들은 거의 실수하지 않는다.

라모가 알아낸 바에 따르면, 아마추어들의 테니스 게임은 거의 전적으로 프로들과 다르다. 아마추어는 좀처럼 상대를 이기지 않는다. 대신에 그들은 자기 자신을 이겼다. 사실상 승부는 패자가 결정한다. 방식은 이렇다. 두 선수 간에는 멋진 샷, 장시간 이어지는 흥미진진한 공 주고받기, 얼핏 봐도 기적적인 회생이라곤 거의 없다. 공은 네트에 너무 자주 맞거나 튕겨나가고, 서브를 넣을 때 더블 폴트(double faults, 테니스 경기에서 두 번 주어지는 서브 기회에서 두 번 모두 실패해 1점을 잃는 것-옮긴이)를 범하는 실수도 드물지 않다. 경기에서 승리하려면 서브에 힘을 더하거나 라인에 더 가까이 붙이기보다 꾸준히 공을 되받아치는 데 주력하여 상대 선수의 실수를 유도해야 한다. 상대방이 훨씬 더 많은 점수를 잃은 덕분에 이 테니스 경기의 승자는 더 높은 점수를 얻는다.

과학자이자 통계학자인 라모 박사는 자신의 가설을 실험하기 위해 영리한 방법으로 자료를 수집했다. 그는 전통적인 테니스 게임 점수 기록 방식인 '15대 0, 15대 15, 30대 15, 15대 40' 대신 간단하게 '공격 성공에 따른 승점'인지 '상대의 실수로 얻은 실책점'인지를 헤아렸다. 그는 프로 테니스의 경우 점수의 약 80%가 승점인 반면, 아마추어 테니스에서는 점수의 약 80%가 실책점이라는 것을 알아냈다.

두 경기는 근본적으로 정반대다. 프로 테니스는 승자의 게임이다. 승자의 행동이 승부를 결정한다. 그러나 아마추어 테니스는 패자의 게임이다. 패자의 행동이 승부를 결정짓는데, 패자는 자기 자신을 지도록 만든다.

지지 않는 투자가 곧 이기는 투자다

저명한 군 역사학자 새뮤얼 엘리엇 모리슨(Samuel Eliot Morison) 제독은 깊이 있는 논문 〈전략과 타협(Strategy and Compromise)〉에서 위와 비슷한 핵심 요점을 다음처럼 지적했다. "전쟁에서 실수는 피할 수 없다. 군대의 결정은 일반적으로 적의 강점과 의도에 대한 잘못된 추정, 그리고 불완전하고 종종 오해의 소지가 있는 정보를 바탕으로 이루어진다. 다른 사안들이 엇비슷할 경우, 전략적 실수를 가장 덜 하는 쪽이 전쟁에서 승리한다."[2]

전쟁은 궁극적으로 패자의 게임이다. 아마추어 골프도 마찬가지다. 토미 아머(Tommy Armour)는 자신의 저서 《언제나 골프를 가장 잘 치는 방법(How to Play Your Best Golf All the Time)》을 통해 '승리하는 가장 좋은 방법은 나쁜 샷을 덜 치는 것'이라고 말한다.[3] 이 말은 주말 골퍼 모두가 동의하는 논평이다.

다른 패자의 게임도 많다. 기관 투자처럼 일부는 한때 승자의 게임이

2 새뮤얼 엘리엇 모리슨, 〈전략과 타협〉, 뉴욕:리틀 브라운, 1958년.

3 토미 아머, 《언제나 골프를 가장 잘 치는 방법》, 뉴욕: 사이먼 & 슈스터, 1971년.

었으나 시간이 지나면서 패자의 게임으로 변했다. 예컨대 100년 전에는 시력이 좋으면서 용감하고 운동도 잘하고 의지가 강한 젊은이들에게만 비행기를 조종하려는 용기가 있었다. 그 영예롭던 시절에 비행은 승자의 게임이었다. 하지만 시대가 변하면서 비행도 달라졌다. 만약 오늘 당신이 타야 할 747기 조종사가 '50 미션 캡(50 Mission Cap, 제2차 세계대전 당시 연합군의 공군 엘리트 조종사가 쓰던 모자-옮긴이)'을 쓴 채 길고 하얀 실크 스카프를 목에 두르고 탑승했다면, 당신은 그 비행기에서 내릴 것이다. 이제 그런 조종사들은 더 이상 비행기에서 볼 수 없다. 왜냐하면 오늘날 비행의 규칙이라고는 '어떤 실수도 하지 마라' 딱 하나뿐인 패자의 게임이기 때문이다.

승자의 게임은 종종 참여자를 너무 많이 끌어들여서 자멸하는데, 그들 모두가 승리하기를 원하기 때문이다[골드 러시(금광 등 돈이 되는 곳으로 사람들이 몰려드는 현상-옮긴이)가 추악하게 끝나는 이유가 여기에 있다]. 우리가 여전히 투자운용이라고 여기는 '머니 게임'은 최근 수십 년 동안 투자 환경에 기본적인 변화가 일어나 승자의 게임에서 패자의 게임으로 변했다. 시장은 투자 전문가들에 의해 압도적으로 지배를 당하게 되었다. 사람들은 모두 똑같이 훌륭한 정보를 알고 있으며, 엄청난 컴퓨터 능력을 갖추었고, 투자 전문가들이 집단적으로 완벽하게 지배하는 시장을 제압해 승리하려고 노력한다. 액티브 투자 매니저는 너무 조심스러운 관리자들 또는 빠르게 움직이는 시장을 잘 모르면서도 과도하게 자신만만한 아마추어들과 더 이상 경쟁하지 않는다. 남들보다 적게 잃는 것이 '승리'의 비결인 패자의 게임에서, 이제 액티브 투자 매니저는 모든 비용과 수수료를 회수해가며 수많은 다른 부지런한 투자 전문가들과 경쟁을 벌인다. 핵심 문제는 명확하다. 집단으로서 전문 투자 매니저들은 너무나 뛰어나서 그들 중 어느 누구도 시장, 즉 그들이 결정한 것을 취합한 컨센서스(consensus, 전문가들의 의견을 모아놓은 전체 의견이라는 뜻-옮긴이)보다 높은 수익률을 올릴 수 없도록 만든다.

'이길 수 있다'는 펀드 매니저를 믿지 마라

오늘날 머니 게임에는 진짜 만만치 않은 이들이 참여한다. 헤지 펀드, 매니저, 기타 등등 수천 곳의 기관이 매일 하루 종일 시장에서 가장 치열한 경쟁 방식으로 운용한다. 전체 거래의 절반을 차지하는 가장 큰 50개 액티브 기관 중 가장 작은 기관조차 뉴욕, 런던, 프랑크푸르트, 도쿄, 홍콩, 싱가포르 등의 주요 거래 중개업체 서비스를 받는 일에 연간 1억 달러 정도를 지출한다. 당연히 이렇게 대단한 참여자들은 중요한 신규 분석 통찰이 담긴 '퍼스트 콜(first call, 기관 투자자에게 먼저 중요한 정보를 알려주는 행위-옮긴이)'을 받고 싶어 하지만, 미국 증권거래위원회(SEC)는 이제 모든 투자자가 똑같이 유용한 정보를 동시에 얻을 수 있도록 최대한 보장하라고 모든 상장기업에 강력히 요구한다. 따라서 거의 모든 개인 투자자들이 매매할 때마다 그들과 거래하는 '다른 사람'은 경험, 정보, 컴퓨터, 분석 자원을 모두 보유한 숙련된 전문가들 중 하나다.

그리고 그들은 얼마나 숙련된 전문가 집단인가! 대학과 대학원에서 최고의 성적을 거둔 그들은 절제력과 합리성이 뛰어나며, 매우 능숙한 데다 승리하기 위해 무엇이든지 하는 수천 명의 전문 애널리스트에게 특별한 정보를 제공받는다. 물론 일부 전문가들이 실수를 저지르면, 나머지 전문가들이 언제나 무슨 실수든 찾아내어 그에 따른 기회를 포착하곤 한다. 중요한 신규 투자 기회는 생각만큼 자주 생기지 않으며, 그 중 몇 가지는 확실히 오랫동안 계속 드러나지 않는다(평균으로 회귀하는 현상, 즉 행동이 '보통' 또는 평균을 향해 움직이는 경향은 물리학, 사회학, 그리고 투자에서 끊임없이 나타나는 강력한 현상이다).

이 게임의 새로운 규칙에 따른 핵심 질문은 다음과 같다. 최소한 액티브 운용에 드는 비용을 회수하려면 액티브 뮤추얼 펀드 투자 매니저는 얼마나 더 잘해야 하는가? 그 대답은 기가 막힌다. 연간 포트폴리오 회전율은 80%(펀드 매니저가 14개월 동안 일반적인 주식을 보유한다는 것을 전제로 하는데, 이는 뮤추얼 펀드 업계 평균보다 약간 길다)이며 평균 거래 비용(수수료+대규모 매매가 시장 가격에 미치는 영향)은 매수할 때 1%, 매도할 때 1%라고 가정하고 여기에 뮤추얼 펀드 매매 수수료와 판매 수수료로 1.25%를 더하면 일반적인 펀드의 세전 운용 비용은 연간 3.25%다.[4]

따라서 액티브 매니저는 그저 손익분기점만 맞추려 해도 연간 운용 비용에 약 3.25%라는 추가 부담을 극복해야 한다. 펀드 매니저가 일반적으로 7%의 미래 기대 수익률을 올리기 위해서는 총 비용에 앞서 10.25%의 수익률을 내야 한다. 다시 말해 시장에서 그냥 수익을 올리는 수준을 넘어 더욱 잘하려면, 액티브 매니저가 총 수익률에서 46% 이상 시장을 능가할 수 있어야 한다![5] 물론 아주 경쟁심이 강하고 고급 정

---

4 거래 비용에는 중개 수수료와 중개인의 스프레드(매도가와 매수가의 차이-옮긴이) 이상의 것이 적당히 포함된다. 전문가들은 여러분에게 다른 거래 비용이 또 있다고 말할 것이다. 만약 시장에 유동성이 매우 풍부해 보여서 당신이 언제라도 빠져나올 수 있을 거라고 '확신'하지 않았다면 전혀 매수하지 않았을 어리석은 주식 거래가 그것이다. 이것이 진짜 유동성의 함정이다.

5 버크셔 해서웨이의 워런 버핏(Warren Buffett)과 예일 대학교의 데이비드 F. 스웬슨(David F. Swensen)의 탁월한 실적을 더욱 훌륭하게 만드는 비결이 바로 이것이다.

보 다루기도 능하며 계속 활용할 만한 기회를 찾는 전문 투자자들이 지배하는 시장에서 그러한 우위를 달성하는 일은 사실 불가능하다.

그러므로 대다수 액티브 매니저들과 그들의 고객이 머니 게임에서 승리하지 못하는 것이 냉혹한 현실이다. 그들은 계속 패하고 있다. 그래서 "나는 승자다. 나는 머니 게임에서 승리할 수 있다"고 말하는 매니저는 분명히 승리를 입증해야 할 책임이 있다.

한 매니저가 다른 전문가들을 능가하려면 다른 전문가들의 실수를 자주 포착할 수 있을 만큼 숙련되고 재빨라야 한다. 또 그와 같은 실수를 다른 전문가들이 이용하는 것보다 더 빠르게 체계적으로 활용해야 한다(특히 시장이 고점에 이르렀을 때 함께 투자를 시행하는 등 전문가들조차도 거대한 실수를 저지른다. 그들은 다른 전문가들의 전망을 예상하려고 노력하는데, 그 전문가들도 물론 서로의 전망을 예측한다. 그들은 미세한 실수를 범하면, 자기들이 서둘러 실수를 바로잡든지 아니면 경쟁 상대인 전문가가 이를 악용해 신속하게 바로잡는 장면을 목격한다).

합리적인 투자행위가 열심히 일하는 전문가들에게조차 패자의 게임이 된 것은 시장을 이기기 위한 그들의 노력이 더 이상 이 문제를 해결해 줄 수 있는 해법이 아니기 때문이다. 이제는 그들이 이 문제의 가장 중요한 부분이다. 우리가 게임 이론에서 배운 바와 같이, 각 선수의 전략은 다른 선수들의 전략과 행동에 대한 이해와 예상을 결합하는 일이다. 현재 각 투자 매니저가 해결하려고 하는 복잡한 문제에서, 수많은 전문가 경쟁자들의 노력을 엮어 해결책을 찾기 위한 활동은 액티브 매니저 모두가 직면한 중요하면서도 불행한 현실이 되었다.

이들의 실적이 그렇게 실망스러운 것은 개인 액티브 매니저의 잘못이 아니다. 액티브 매니저들이 일하는 경쟁 환경은 지난 50년 동안 상당히 우호적인 여건에서 매우 부정적인 여건으로 극적으로 바뀌었고 계속 악화되고 있다. 특수한 장비를 갖춘 채 뛰어난 정보에 접근하는 똑똑하고 부지런한 수많은 사람들이 이 게임에 계속 뛰어들기 때문이다.

당신이 액티브 운용을 통해 평균보다 나은 실적을 거두고 싶다면 다른 사람들의 실수를 전적으로 계속 이용해야 한다. 그들이 기꺼이 져주겠다는 듯 행동하더라도 당신은 운용 비용을 전부 회수한 이후에야 이길 수 있다. 1960년대에는 기관들이 공개 시장 거래의 단 10%만 차지했고 개인 투자자들이 90%나 되었는데, 수많은 아마추어들이 현실적으로 전문적인 액티브 매니저들에게 질 수밖에 없었다.

필연적 실패를 벗어나고 싶다면

효율적으로 일하기란, 피터 드러커(Peter Drucker)가 현명하게 설명한 바와 같이 '일을 제대로 하는 방법을 아는 것'이라는 뜻이지만, 효과적으로 일하기란 '제대로 된 일을 한다'는 의미다. 왜냐하면 앞으로는 대다수 투자 매니저들이 시장을 이기지 못할 것이기 때문에 모든 투자자가 적어도 인덱스 펀드 투자를 고려해 시장으로부터 얻어맞지 않도록 해야 한다. 인덱스 투자는 재미있거나 흥미진진하지는 않더라도, 실적은 제대로 나온다. 자료에 따르면 인덱스 펀드는 대다수 투자 매니저들보다 수익률이 좋았다. 그리고 전문가들이 점점 더 시장을 장악해가면서 액티브 매니저에 대한 도전도 더욱 거세지고 있다.

대다수 투자자에게 '실제 인생을 건' 투자의 가장 어려운 부분은 최적화된 투자 정책을 찾아내는 것이 아니라, 강세장과 약세장을 거치는 동안에도 건실한 투자 정책을 고수하고 디즈레일리(Beniamain Disraeli, 19세기 빅토리아 여왕 시대를 영국의 전성기로 이끌었던 수상-옮긴이)가 '목표 유지(constancy to purpose)'라고 했던 것을 지켜나가는 것이다. 감정이 좌우되는 환경에서 이성을 유지하기란 쉽지 않다. 시종일관 변함없이 건실한 정책을 고수하는 것은 대단히 어렵지만 엄청 중요한 일이다. 투자자들이 건실한 투자 정책과 습관을 발전시키고 유지하는 일은 중요하다. 자기 자신과 했던 약속을 제대로 지키지 않은 대가는 매우 클 수 있다. 강세장이나 약세장 기간 동안 장기적인 초점을 유지하는 것은 어렵기로 악명이 높다. 시장이 강세장 또는 약세장일 때, 현 시장의 움직임에 상당히 변화가 필요해 보이거나 명백한 '사실'이 매우 설득력 있어 보이면 감정의 영향력이 가장 강해진다.

투자 컨설턴트가 꼭 갖추어야 할 자세는 이렇다. 각 고객이 자본시장에서 실현할 수 있으면서도 특정 투자자의 진정한 목적에 부합하는 장기 투자 목표를 인식하고 이해하면서 지속적으로 이행할 수 있도록 돕는 것이다. 투자 컨설팅은 투자자들이 올바른 목표를 선택하고 그 정책을 유지하도록 돕는다.

투자업계에 일어난 수많은 강력한 변화를 살펴보기에 앞서, 액티브 투자는 이윤 면에서 언제나 마이너스섬 게임(하면 할수록 손해가 커지는 게임-옮긴이)임을 스스로 돌이켜보라. 투자자들 간의 거래 투자 자체는 제로섬 게임(누군가는 이익을 얻지만 누군가는 손해를 보는 게임-옮긴이)이 된다. 단, 운용 수수료와 비용에 매매 수수료와 시장 영향까지 합산한 많은 비용(수익의 일정 비율을 차지함)을 차감해야 한다는 점을 제외한 경우에 그렇다. 이런 것들에 매년 총 수십억 달러의 비용이 들어간다.

훌륭한 액티브 매니저를 찾는 투자자들에게 더욱 실망을 안겨주는 것은 과거에 우수한 실적을 거둔 매니저들이 미래에 뛰어난 실적을 올리지 못하는 듯하다는 증거다. 투자 실적의 경우, 과거는 서막이 아니다. 일을 계속 제대로 못 하는 사람들이 절망의 구렁텅이 속에 빠져 있을 가능성이 높다는 우울한 연구결과는 예외사항이지만 말이다.

한 가지 고무적인 사실은 대다수 투자자가 액티브 투자로 시장을 이기고자 하는 패자의 게임을 하면 손해를 보지만, 모든 투자자가 장기적으로 승자가 될 수 있다는 것이다. 장기적으로 승자가 되기 위해서는 현실적인 목표를 세우고 그 목표를 달성해줄 만한 합리적인 투자 정책을 개발하는 데 집중할 필요가 있다. 아울러 우리 개개인이 진정한 승자의 게임을 누릴 수 있도록 그러한 정책을 지속적으로 이행하는 데 필요한 자기 수양과 불굴의 의지를 갖추어야 한다. 그것이 이 책이 여러분에게 말하고자 하는 전부다.

사람은 누구나 투자에 성공하기를 바란다. 투자에 성공한 많은 이들이 양질의 자녀 교육을 시키고, 은퇴 후의 삶을 보장받으며 더 나은 삶을 누린다. 학교, 병원, 박물관, 대학교는 성공적인 투자에 힘입어 중요한 임무를 수행한다. 투자 전문가가 투자자의 장기 목표를 현실적으로 달성하도록 돕는다는 점을 고려하면, 투자운용은 고결한 직업이다.

문제는 시장이 아니라 당신이다

그러나 수많은 증거들이 대다수 투자자가 심각한 적자로 인해 고통을 받고 있음을 알려준다. 사안의 가장 큰 문제는 투자자들이 실수를 저지른다는 것이다. 하지만 그들에게만 문제가 있는 게 아니다. 투자 전문가들은 진짜 잘못의 상당 부분이 고객이 아닌 전문가들 자신에게 있다는 점을 인식해야 한다. 그것은 바로 중요한 시스템 오류 3종이라는 불행한 결과다. 다행스러운 점은, 모든 전문 투자자들은 자신들의 고객들뿐 아니라 전문가인 자신들을 포함한 모두에게 투자가 진정한 승자의 게임이라는 것을 보장할 수 있도록 변할 수 있다는 점이다. 그렇게 변해야 한다.

놀라울 만큼 복잡한 것처럼 보이지만, 사실 투자운용 분야의 핵심사항은 딱 두 가지다. 하나는 전문직종으로, 투자 고객을 위해 이익을 내는 데 가장 좋은 일을 행하는 것이다. 다른 하나는 사업으로, 투자 매니저의 이익에 가장 좋은 일을 하는 것이다. 법률, 의학, 건축, 경영 컨설팅 등 다른 직업들과 마찬가지로, 전문직이라는 가치와 사업이라는 경제성 사이에는 끊임없는 다툼이 있다.

투자회사들이 고객의 신뢰를 유지함과 동시에 지속 가능한 사업을 유지하려면 이 두 가지가 모두 성공해야 한다. 게다가 장기적으로 볼 때 지속 가능한 사업은 고객의 신뢰를 얻어야 가능하다. 투자운용은 불행히도 여타 수많은 전문직과 다르다. 투자운용은 전문적 가치와 책임을 최우선순위에 두고, 사업 목표는 차순위에 두는 싸움에서 실패하고 있다. 투자회사들이 이 같은 싸움에서 그만 패배하고 싶다면 고객들이 승리할 수 있고, 승리할 가치가 있는 게임에 집중할 수 있도록 돕는 투자 상담을 제공하고 전문 투자자문업자들이나 정식 등록된 투자자문업자들과 더욱 긴밀하게 협력해야 한다. 다행히 전문성 수행에 좋은 일은 투자회사의 사업에도 좋을 수 있다. 고객들에게 필요한 것을 제공하는 일은 장기적으로 언제나 좋은 사업이기 때문이다.

교육을 받는 모든 직업과 마찬가지로 투자 전문직도 뛰어난 기술이 필요하고 거의 매일 점점 더 복잡해진다는 어려운 측면이 유독 많다.

하지만 이 또한 핵심사항은 단 두 가지뿐이다. 하나는 가치 발견이라는 점점 더 어려워지는 임무다. 가치 발견이란 창의적인 리서치와 빈틈없는 포트폴리오 운용을 결합함으로써 현재 시장을 주도하고 집단적으로 주가를 정하는 수많은 전문 투자자들보다 늘 우수한 투자 실적을 올리는 것이다. 앞으로 살펴보겠지만, 항상 흥미롭고 때로는 매력이 넘치며 이따금 신나는 일인 가치 발견과 '시장을 이기기 위한 경쟁' 작업은 수년 동안 점점 더 어려워졌고, 오늘날에는 더욱 어렵다. 대다수 액티브 투자자들이 시장을 이기지 못하고, 거꾸로 시장이 그들을 이기는 이유가 바로 여기에 있다.

언제나 어려운 것이 중요도가 큰 것만은 아니다(그저 손을 씻는 일이 생명을 구하는 데 페니실린 다음으로 중요하다는 사실이 의학적으로 증명되었다). 또 다른 주요한 부분이자 투자 전문가들이 할 수 있는 일 중 가장 가치 있는 부분은 다행히 별로 어렵지 않다. 바로 투자 자문을 제공하는 것이다.

펀드 매니저가 알아야 할 세 가지 오류

숙련된 전문가는 각 고객이 현실적인 장기 목표를 달성할 가능성이 가장 큰 합리적인 투자 프로그램을 숙고하고 결정하도록 도울 수 있다. 소득 변화, 시장 가치 변화, 유동성 제약 등 다양한 리스크에 대해 고객 자신이 감당할 수 있는 범위 안에서 말이다. 이것은 각 고객이 합리적인 투자 프로그램을 고수하는 데 도움이 될 수 있다. 특히 시장이 '이번에는 다른' 흥미진진한 기회로 가득 차 있거나 '훨씬 더 악화된' 당황스러운 위협투성이일 때 그렇다.[6] 경로를 유지하는(합리적인 투자 프로그램을 따르는) 일은 간단하거나 쉬운 게 아니라 훨씬 더 쉽고, 더 중요하며 액티브 운용 실적보다 한층 더 높은 실적을 낸다. 투자 자문업자들이 새로운 도구를 이용할 수 있게 되면서,[7] 우수한 투자 실적을 꾸준히 내는 일이 날로 어려워지고 있는 바로 그 시점에, 이는 점점 더 쉬워지고 있다.

놀라운 역설이지만, 자신의 경력을 투자운용에 바쳐온 사람들은 자기도 모르게 세 가지 문제를 스스로 만들어냈다. 첫 번째와 두 번째는 점점 더 심각한 결과로 이어진 수수료의 오류다. 그리고 세 번째는 누락이라는 훨씬 더 중대한 오류다.

첫 번째 오류는 고객과 잠재 고객에 대한 전문가의 사명을 '시장 이기기'로 잘못 정의하는 일이다. 50년 전, 이 같은 정의를 내린 사람들은 성공할 가능성이 있었다. 그러나 그런 시절은 이미 오래전에 지났다. 경쟁이 치열한 오늘날 증권시장에서, 장기간에 걸쳐 시장을 능가하는 액티브 매니저는 거의 없다. 대다수 매니저의 실적은 시원찮다. 규모 면에서도 대체로 시장 평균을 밑도는 실적이 시장 평균을 웃도는 실적보다 훨씬 많다. 또한 미래의 '승자'가 될 몇 안 되는 매니저를 찾아내는 일도 대단히 어려운 것으로 알려져 있고,[8] 한때 '시장을 주도하던 이들'도 그

---

6 진짜 항해에 익숙한 십대들처럼, 우리는 바람 부는 날 밖으로 나가 일부러 — 돛에 — 바람을 잔뜩 안아서 작은 돛단배가 훨씬 더 기울어지게 하여 항해에 서툰 사촌들을 신나게 겁주었다. 배가 곧 뒤집힐 것 같을 때, 그 배의 '가장 유능한 인물'은 선미 침하(tipping, 선박 꼬리 부분이 수면 아래로 가라앉는 현상-옮긴이) 심화 현상 방지 요령을 잘 알고 있었다.

7 예를 들면, 금융 엔진(https://advisors.financial engines.com)과 마켓라이더(http://www.marketriders.com)가 있다.

8 특정 투자 매니저의 실적 기록을 평가할 때, 운 vs. 실력의 영향을 구분하는 일에는 가까운 관찰자조차 애를 먹는다.

이후의 실패율은 높다.[9]

첫 번째로 지적한 수수료 오류라는 암울한 현실은 '시장을 능가하는 수익률'이라는 투자회사들이 대부분 제공한 적 없는 상품을 계속 판매하고 있으며, 십중팔구 앞으로도 제공하지 않을 것이라는 점이다.

경제성에 좌우되는 전문직의 한계

수수료의 두 번째 오류는 투자 전문직종의 가치가 투자 사업의 경제성에 좌우되도록 하는 것이다. (적어도) 투자운용에 매료된 유능하고 경쟁력 갖춘 인재들이 의도치 않게 투자 사업의 뛰어난 경제적 보상에 사로잡혀 최선을 다해 노력한다는 참된 가치에 방해물이 될 수 있는 의문을 제기하지 않을 가능성이 존재한다. 특히 그들이 꽤 유능하고 열심히 일한다는 것을 본인들이 알지 못할 때 말이다.

지난 60년 동안 투자운용 수익성이 증가했던 다음 주요 두 가지 방식을 생각해보라.

- 이따금 잠깐씩 운용을 중단하면서 운용한 자산은 10배나 증가했다. 일부는 시장 가격 덕을 보았고, 일부는 기금이 늘어난 덕분이었다.
- 수수료는 자산에 대한 비율만큼 5배 이상 증가했다.

이 두 가지 영향력의 조합은 강력하다는 사실이 증명되었다. 투자운

9 그리니치 어소시에이츠(Greenwich Associates)의 연간 조사에 따르면, 40년 전 미국 연금 펀드를 맡았던 상위 투자 매니저 20명 중 아직도 상위 20위 안에 있는 사람은 단 1명뿐이라고 한다. 영국에서는 30년 전 상위 20명에 속했던 투자 매니저 중 고작 2명만이 상위 20명에 포함되어 있다.

용 사업의 수익성이 매우 높아진 결과, 상당히 노련한 개인에 대한 보상은 거의 10배나 증가했으며 기업 가치도 훨씬, 훨씬 올라갔다. 또한 고객들을 위해서 경영진의 자리와 그들이 우선시하는 사항에 매우 중요한 변화가 일어났다.

투자운용 조직이 커짐에 따라 고위 경영진 자리에서는 경험 풍부한 투자 전문가를 영업 전문가들이 점점 더 대체하거나, 오랫동안 우선시되었던 전문성에 대해 영업 규율이 점점 지배력을 강화해가고 있다는 것은 놀라운 일이 아니다. 투자 전문가들은 운용 자산의 확대가 대체로 투자 실적에 반한다는 것을 알고 있음에도 영업 규율은 직업적 야심이 큰 사람들의 관심을 수익성 증대 쪽으로 집중시키는데, 수익성 증대는 '자산 끌어모으기'를 강화하면 쉽게 달성할 수 있다(영업의 지배력이 강할 때 그 투자회사는 투자 전문가나 고객과 같은 편이 아니다).

투자 게임의 황금률, '너 자신을 알라'

세 번째 오류, 즉 누락 오류는 특히 더 골칫거리다. 이것은 효과적인 투자 상담에 집중할 수 있는 전문적인 기회를 놓치는 것이다. 대다수 투자자는 당연히 이 시대의 투자 전문가가 아니기에 많은 도움이 필요하다. 많은 투자 전문가들이 잘 분석해서 제공하는 현명한 사고와 판단에 누구나 접근할 수 있다면, 모든 사람이 감사하게 여길 것이다. 투자자들은 첫째로는 리스크와 변동성, 둘째로는 수익률 등 다양한 투자 유형에 대한 장기 및 중기 전망을 현실적으로 이해할 필요가 있다. 그래야 투자자들이 무엇을 기대하고 전략적 포트폴리오와 투자 정책을 어떻게 결정할지 알 수 있다.

대다수 투자자에게 훨씬 더 중요한 것이 있다. 자기 자신과 자신의 상황에 대한 균형 있고 객관적인 시각을 갖도록 해주는 도움이 필요하다는 것이다. 자신의 상황이란 투자 지식과 기량, 자산 · 소득 · 유동성에 대한 리스크 감수 수준, 현실적으로 투자 가능한 시계(視界, time horizon), 재무적 필요성과 심리적 욕구, 경제적 자원, 장단기 측면의 재무적 포부 의무, 그리고 장차 맞닥뜨릴지 모를 도전을 의미한다.

모든 투자자는 몇 가지 측면은 비슷하지만, 많은 부분은 상당히 다르다. 모든 투자자는 많은 선택지가 있고 선택할 대상을 고를 자유가 있으며, 투자에 성공하고 손해 입기를 원하지 않는 점에서 비슷하다. 동시에 모든 투자자는 자산, 소득, 필요한 지출과 예상 지출, 투자 시계, 투자 기량, 리스크와 불확실성 감수 수준, 시장 경험, 재무적 책임 등 아주 많은 부분이 다르다. 이러한 모든 차이점과 함께, 대다수 투자자(개인 및 기관 모두)는 투자자로서 그들이 어떤 존재인지, 그들 각자에게 어떤 투자 프로그램이 가장 적당할지(시장이 매우 불안정할 때 어떻게 움직일지 등)에 대한 확고한 이해를 개발하는 일에 도움이 필요하다.

스키 타기는 유용한 비유가 된다. 베일(Vail)이나 아스펜(Aspen)에는 스키 시즌마다 스키를 즐기는 사람들로 가득 차 있다. 이는 풍경이 아름답고 눈이 많이 내리며 슬로프가 잘 준비되어 있기 때문이기도 하지만, 스키를 타러 온 사람들이 자신의 기량, 힘, 관심사에 최적화된 잘 표시된 경로를 선택하기 때문이다. 어떤 사람들은 경사가 완만한 '초보자용 슬로프'를 좋아하고, 어떤 사람들은 적당히 도전적인 중급자용 슬로프를 좋아한다. 또 어떤 이들은 스릴 넘치는 상급 코스를 원한다. 그리고 혹자는 다리가 용수철처럼 강하고 유연한 10대 후반의 겁 없는 스키 고수들도 도전하기 어려운 경로에서 스키를 타고 싶어 한다. 스키를 타러 온 사람들이 저마다 자기에게 알맞은 경로에서 자신에게 적당한 속도로 스키를 탈 때, 모두가 멋진 하루를 보내며 그들 전부 승자가 된다.

마찬가지로 투자 컨설턴트가 투자자의 투자 기량과 경험, 재무상황, 리스크와 불확실성에 대한 개별 감수 수준에 알맞은 투자 프로그램으로 투자자를 안내할 때, 대다수 투자자는 이 프로그램을 자신의 투자 기량 및 자원과 조화시켜 균형 있고 현실적인 장기 목표를 달성할 수 있다. 이것은 투자 상담의 중요한 직무다. 저마다 특징이 있는 투자자에게 걸맞은 투자 프로그램을 개발하는 것이 투자 컨설턴트로 성공하는 비결이다. 적절한 계획을 가지고 그 계획을 유지해야 장기적으로 투자에 성공할 수 있기 때문이다.

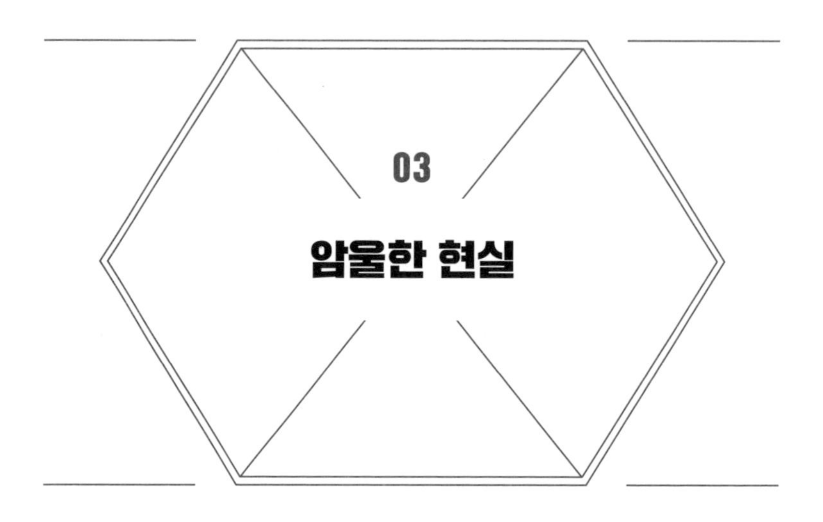

오늘날 주식시장은 당신의 할아버지가 알던 과거의 주식시장이 아니다. 실로 엄청난 변화가 시장과 투자운용을 크게 바꿔놓으면서 시장을 이긴다는 목표는 더 이상 현실적이지 않다. 점점 더 많은 투자자가 서서히 이를 인식하고 있다. 다음은 지난 50년 동안 액티브 투자를 패자의 게임으로 변모시킨 몇 가지 변화들이다.

- 뉴욕 증권거래소 거래량은 일간 약 300만 주에서 60억 주 이상으로 2,000배 이상 늘어났다. 전 세계 다른 주요 거래소도 비슷한 규모의 변화를 보였다.
- 투자자 구성이 엄청나게 변했다. 과거에는 뉴욕 증권거래소 상장 종목을 개인이 1년에 평균 1~2회 거래하는 경우가 90%였으나, 지금은 전문가나 컴퓨터가 하루 종일 시장에서 90% 이상의 거래를 시행한다. 그리고 기억력이 좋은

사람이라면 오늘날 기관 투자자들이 과거 기관 투자자들보다 훨씬 규모가 크고, 더욱 똑똑하고, 더 강하며, 더 빠르다고 이야기할 것이다.

- 과거에는 파생상품이 존재하지 않았는데, 지금은 현물(現物) 시장보다 더 큰 시장으로 거래되며 가치가 높아졌다. 또한 거의 모든 파생상품 거래는 기관에서 한다.
- 60년 전과 달리 15만 명 이상의 애널리스트가 공인재무분석사(Charted Financial Analytics; CFA) 자격증을 보유하고 있다.
- 주요 증권사의 투자 리서치 보고서는 방대한 분량의 유용한 정보를 제공한다. 이 정보는 전 세계 수많은 전문 애널리스트와 포트폴리오 매니저들에게 인터넷으로 즉시 배포되는데, 신속한 의사결정이 이루어지는 기관에서 작성한다.
- 일반적으로 Reg FD라고 알려진 공정공시제도(Regulation Fair Disclosure, 기업 정보를 증권사 애널리스트나 펀드 매니저 등 특정인에게 먼저 제공하는 것을 금지하는 제도-옮긴이)는 현재 기업에서 제공하는 대부분의 투자 정보를 '상용화'했다. 한때 전통 있는 귀한 비법 양념으로 여겨지던 리서치 기반 액티브 투자가 이제는 법으로 규정된 그저 하나의 상품일 뿐이다.
- 알고리즘 거래, 컴퓨터 모델, 창의력을 갖춘 수많은 '투자 전문가'들이 강력한 시장 참여자다.
- 세계화, 헤지펀드, 사모펀드는 모든 상장사가 한결같이 공정한 가치를 추구하는 방향으로 변모하는 데에 중요한 영향력을 행사했다.
- 34만 5천 개 이상의 블룸버그 단말기가 모든 종류의 데이터와 실제로 필요한 분석을 24시간 내내 쏟아낸다.
- 자본 시장에서 일하는 사람의 수가 약 5,000명에서 100만 명 이상 증가했다.
- 인터넷과 이메일은 글로벌 소통에 혁명을 일으켰다. 전문 투자자들은 진짜로 '이 두 가지를 함께' 이용하는데, 거의 모든 정보를 대부분의 사람이 공유한다.

눈부신 실적의 그림자

여러 가지 변화는 세계 최대 규모이자 가장 활동적인 '예측 시장'인 주식시장을 한층 더 효율적으로 바꾸어놓았다. 그래서 모든 정보, 컴퓨터 활용 능력, 경험을 갖춘 데다 시장 가격을 결정하는 모든 전문가와 경쟁하는 일은 점점 더 어려워졌다. 또한 어떤 투자자도 특히 비용과 수수료를 지불한 후 전문가들의 컨센서스로 이루어진 시장을 이기기란 훨씬, 훨씬 더 어렵다.

안타깝게도 '실적'에 대한 대부분의 설명은 투자의 가장 중요한 측면인 리스크를 언급조차 하지 않는다. 따라서 시장보다 수익률이 저조한 '패자'는 '승자'보다 수익률이 1.5배 정도 더 높아야 함을 떠올리는 것이 중요하다. 이 데이터는 세금을 적용하지 않은 것인데, 높은 포트폴리오 회전율에 따라오는 단기 수익은 특히 세율이 높다.[10]

끝으로 펀드 실적은 대체로 가치에 무게를 두는 것이 아니라 시간에 무게를 두고 발표되므로, 발표된 데이터는 투자자의 진짜 실력을 반영하지 않는다. 진짜 실력은 실제 투자자들이 어떻게 돈을 벌었는지 나타내는 가치에 비중을 둔 기록으로만 드러난다. 그것은 보기 좋은 그림이 아니다.

되풀이되는 비극

또한 개인과 기관 두 고객 모두가 그들의 투자 매니저에게 얼마나 부정적으로 바뀌는지 세세한 내역을 보는 것도 마음 편하지 않다. 몇 년 동

10 기관 포트폴리오가 평균적으로 매년 60%씩 바뀌는 상황(포지션의 60~90%가 달라지고, 비교 대상 벤치마크가 자주 바뀌며, 장기간에 걸쳐 시장보다 낮은 수익률을 감내하는 경우가 거의 없기 때문이다)에서, 포트폴리오 매니저는 수많은 실력 있는 경쟁자들을 앞지르기는커녕 시장 수익률 수준을 유지하는 데에도 어려움을 겪는다.

안 실적이 저조해서 최근 '핫'한 기록을 낸 매니저로 바꾸었는데, 비쌀 때 매수하고 쌀 때 매도하는 불만스러운 매매 행태를 또 한 차례 보여 사실상 펀드 장기 수익의 대략 3분의 1을 까먹은 것이다(자신의 투자를 액티브 방식으로 운용하는 개인 투자자는 실적이 훨씬 나쁘다는 것으로 잘 알려져 있다).

불행히도, 투자회사들이 이처럼 큰돈이 드는 행동을 장려한다. 이는 투자회사들이 매출을 늘리기 위한 것으로, 최근 눈부신 실적 덕분에 의심할 여지없이 선정된 몇몇 펀드에 회사 광고를 집중한다. 그 눈부신 실적은 신중하게 고른 일정한 기간 덕에 한층 더 좋아 보인다(일부 펀드 매니저들은 수백 개의 다른 펀드들을 담당한다. 그래서 서류상 승자라고 할 수 있는 기록 몇 개쯤은 보유하고 있다).[11] 과거 실적에 대한 뮤추얼 펀드 연구 10건 중 9건이, 미래 실적은 사실상 — 과거 실적과 무관하게 — 무작위로 나타남을 보여준다. 그럼에도 개인 투자자들은 새로운 매니저를 고용할 때 과거 실적에 의존하는 경향이 있다(과거 실적에 예측력이 있는 경우는 10건 중 1건뿐이다. 외견상으로는 높은 수수료와 만성적인 무능함이 투자 실적에 부정적인 영향을 미치기 때문이다).[12] 안타까운 사실은 기관 투자자와 개인 투자자 모두가 최고의 실적이 나온 후에 매수하고 최악의 실적을 벗어난 후에 매도하기를 되풀이한다는 것이다. 이런 행동은 투자자들에게 값비싼 대가를 치르게 만든다.[13]

---

11 기관의 펀드 매니저들은 자주(모두가 확실히 너무나 자주) 모든 뮤추얼 펀드와 마찬가지로 고객들에게 순수수료가 아닌 실적 데이터와 예상 수수료 총액을 보여주면서 기만하는 경우가 많다. CFA 연구소는 수년간 이 문제를 해결하기 위한 개혁을 주장했다.

12 존 C. 보글, 《너무 믿지 마라!(Don't Count on It!)》, 뉴저지 호보컨: 존 와일리&선즈, 2011, 74p.

13 버클리 캘리포니아 대학교의 테런스 오딘(Terrance Odean)이 가장 쓸 만한 데이터를 뽑았다.

장기적인 안목의 컨설턴트

고객의 신뢰를 얻은 투자 컨설턴트들은 액티브 매니저들이 창출할 것으로 기대하는 것보다 훨씬 높은 장기 수익률을 올릴 수 있다.[14] 효과적인 투자 상담은 시간이 걸리는데 시장, 투자, 투자자의 복잡한 특징들을 배우는 일이 힘들기 때문이다. 그러나 여러 번 계속해서 잘 끝낼 수 있다.

성공적인 컨설턴트들은 각 고객이 투자 리스크를 이해하고, 현실적인 투자 목표를 설정하고, 저축과 지출에 합리적인 태도를 갖추고, 적절한 자산 유형을 선택하고, 자산을 현명하게 배분하며, 그리고 무엇보다 시장 등락에 과민반응하지 않도록 도울 것이다. 컨설턴트들은 고객이 그 과정을 유지하고 장기적인 관점을 유지할 수 있도록 도울 수 있다.[15] 장기간에 걸쳐 투자의 각 유형이 무엇을 달성할 수 있는지, 시장 가격 변동을 어떻게, 언제 예상하는지, 또한 혼란한 시장의 출렁임을 어떻게 파악하는지, 1년 동안의 투자 실적이 그들의 인내심에 대한 보상이 될 것이라고 왜 확신해도 되는지 고객들이 이해하도록 돕는 일로 말이다.

---

14 기관 투자자들은 종종 이렇게 묻곤 한다. "컨설턴트들의 발표에서 그들이 추천하는 매니저들이 대체로 벤치마크보다 수익률이 더 높다는 것을 보여주지 않았나? 그 매니저들은 리스크에 대해 전적으로 대응한 후, 시장 이상의 뭔가를 더 벌어들여야 하는 것 아닌가?" 이처럼 희망적인 견해를 지닌 사람들에게는 불행한 일이지만, 대다수 컨설턴트가 보여주는 데이터는 대개 결함이 있다. 통상적으로 제시되는 데이터에서 두 가지 데이터 편향[소급 적용 및 생존자 편향(survivor bias)]이 제거되면, 컨설턴트가 살펴봤던 매니저의 분명한 기록은 종종 '시장보다 더 높은' 모습에서 '시장보다 낮은' 현실로 바뀐다. 대규모 복합 기관조차도 감시자를 감시하는 게 누구인지 알아야 한다(매니저의 실적 데이터 기준이 실제로 어떻게 나온 것인지 알아야 한다는 뜻-옮긴이).

15 이는 정식으로 등록된 투자 자문업자를 활용하는 경우가 상당히 늘어났다는 사실로 분명히 드러난다. 일련의 철저한 검증 과정을 통과하고 행동요건들을 충족해야 투자 자문업자로 지정된다.

액티브 투자 매니저들이 시장 리스크에 적응한 후 시장을 이기는 유일한 방법은 다른 액티브 투자자들의 실수를 찾아 이용하고 (놀랍게도) 높은 수수료 비용을 감당하고 시장운영 정책들을 극복하는 것이다. 유동성이 넉넉하면서 전문가들이 참여하는 시장의 가격은, 현재 컨센서스 이상을 알고 있다는 것을 가장 확신하며 자기의 판단을 뒷받침하는 상당한 자금을 기꺼이 투입하는 사람들이 정한다는 점을 유의하라.

이론적으로 시장 이기기는 충분히 가능할 수 있고, 많은 투자자가 어느 정도 실현하기도 했다. 그러나 특히 '게임'의 전체 비용을 부담한 후, 장기간에 걸쳐 시장을 지속적으로 이길 만큼 충분하고도 규칙적으로 다른 전문가 투자자들을 한 수 앞서 제압할 수 있는 투자자는 거의 없다고 봐야 한다.

널리 사용된다고 좋은 전술은 아니다

역설적이지만, 시장을 앞서거나 이기는 투자자가 거의 없는 이유는 그들의 기량이나 성실성 부족 때문이 아니다. 매우 유능하면서도 정보를 잘 알고 있고 최고의 기술을 가지고 늘 쉬지 않고 일하는 다른 투자 전문가들이 시장을 좌우하기 때문이다.

이론적으로 액티브 투자 매니저는 다음 네 가지 투자 방식 가운데 하나 또는 조합으로 성공을 도모한다.

- 적절한 시장 투자 시점 잡기
- 특정 주식 또는 주식군(群) 선택하기
- 전체 포트폴리오 구조 또는 전략을 적절한 시기에 변경하기
- 우수한 장기 투자 개념 또는 철학을 개발해 구현하기

주식시장과 채권시장을 가볍게 지켜보는 이들조차 그냥 평범한 해결책보다는 '더 좋아 보이는' 확실하면서도 유혹적인 기회들이 근사하게 나열된 모습에 솔깃할 것이다. 전체 시장, 주요 산업군, 그리고 개별 주식에 대한 가격 차트의 중대한 변화는 액티브 투자자들이 투자를 더욱 잘할 게 틀림없다고 확실히 현혹하는 것 같다. 어쨌든 우리는 스포츠, 영화, 법, 의학 등 다양한 분야에서 진짜 스타들이 평균치보다 지속적으로 더 좋은 성적을 올리고 있음을 눈으로 직접 보았는데, 왜 투자에서는 그렇지 못할까? 많은 투자 매니저들은 왜 지속적으로 평균 이상의 성적을 내지 못할까? 그리고 시장 이기기는 왜 그렇게 힘들까? 이를 조심스럽게 살펴보도록 하자.

잠재 수익을 늘리는 가장 대담한 방법은 적절한 시장 투자 시점을 잡는 것이다. 전형적인 '적절한 투자 시점을 노리는 투자자(market timer)'는 시장을 들락거리며 포트폴리오를 움직여 상승장에서는 전부 투자하고, 주가가 심하게 떨어질 경우에는 대체로 시장에서 벗어난다. 투자 시점을 잡는 또 다른 형태는 시장보다 수익률이 저조할 것으로 예상하는 주식군에서 시장보다 수익률이 좋을 것으로 기대하는 주식군으로 주식 포트폴리오를 전환하는 것이다.

하지만 기억하라. 여러분이 시장에 진입하거나 빠져나가려고 할 때마다, 여러분이 매수 또는 매도하는 상대 투자자들은 전문가들이다. 물론 전문가들이 항상 옳은 것은 아니지만, 당신이 전문가들보다 더 자주 옳을 것이라고 확신하는가? 더군다나 적절한 투자 시점을 노리는 투자자들은 움직일 때마다 거래 비용을 부담해야 한다. 아울러 세금을 물지 않는 퇴직연금 계좌를 운용하지 않는다면, 당신은 이익이 날 때마다 세금을 내야 한다. 거듭 이야기하는데, 적절한 투자 시점을 잡아서 올리는 이익이란 뜬구름에 불과하다. 비용은 현실이고 계속 늘어난다.

투자 기록 문서들은 결국 경험하게 될 모든 이익의 상당 부분이 시장 회복 맨 처음 몇 주에 나온다는 것을 잘 보여준다. 그러나 적절한 투자 시점을 노리는 투자자는 시장에서 벗어나 있을 가능성이 상당히 큰데, 그 결과 시장 회복 이익의 가장 좋은 부분을 놓쳐서 고통스러운 시장 저점에 머문다.

타이밍을 노린다면 실패를 각오해라

적절한 투자 시점을 노리는 투자는 효과가 없다. 경쟁이 치열한 요즘

시장에서는 어떤 매니저도 전문가 경쟁자 전부보다 훨씬 더 기민하고 통찰력을 갖추었거나 더 좋은 정보를 계속 갖고 있지 않기 때문이다. 게다가 주식시장 이익의 다수는 투자자들이 기존 컨센서스에 사로잡혀 있을 가능성이 매우 높은 아주 짧은 기간과 시기에 발생한다.

채권 포트폴리오의 경우, 적절한 투자 시점을 노리는 투자자는 금리 하락이 장기 채권 가격을 상승시키기 전에 만기를 장기로 전환하고, 금리 상승이 장기 채권 가격을 떨어뜨리기 전에 다시 만기를 단기로 돌리기를 희망한다. 혼합형 포트폴리오의 경우, 적절한 투자 시점을 노리는 투자자는 채권에 투자할 때보다 주식에서 더 많은 총 수익을 올릴 것으로 보일 경우, 주식에 더 많은 투자를 한다. 그러나 주식에 투자할 때보다 채권에서 더 많은 총 수익을 낼 것으로 기대되면 다시 채권 투자로 돌아선다. 채권이나 주식 중 하나에 집중 투자할 때보다 단기 투자에서 더 많은 총 수익이 나올 것으로 예상되면 단기 투자로 전환하려고 노력한다. 불행히도 이러한 움직임은 일반적으로 효과가 없다. 매도자들이 매수자들만큼 똑똑하고 매수자들도 매도자들만큼이나 영리한데, 두 그룹 모두 이 같은 사실을 동시에 알고 있기 때문이다. 그리고 이런 움직임은 자주 시도될수록 확실히 잘 안 먹힌다.

어쩌면 적절한 투자 시점 잡기의 어려움에 대한 최고의 통찰은 경험이 풍부한 전문가의 다음과 같은 솔직한 한탄에서 나왔을 것이다. "나는 적절한 투자 시점 잡기에 대한 수많은 흥미로운 방식을 접했으며, 내가 투자해온 40년 동안 적절한 투자 시점을 잡는 방법을 대부분 시도해보았다. 그 방법들은 우리 시대 이전에는 훌륭했겠지만, 그중 나에게 잘 먹히는 것이라곤 하나도 없었다. 단 하나도!"

나이 든 조종사나 대담한 조종사는 있어도 나이 먹고도 대담한 조종사는 없듯이, 적절한 투자 시점 잡기로 계속 성공한 투자자는 존재하지 않는다. 시장은 대체로 투자자가 시장 안에 머물러 있을 때에나 시장을 벗어나 있을 때에나 똑같이 움직인다. 따라서 투자자는 시장을 벗어나 있을 경우, 그냥 매수 후 보유(buy and hold) 전략에 비해 손해를 본다. 현명한 투자자들은 심지어 쌀 때 사서 비싸게 팔기를 통해 시장을 앞서거나 능가하려고 생각조차 하지 않는다.

한 가지 이유는 특히 더 놀랍다. 〈4-1〉은 거의 1만 거래일이 되는 36년 동안의 기록에서 최고 수익률을 올린 날들을 제외했을 때 장기 복합 수익률이 어떻게 되는지를 나타낸다. 수익률이 가장 좋은 10일(조사 대상 기간 중 0.1% 차지함)을 제외할 경우 평균 수익률은 19%(11.4%에서 9.2%로) 낮아진다. 이어 수익률이 가장 좋은 그다음 20일을 빼면 수익률이 17%

4-1 우량 실적을 보인 며칠을 제했을 때 수익률 변화

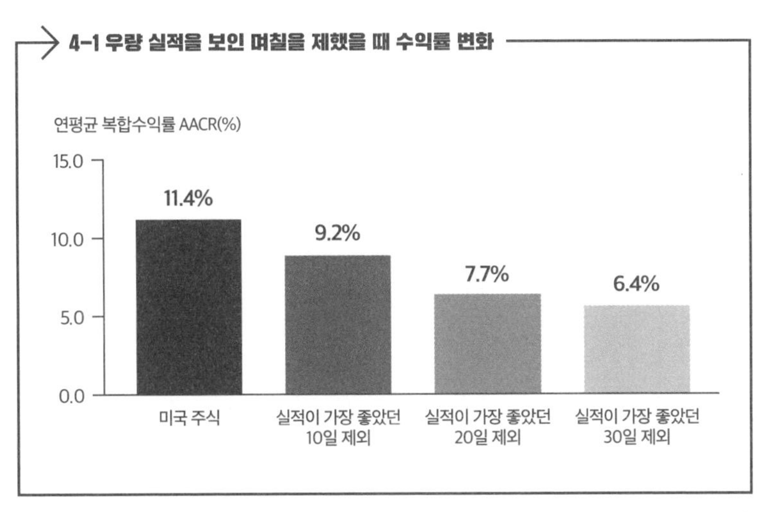

출처: 케임브리지 어소시에이츠 제공(기간: 1980년 1월 1일~2016년 4월 30일)

더 내려간다. 〈4-2〉는 수익률이 가장 좋은 한 해 또는 여러 해를 장기 평균 수익률 계산에서 제외할 때와 유사한 결과를 보인다.

S&P 500 평균 수익률을 살펴보면 이야기의 핵심을 좀 더 쉽게 알 수 있다. 지난 20년 동안의 총 주식 수익률은 20년 동안의 5,000거래일 중 수익률이 가장 좋았던 35일 동안 달성되었다. 이는 전체 거래일의 1% 미만이다[어느 날인지 쉽게 알 수 있든 없든 '월터 미티(터무니없는 상상을 자주 하는 인물. 소설《월터 미티의 은밀한 생활》의 주인공-옮긴이)'처럼 이익을 상상해보라! 아아, 우리는 지금도 못하고 앞으로도 못한다]. 우리가 지금 알고 있는 것은 간단하지만 가치가 있다. 만약 당신이 며칠 안 되는 최고의 수익률을 올릴 수 있었던 멋진 날들을 놓쳤다면, 안타깝게도 20년 동안의 수익 전부를 놓친 것이다.

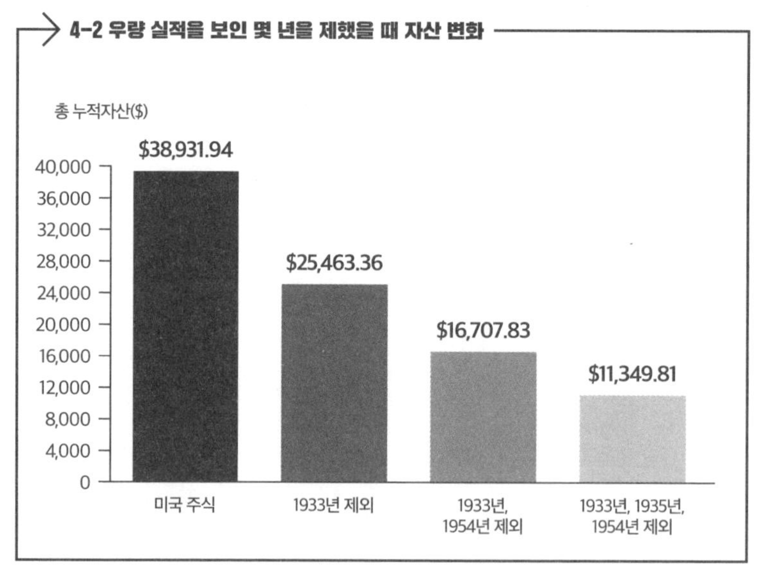

출처: 케임브리지 어소시에이츠 제공(기간: 1980년 1월 1일~2016년 4월 30일)

또 다른 연구를 보더라도 72년간 투자한 최고의 5일만 빼더라도 배당 투자 없이 누적 복합수익률이 거의 50%나 낮아질 것이다(귀가 팔랑거리는 사람들에게는 매혹적이지만, 최악의 거래일 90일을 피한다면 10년 동안 1달러를 투자해 42.78달러의 이익을 올릴 수 있었을 것이다).[16] 만약 투자자가 지난 112년 동안 최고의 열흘을 놓쳤다면(4만 9,910일 중 10일), 전체 이익의 3분의 2를 놓쳤을 것이다.[17]

장기간에 걸쳐 투자자들이 스스로에게 피해를 입히는 방법 중 하나는 시장이 끔찍해졌다가 결과적으로 시장이 반등해 깜짝 놀랄 만큼 중요한 '최고의' 며칠을 놓쳤을 때 혼비백산하여 시장을 떠나는 것이다. 교훈은 명백하다. 번개가 치더라도 그곳에 머물러 있어야 한다. 그래서 적절한 투자 시점을 노리는 투자는 정말 위험한 생각이다. 절대로 시도하지 마라.

미스터 밸류를 찾아서

수익률을 높이는 두 번째 이론적인 방법은 전략적인 주식 선택, 즉 '주식 고르기'다. 전문 투자자들은 이 작업에 엄청난 기술과 시간, 그리고 노력을 쏟아붓는다. 주식 밸류에이션(실제 기업 가치와 비교한 현재 주가

---

16 월가에서는 여름이 다가오면 '서머 랠리'에 대한 이야기를 하고, 가을에는 10월이 주식에서 최악의 달(통계상으로는 9월이 더 나빴다)이었다고 안타깝다는 소식을 전하며, 해가 바뀌는 시기에는 '1월 효과'로 들뜨는데, 1월 효과는 항상 일어나는 일이 아니다. 주식시장에 대한 마크 트웨인의 다음과 같은 발언이 이 사실을 알려준다. "10월은 주식 투자하기에 특히 위험한 달 중에 하나다. 그 외 7월, 1월, 9월, 4월, 11월, 5월, 3월, 6월, 12월, 8월, 2월도 그렇다." 《바보 윌슨의 비극(Pudd'nhead Wilson)》, 1894년.

17 제이슨 츠바이크(Jason Zweig)가 〈월스트리트 저널〉에 하비에르 에스트라다(Javier Estrada)의 연구를 기고했다.

수준 평가-옮긴이)은 전 세계 투자 기관의 리서치 노력과 증권사 리서치 서비스의 핵심 영역이다.

경영진 인터뷰는 물론 기업의 경쟁사 및 공급업체에 대한 재무 분석과 현장 조사 등을 통해 전문 투자자들은 시장 컨센서스보다 나은 개별 주식의(또는 주식군의) 투자 가치를 파악하고자 노력한다. 투자 매니저들이 시장 가격과 주식 내재가치 사이에서 상당한 차이를 발견하면, 그들은 고객의 포트폴리오를 위해 시장 가격과 진짜 투자 가치 간의 차이점을 포착하려고 노력하면서 매매할 수 있다. 가치를 찾아내어 경쟁에서 앞서기 위한 이런 시도는 적어도 공정공시제도와 — 다른 모든 변화와 더불어 — 주식시장 능가하기를 매우 어렵게 했던 정보의 상품화가 이루어지기 전에도 가능했다.

불행히도 전체적으로 보면 증권 분석은 수익성 있는 활동으로 보이지 않는다. 투자 매니저들이 펀더멘털(성장률, 재무 안정성 등 기업이나 경제의 기본 상태를 나타내는 여러 지표-옮긴이) 리서치를 거친 후에 팔아치우거나 매수하지 않는 주식도 전체 시장과 관련해서 보면 보통 그들이 매수하는 주식만큼 거래가 활발하다. 기관 투자자들은 정보가 넉넉하기 때문에 그들은 집단적으로 주식의 가격을 책정한다. 그러므로 시장을 이기는 유일한 방법은 하나의 집단으로 시장을 이루는 전문가들을 능가하는 일뿐이다.

문제는 투자 리서치가 잘 안 된다는 것이 아니다. 오히려 아주 많은 이들이 리서치를 매우 잘 시행하고 있다는 것이다. 주요 증권사들의 리서치 애널리스트들은 거의 실시간으로 그들의 정보와 평가를 전 세계 네트워크를 통해 공유한다. 다른 사람들이 곧 어떻게 행동할지 전망해 재빨리 움직이려고 노력하는 수천 명의 전문 투자자들과 함께 말이다. 결과적으로 주식 고르기나 가치 발굴로 다른 투자자 전부보다 항상 유용한 이익을 얻고 유지하기란 정말로 어렵다. 학자들은 전문가들이 서로서로 매수하고 매도하면서, 그들이 시장의 가격 결정 메커니즘을 '효율적으로' ― 혹은 더 정확하게 만든다고 말한다.

주식과 채권 포트폴리오의 수익률을 높이기 위한 세 번째 방법인 전략적 결정은 포트폴리오의 전반적 구조에 영향을 미치는 주요 약정 체결과 관련이 있다. 이러한 결정은 주요 산업군에 대한 통찰력, 경기와 금리 변화, 또는 '신흥 성장주'나 '가치주' 등 주요 유형의 주식 밸류에이션 전망 변동을 이용하기 위해 이루어진다.

포트폴리오를 제때 적재적소로 운용할 수 있다면, 흥미롭고 잠재력으로 가득한 다음과 같은 투자 방식이 투자자에게 도전의식을 북돋운다. 즉, 시장이 변화하면 새로운 '위기'나 투자 방법을 찾아내고, 그런 이후 각각의 새로운 투자 방법에 능숙해지더라도, 다른 투자자들이 이전의 그 통찰을 눈치채면 또 다른 더 새롭고 새로운 투자 방법을 찾아 기존 투자 방법을 버리는 것이다. 물론 이론적으로는 이게 가능할 수도 있지만 실제로 과연 가능한 일일까? 가끔은 그럴 수 있겠지만, 얼마나 자주 그럴 수 있을까? 판단이 몇 번이나 '거짓 양성(false positive)'으로 드러날까? 장기적인 기록은 고무적이지 않다.

이길 때까지 기다리는 방법

수익률을 높일 수 있는 또 다른 방법은 개별 포트폴리오 매니저 또는 전체 투자운용 조직이 시장이나 특정 기업 또는 산업군에 우수한 장기 투자 실적을 끌어낼 수 있는 능력에 대한 깊이 있고 유효한 통찰을 개발한 다음, 산업 경기와 주식시장의 주기적인 순환을 통해 투자 통찰이나 사상을 체계적으로 활용하는 것이다.

예를 들어 성장주 투자에 열정을 쏟는 투자 조직은 신기술을 평가하고, 빠르게 성장하는 기업을 이끌기 위해 필요한 경영 능력을 이해하며, 성장을 지속하기 위해 신규 시장과 신제품 투자의 재무적 요건을 분석하는 데 집중할 것이다. 이러한 조직은 용두사미로 그치는 엉터리 성장주와 수년 동안 계속 성장할 유망 기업들을 잘 구별해내는 경험(때로는 고통스러운 경험이겠지만)에서 투자 지혜를 배우려고 노력할 것이다.

다른 펀드 매니저들은 대다수 투자자가 인식하는 것보다 상당히 투자 가치가 더 큰 일부 대기업이 항상 존재한다고 본다. 그런 대기업은 성숙기에 있으며 종종 경기 순환형 산업에 속한 수많은 대기업들 가운데에 있다고 여긴다. 그러한 투자 조직들은 곡식 껍데기에서 알곡을 분리해내는 전문성 개발에 노력하면서, 진짜 저가일 수밖에 없는 싸구려 주식을 피한다. 이러한 매니저들은 예리한 리서치를 통해 우수한 장기적 가치를 뽑아낼 수 있고, 저렴한 가격으로 훌륭한 가치를 매수해 상대적으로 낮은 리스크로 고객들에게 뛰어난 수익률을 올려줄 수 있다고 여긴다.

단기적인 실적이 좋지 않을 때에도 유효하고 장기적이라는 이유로 매니저가 그것을 끈질기게 고수할 수 있는지 여부는 투자 관념이나 철학에 대한 중요한 시험대가 된다. 중요한 사상적 또는 철학적 방식의 큰 장점은 투자회사가 언제나 자사에 특화된 유형의 투자를 하기 위해 체계화할 수 있고, 집중력을 흐트러뜨리는 또 다른 투자 방식의 소음과 혼란을 피할 수 있으며, 특정 유형의 투자에 관심이 있고 숙련된 투자 애널리스트와 매니저를 데려와 지속적인 실천, 자아 성찰, 연구를 통해 진정한 투자의 달인으로 성장시킬 수도 있다는 것이다. 가장 큰 단점은 만약 선택한 종류의 투자가 쓸모없어지거나 비용이 너무 많이 들거나 변화하는 시장과의 접촉에서 벗어날 경우, 집중된 전문가 조직은 고객과 그 조직 모두 잔뜩 뒤처진 다음에야 변화의 필요성을 느낄 가능성이 있다는 것이다.

투자자는 반드시 실수한다?

깊이 있는 투자 사상에 관해 주목할 것은, 자유 자본 시장의 특징이 장기적으로 독점적이면서도 경쟁력 있는 사상적 우위를 확립할 기회를 발견해 오랫동안 유지할 기회가 거의 없다는 것이다. 오랫동안 지속되는 방법이 발견된 적도 거의 없다(상당히 그럴 것 같지만 말이다). 좋은 투자 아이디어에 대한 시장 규모는 세계 최고 수준이다. 말(言)이 매우 빠르게 퍼져나간다는 이야기다.

모든 액티브 투자 형태에는 기본적인 공통점이 하나 있다. 즉, 액티브 투자는 다른 사람들의 실수에 의존한다. 실수든 수수료든, 액티브 투자자가 수익을 올릴 기회를 얻는 유일한 방법은 다른 전문가 투자자들의 컨센서스가 잘못되는 것이다. 이런 종류의 집단적 실수가 일어나더라도, 우리는 그런 실수가 얼마나 자주 일어나는지 그리고 어떤 매니저가 동시에 유사한 실수를 저지르는 것을 피할지 질문해야 한다. 아울러 그 대신 컨센서스에 반하는 행동에 나설 수 있는 지혜, 기량, 용기를 갖추어야 한다. 평생 투자에서 실적을 높이는 한 가지 방법은 실수를 줄이는 것이다(실수 줄이기가 얼마나 도움이 되는지 골프 선수, 테니스 선수나 운전 교습 강사 누구에게든 물어보라).

상당히 많은 경쟁자가 일제히 개별 주식이나 산업군의 가치 및 가격 관계에 대한 뛰어난 통찰을 찾아다니며, 투자업계 도처에서 매우 광범위하고도 빠르게 전달된 아주 많은 정보를 지니고 있다. 그러므로 투자업계에는 개별 주식이나 주식군에 대한 수익성 있는 통찰을 발견하고 이용할 수 있는 기회, 즉 다른 투자자들의 실수나 부주의로 인해 생기는 기회가 그다지 풍부하지 않을 것 같다.

많은 투자자가 정말로 심한 실수를 저지르는데, 이들은 일반적으로 지렛대 효과를 늘리기 위해 최대한도로 자금을 빌려 평범한 투자로 벌 수 있는 것보다 더 큰돈을 벌려고 애쓰다가 예상과 다른 심각한 결과를 자초한다. 너무 자주 행하는 지나친 노력은 결국 큰 대가를 치른다. 과도한 리스크를 감수하는 것 자체가 너무 큰 리스크이기 때문이다.

투자자들이 저지르는 정반대의 실수는 대개 너무 방어적인 단기성 불안이 장기적인 생각과 장기적인 행동을 지배하도록 함으로써 열심히 노력하지 않는 것이다. 장기적으로 보자면, 주식 포트폴리오 내에 약간의 현금 잔고를 유지하는 일에도 많은 비용이 든다.

매우 유능한 투자 매니저들조차 다음의 내용이 궁금할 것이다. 성실하고 결단력 있는 경쟁자들이 어째서 꽤 정기적으로 — 무능력하거나 실수 혹은 부주의로 — 시장을 계속 이길 수 있는 상당히 매력적인 매매 기회를 유능한 매니저들에게 제공하는지 말이다.

외부의 구경꾼들은 적절한 투자 시점 찾기가 잘 통하지 않는다는 것을 알게 된 후에도 주식시장의 주요 움직임을 종종 의아하게 여긴다.

시장이 끝내줄 만큼 효율적이라면서 왜 그렇게 과도하게 오르락내리락을 반복할까? 분명, 진짜 가치는 어떤 경우에도 그렇게 심하게 급등락하지 않을 텐데!

물론 그렇지 않다. 그러나 미래 가치에 대한 전망은 언제나 추정치 예측으로 이루어진다. 그 추정치는 다른 투자자들의 추정치에 대해 또 다른 투자자들이 추산한 것을 또 다른 투자자들이 추측한 것이다. 그리고 투자자들이 기타 등등의 추정치에 대해 추산한 수치 변화를 나타내는 가장 좋은 지표가 가격 변화다. 시장의 가격 메커니즘은 안정적이거나 일관적이지 않다. 그래서 시작점이 불분명한 '혼돈의 나비 날갯짓'이 날씨를 바꾸고 격렬한 폭풍을 일으키듯이, 시장은 '비이성적으로' 움직일 수 있다. 왜 그럴까? 성실하고 합리적인 사람들, 즉 다른 사람들의 인식 변화에 재빨리 반응할 준비가 된 사람들은 모든 종류의 이런저런 새로운 정보(물론 어떤 때에는 잘못된 정보)에 반응하는 시장을 예측하려고 하기 때문이다. 그래서 경제학자들은 과거 세 번 있었던 경기 침체를 무려 아홉 번으로 예상한 주식시장에 대해 코웃음을 친다! 그러나 만약 주식 가격 산정 과정의 그 모든 '소음'이 비합리적이라면, 누군가는 지금쯤 그러한 집단적 실수에서 이익을 내는 방법을 알아내지 않았을까?

원하는 것을 얻기 위한 시나리오

비유를 통해 현실을 볼 수 있도록, 수십 곳의 개방형 부스가 마련된 골동품 박람회에 있는 자신을 상상해보라. 당신이 그곳에 도착하면 집에 잘 어울리는 것들을 찾기를 바라기에, 네 가지 시나리오 중 하나를 생각하게 된다.

1번의 경우 당신은 2시간 동안 혼자서 상품을 둘러보며 골라본다.

2번의 경우 당신은 같은 2시간 동안 '특별 손님'인 쇼핑 전문가 20명과 함께 쇼핑을 한다.

3번의 경우 당신은 경험이 풍부한 특별 손님 20명이 자기들끼리 쇼핑하는 2시간이 지난 후에 다른 특별한 입장권 보유자 1,000명과 함께 이틀 동안 쇼핑하는 식으로 입장한다.

마지막 시나리오의 경우, 전문가들이 결정을 다 내린 이후에 당신은 박람회 셋째 날에 쇼핑객 5만 명 가운데 한 명으로 입장하게 된다. 이 마지막 시나리오에서 당신은 합리적이라고 생각하는 가격으로 좋아하는 물건을 몇 가지 찾을 수도 있지만, 가격이 꽤 매력적으로 책정된 할인 가격대 골동품은 발견하지 못할 것으로 생각한다.

이제 몇 가지 사항을 더 바꿔보자. 모든 쇼핑객은 구매자일 뿐만 아니라 판매자이기도 하며, 저마다 다른 박람회에서 최근에 사들인 골동품들을 가져와 판매하고 싶어 한다. 그들 모두는 자기 골동품을 개선할 방법을 찾고 있다. 또한 과거의 거래 가격까지 포함한 모든 거래 가격이 모든 시장 참여자들에게 알려져 있는데, 그들은 모두 똑같이 유명한 학교에서 골동품을 공부했고 모두 다 이름난 박물관에서 동일한 큐레이터들의 보고서에 바로 접근할 수 있다.

이 간단한 연습은 많은 전문가와 정보를 잘 아는 참여자들이 있는 공개 시장에서는 그들의 장점인 가격 발견을 잘할 것이라는 점을 떠올리도록 만든다. 그래서 순수주의자들이 전 세계 주요 주식시장이 매번 가치에 완벽하게 부합하는 건 아니라고 주장할 수는 있으나, 대부분의 가격은 가치에 너무 가깝거나 또는 재빨리 제 가치를 찾아가므로 투자자들은 자신이 노력하는 데 드는 수수료와 비용을 충당할 만큼의 일정한 이익을 다른 사람들의 실수로부터 얻을 수 없다.

따라서 시장이 완벽하게 효율적인 것은 아니지만, 더 이상 시장을 이기려는 노력에 실제 비용을 들일 가치는 없다. 만약 당신이 남들을 이길 수 없다면 인덱스 투자를 통해 그들과 합류할 수 있다는 것에 점점 더 많은 투자자가 동의하는 것은 그런 이유에서다. 이는 특히 다음의 중대한 네 가지 이유 때문이다. (1) 주식시장은 지난 50년 동안 이례적으로 변화했다. (2) 인덱스 투자가 액티브 투자보다 수익률이 높다. (3) 인덱스 펀드는 비용이 저렴하다. (4) 인덱스 투자 운영은 장기적인 투자 실적에 매우 중요한 정책 결정에 투자자들이 시간과 관심을 집중할 수 있도록 해준다.

영화 〈풀 메탈 재킷(Full Metal Jacket, 베트남 전쟁에 참전한 훈련병들이 인간성을 잃고 변해가는 모습을 그렸다-옮긴이)〉에는 무뚝뚝한 훈련 담당 교관 두 명이 "신병! 계속 직진!" 하고 소리치면서, 졸업식장까지 밀집 대형을 이루며 뛰어가는 기초 훈련병들을 지켜보는 장면이 나온다. 한 교관이 "이봐, 저 생도들을 보면 뭐가 보이나?" 하고 물었다. 평소 하던 대로 '퉤' 하고 침을 뱉은 다른 교관은 "뭐가 보이냐고? 말해주지. 저 생도들 중 약 10%는 진정한 군인이지!"라고 말하며 잠시 뜸을 들인다. "나머지는… 그냥… 총알받이야!" 이는 그저 전쟁 영화의 한 장면이지만, 모든 개인 투자자들이 곰곰이 생각해봐야 할 현실적인 의미를 담고 있다.

투자를 지배하는 본질

다시 현실로 돌아와서 당신이 사실상 모든 개인 투자자 가운데 상위

20%에 속해 있고 매우 숙련되어 있으며 정보도 잘 안다고 가정해보자. 브라보! 성원에 답해 인사하되, 조심하라! 이유는 이렇다. 비록 당신이 다른 개인에 비해 평균 이상인 개인 투자자일지라도, 당신은 현재 거래 전문가들이 지배하는 시장에서 평균 이하 수준의 거래를 할 것이 거의 틀림없다. 그들은 당신과 내가 평생 하는 것보다 더 많이 매년 수백만 건씩 매우 숙련된 거래를 하며 날이 갈수록 더 많이 거래한다. 이는 숫자로 나타난다.

현실로 가는 첫 단계는 시장에서의 성공 열쇠가 각각 특정 투자 거래가 이루어지는 기술과 지식임을 인식하는 것이다. 다른 개인 투자자들과 비교한 당신의 투자자로서의 기술과 지식이 아니다. 그래서 만약 전문가의 90%가 당신이 보유한 것보다 더 많은 기술과 지식을 갖추고 거래한다면, — 아아, 상당히 그럴 것 같은데 — 당신의 거래는 대체로 전체 거래의 하위 4분위 이내에 파묻힐 것이다.

캘리포니아 대학교 버클리 캠퍼스의 테런스 오딘(Terrance Odean) 금융학 교수는 〈투자자들은 왜 지나치게 많이 거래하는가?〉라는 제목의 논문에서 대형 할인 증권사(discount brokerage firm, 개인 투자자에게 주식 거래 시 수수료를 깎아주는 증권사-옮긴이)의 개인 투자자들이 15년 동안 실시한 약 10만 건의 주식 거래를 살펴보았다. 그는 대체로 이 투자자들이 매도한 주식이 이듬해 동안 시장보다 0.5%p 수익률이 더 높을 때, 그들이 매수했던 주식은 수익률이 2.7%p 더 낮다는 것을 알아냈다. 마찬가지로, 브루킹스 연구소의 경제학자 조지프 라코니쇼크(Josef Lakonishok), 안드레이 슐라이퍼(Andrei Shleifer), 로버트 비시니(Robert Vishny)가 발표한 논문은 전문 펀드 매니저들의 주식 거래가 포트폴리오를 일정하게 유지했으면 올렸을 수익에 비해 수익률이 0.78% 낮다는 것을 보여주었다. 마지막으로 전문 펀드 매니저의 거래 비용을 조사하는 회사 플렉서스 컨설팅 그룹이 19개 투자회사에서 이루어진 8만 건이 넘는 거래를 조사했다. 그 결과 일반적인 주식 매수 수수료는 펀드의 단기 보수보다 0.67% 높았지만, 일반적인 매도 수수료는 1.8% 낮다는 것을 발견했다.

라스베이거스와 마카오, 모나코에 있는 카지노들은 매일 사람들로 북적인다. 그래서 우리는 사람이 누구나 완전히 이성적이지 않다는 것을 안다. 월터 미티처럼 전문가들을 이길 수 있으며 이길 거라는 환상에 여전히 빠져 있다면, 당신에게는 행운 그리고 우리의 기도 둘 다 필요할 것이다.

한편 경험이 풍부한 투자자들은 투자에 대한 네 가지 강력한 진실을 알고 있는데, 현명한 투자자들은 다음 내용을 고수함으로써 자신의 투자를 주도할 것이다.

1. 투자를 지배하는 본질은 이렇다. 주식, 부동산, 채권, 현금이 얼마나 많이 있든 간에 가장 중요한 결정은 당신이 선택한 장기적인 자산 배분이다.
2. 자산 배분은 자금의 실제 목적, 자금을 이용할 시기, 그 과정을 유지할 수 있는 당신의 능력 등에 따라 결정되어야 한다.
3. 반드시 각각의 자산 종류를 분산하고 같은 자산 유형 안에서 다양화해야 한다. 나쁜 일은 대개 예기치 못한 순간에 일어난다.

4. 다른 무엇보다 인내와 꾸준함이 가장 중요하다. 좋은 일은 대체로 거의 예상하지 못한 순간, 안절부절못하는 투자자들의 실적이 안 좋아질 때 생긴다. 훌륭한 코치들은 "계획한 일이라면 그 계획대로 실행하라"고 한다. 그래야 1등을 할 수 있다.

좋은 실적을 내기 위해 노력한다고 말하는 대부분의 투자자들은 이런 사실 중 하나 또는 전부와 정반대로 행동함으로써 자신과 포트폴리오에 실제로 피해를 입힌다. 이들은 자산 유형 간 최적의 균형을 결정하는 데 시간과 주의를 쏟지 않는다. 그들의 포트폴리오 구조는 그 자금이 쓰일 시기를 염두에 두고 구성되지 않는다. 그들은 분산투자를 거의 하지 않아서 아주 늦게까지 그들이 인식하는 것 이상의 더 큰 리스크를 무릅쓰는데, 그 리스크는 현실이 되고 만다. 그리고 그들은 그 과정을 유지하기에는 참을성과 끈기가 너무나 부족하다. 게다가 그들은 더 비싼 수수료를 내고, 포트폴리오 구성을 변경할 때 드는 비용뿐 아니라 더 많은 세금을 내기도 한다.

만약 그들이 그들의 투자 현실을 이해하는 데 시간과 노력을 기울이기만 했더라면, 실제 목표를 달성할 가능성이 가장 높은 합리적인 장기 프로그램을 개발하고 그 프로그램을 실행하는 과정을 지속했을 것이다. 하지만 그들은 많은 시간과 감정 에너지를 소비하면서 투자로 벌어들일 수 있었을 실적을 갉아먹는 '손실이라는 유출금'을 차곡차곡 쌓아간다.

규모가 크고 빠르며 정보력이 좋은 데다 주요 강점을 갖춘 전문가들이 시장을 주도하고 있다 보니 투자 시장의 현실을 직시하는 능력의 중요성이 점점 커지고 있다. 지난 20년 동안 전문가 10명 중 9명이 시장 평균보다 높은 수익을 올리지 못했다. 정확한 기록이 발표된다면 알 수 있을 것이다. 개인의 경우, 생각보다 훨씬 더 나쁜 암울한 현실과 마주하고 있다.

05 미스터 마켓과 미스터 밸류

주식시장은 매력적이지만 단기적으로는 꽤 기만적이기도 하다. 장기적으로 보면, 시장은 거의 지루할 정도로 신뢰성이 높고 예측도 가능하다. 거의 그렇다.

우리가 매우 다른 두 인물의 성격을 알아두는 것은 주식시장을 현실적으로 이해하는 데 꼭 필요하다. 여기서 말하는 두 인물이란 '미스터 마켓(Mr. Market)'과 '미스터 밸류(Mr. Value)'다.

미스터 마켓은 상당히 흥미로워서 모든 이들의 관심을 받는다. 반면에 늙고 가련한 미스터 밸류는 중요성에도 불구하고 투자자들에게 거의 완전히 무시당한다. 이건 공평하지 않다. 미스터 밸류는 일을 모두 처리하지만, 미스터 마켓은 장난치고 문제를 일으킨다.

예측할 수 없는 미스터 마켓

벤저민 그레이엄(Benjamin Graham)이 자신의 저서《현명한 투자자(The Intelligent Investor)》[18]에서 소개한 미스터 마켓은 이따금 그의 열광이나 공포가 제멋대로 날뛰게 한다. 정서적으로 불안정한 미스터 마켓은 가끔은 행복감을 느끼고 사업에 영향을 미치는 유리한 요인에 주목한다. 그런데 어떤 때에는 너무나 우울해서 계속 문제점만 바라본다. 너무나 변덕스러운 이 인물은 매일같이 우리가 매수하고 싶어 하면 팔아치울 준비를, 우리가 매도하고 싶어 하면 사들일 준비가 되어 있다.

전적으로 믿을 수 없고 전혀 예측할 수도 없는 미스터 마켓은 우리에게 적어도 무엇이든지 어떤 일이든지 계속해서 하라고 자꾸 제안한다. 그에게는 활발하면 할수록 더욱 좋다. 우리가 행동하도록 유도하기 위해 그는 때때로 아주 빠르게 제시하는 가격을 계속 바꾼다. 미스터 마켓은 놀라운 수익 보고서, 놀라운 배당금 발표, 갑작스러운 물가 상승, 고무적인 대통령 발표, 원자재 가격에 대한 암울한 뉴스와 불쾌한 파산, 놀라울 정도로 새로운 기술에 대한 흥미진진한 발표, 심지어 심각한 전쟁 위협 같은 술책과 속임수로 투자자들을 집요하게 놀려대는 짓궂지만 매력적인 사람이다. 이런 사건들은 우리가 전혀 예상하지 못하는 시기에 여러 곳에서 일어난다.

마술사들이 우리의 관심을 돌리기 위해 교묘한 속임수를 쓰듯, 미스터 마켓의 매우 단기적인 광기는 우리를 속여 투자에 대한 우리의 사고를 혼란스럽게 만들 수 있다. 미스터 마켓은 우리 앞에서 세상 걱정 없

---

18 벤저민 그레이엄,《현명한 투자자》, 뉴욕: 하퍼 콜린스, 1949년.

이 춤을 춘다. 뭐가 어떤가? 그에게는 책임이 전혀 없다. 경제의 난봉꾼인 그의 목표는 오직 하나뿐이다. 바로 '매력적인 존재'가 되는 것이다.

언제나 승리하는 건 미스터 밸류

한편 놀라울 만큼 침착하고 한결같은 미스터 밸류는 흥분은커녕 전혀 감정을 드러내지 않는다. 그는 냉혹하고 거친 현실 세계에서 살고 있는데, 그곳은 인지나 감정에 대한 사고가 조금도 존재하지 않는다. 그는 밤낮으로 제품과 서비스를 개발해서 만들고 유통하는 일을 한다. 그의 일은 매일같이 상점, 창고, 소매점에서 경제적 실제 작업물을 생산하는 것이다. 그의 역할은 감정적으로 흥미진진하지는 않더라도, 정말 중요하다.

장기적으로 보면 미스터 밸류가 언제나 승리한다. 해변의 모래성 같은 미스터 마켓의 터무니없는 행동은 결국 실패로 끝나고 만다. 실제 비즈니스 업계에서는 제품과 서비스가 상당히 비슷한 방식으로 생산 및 유통되며, 같은 규모로 미스터 마켓은 상승하고 미스터 밸류는 하락한다. 장기 투자자들은 장기적으로 좋은 실적을 얻기 위한 건실한 정책을 통해 미스터 마켓이 시장을 흔들거나 변덕을 부리는 것을 피할 필요가 있다(이와 마찬가지로, 10대 자녀를 둔 현명한 부모들은 자녀가 스트레스를 받았을 때 하는 말을 너무 귀담아듣거나 자꾸 떠올리지 않는다).

매일의 날씨는 기후와는 비교적 다르다. 날씨는 단기적이다. 기후는 장기적이며 전반적으로 달라진다. 우리가 집 지을 기후를 고를 때, 지난주 날씨 때문에 생각을 바꾸지는 않을 것이다. 마찬가지로 장기 투자 프로그램을 선택할 때 일시적인 시장의 상황에 따라서 생각을 바꿀 필요는 없다. 투자자들은 말썽꾼 미스터 마켓이 주변을 계속 뛰어다니는 짓을 무시해야 한다. 매일 일어나는 시장의 변화는 장기 투자자들에게 별로 중요하지 않다. 매일의 날씨는 기상학자 또는 자기들이 오래 거주할 집을 어디에 지을 것인지 결정할 가족들에게나 중요하다. 미스터 마켓의 속임수를 지혜롭게 무시하고 현재의 가격 변화에 거의 또는 전혀 관심을 두지 않는 투자자들은 실제 기업(이익과 배당금 증가 여부 등도 포함)에 대한 자신들의 실제 투자를 지켜보면서 장기간에 걸쳐 실제 실적에 집중할 것이다.

미스터 마켓은 항상 우리의 관심을 끌고, 감정을 자극하면서 우리를 속이기 위한 깜짝 놀랄 만한 단기 이벤트를 이용하기 때문에, 경험이 풍부한 투자자들은 정말로 무엇이 중요한지 이해하기 위해 장기적인 주식시장 역사를 공부한다. 마찬가지로 항공사 조종사들은 모의 폭풍과 그 밖의 흔치 않은 위기 속에서 '비행'하는 비행 시뮬레이터에서 몇 시간씩 보낸다. 그리고 비행사들은 여러 가지 스트레스 상황에 익숙해지고 실제로 그와 같은 상황에 직면했을 때 침착함과 합리성을 유지할 수 있도록 준비가 잘 되어 있다. 시장의 역사는 공부하면 할수록 좋다. 당신이 과거의 증권시장이 어떻게 움직였는지 더 많이 알수록, 시장의 본성과 시장의 미래가 어떻게 움직일지 더욱 잘 알게 될 것이다.

시장에 대한 이해는 간혹 완전히 비이성적인 모습처럼 보이는 시장에서 우리가 합리적으로 잘 살아갈 수 있도록 해준다. 적어도 미스터 마켓의 행위에서 비롯된 단기적인 속임수와 기만이 오더라도 장기적인 사고가 자주 흔들리지는 않을 것이다. 역사를 익혀 교훈을 배우면 깜짝 놀랄 만한 일이 터져도 보호받을 수 있다. 너무나 예측 가능한 사고임에도 10대 운전자는 "아빠, 그 사람이 난데없이 나타났어요!" 하고 진심으로 놀라듯이, 투자자들은 '이례적 현상'과 '6시그마 운동(GE 등에서 시행한 혁신적인 품질경영기법 중 하나-옮긴이)'에서 비롯된 부정적인 실적으로 인해 놀랄 수 있다. 사실, 그러한 놀라움은 전부 시장의 정상적인 경험 분포 안에 존재한다. 시장을 진지하게 연구하는 이에게 그것은 진짜 놀랄 일이 아니다. 대부분은 정말로 거의 통계적으로 나타나는 예상치일 뿐임으로, 장기 투자자들도 과민하게 반응해서는 안 된다.

감정 다스리기가 중요한 이유

물론 대부분의 전문 투자 매니저들은 시장 평균보다 더 좋은 실적을 올릴 것이다. 만약 그들이 시장에서 몇몇 '실망스러운' 투자나 몇 번의 '어려운' 기간을 제외할 수 있다면 말이다[19](그리고 몇 가지 '깜짝 놀랄 일'만 제외할 수 있다면 대부분의 10대들은 훌륭한 운전 기록을 갖고 있을 것이다). 그러나 대다수 투자 매니저와 대부분의 10대 운전자들은 이례적인 사건을 겪을 게 거의 확실하다. 이것이 인생의 우울한 현실이다. 투자에서는, 만약 발생하지 않았더라면 더 훌륭한 투자 실적이 되었을 성과를 갑자기 까먹는 이례적 또는 예상하지 못한 사태가 벌어질 때 이런 사건이 일어난다. 이런 사태는 매니저들이 당연히 예상하지 못한 상태에서 직

19 조종사들도 마찬가지다. 톰 울프(Tom Wolfe)는 자신의 저서《필요한 자질(The Right Stuff)》(머큐리 호의 우주비행사들에 대한 강인하고 감동적인 연대기 논픽션-옮긴이)을 통해 시험 비행에 나선 뛰어난 비행사들에게 '비정상적인 사태'가 얼마나 심각한 '설명할 수 없는' 사고를 계속 일으키는지 소개한다. 젊은 비행사들은 이처럼 특이한 사건들이 애석하게도 다른 비행사들이 가본 적 없는 안전지대 외곽으로 비행하여 탁월한 성과를 내려는 노력에 포함된 위험의 기본 요소라는 현실을 전혀 이해하지 못한다.

면하게 되며 매번 정확히 똑같은 방식으로 발생하지도 않는다.

우리가 다 아는 중력은 항상 작용하는 강력한 힘이다. 증권시장에도 그와 마찬가지로 강력하면서도 만연한 힘이 작용한다. 바로 평균으로 회귀하는 현상이다. 좀 더 비공식적으로 설명하면, 이는 일련의 사건이 더 보통이나 평균이 되는 경향을 말한다. 예를 들어, 매우 더운 날이나 매우 추운 날이 지나가면 흔히 그보다 덥지 않거나 춥지 않은 날이 뒤따른다. 기업의 이익과 관련해서도 마찬가지다. 최근 경쟁사들보다 성장이 훨씬 빠른 기업은 미래 이익 성장세가 동종 업체들에 비해 덜 우세한 경향을 보인다. 또한 수익률이 매우 형편없는 기업은 미래 이익 성장세가 그보다는 덜한 경향을 보인다.

가격/수익 배수에도 마찬가지로 '보통으로 회귀하는 현상'이 일어난다. 이를테면, 매우 높은 수익 배수로 판매되는 주식은 시간이 지남에 따라 그보다는 덜 이례적인 수준의 수익 배수를 나타내는 경우가 많다. 물론 수익과 배수가 모두 대단히 높거나 낮은 수준에서 벗어나는 경향이 있기 때문에 둘 다 거의 동시에 보통 수준으로 이동할 수 있으며, 이로 인해 주가에 이중고로 변화를 일으킬 수 있다.

남들이 긍정적으로든 부정적으로든 흥분하여 "이번엔 다르다"라고 말할 때 투자자는 평균 또는 정상으로 회귀하는 힘이 있다는 것을 특히 기억해야 한다. 그렇다. 우리가 저마다 다르고 하루하루가 다르지만, 단지 세부 사항에서 다르다. 거의 모든 면에서 우리 대부분은 거의 비슷하다. 그래서 투자 결정이 종목이나 기업에 따라 달라지는 경우도 그와 별반 다르지 않을 가능성이 있다. 매우 다른 기업이나 종목을 두고 매수나 매도를 결정해야 하는 이유를 찾을 때 그 '이유'가 생기지 않을 확률이 매우 높아진다.

평균으로 회귀하는 현상은 우리 삶의 여러 측면에서도 일어난다. 그에 따라 우리는 모든 유형의 관계를 통해 우리의 길을 찾고 서로를 예측할 수 있다. 평균으로 회귀하는 힘은 장기 투자자들에게 중요한데, 현재와 최근 겪는 일이 가장 설득력 있게 보일 때가 특히 그러하다. 이런 상황에서는 이 엄청난 힘의 영향을 인식하면 '평온을 유지하고 계획대로 움직이는 데' 도움이 된다.

그리고 장기간의 투자는 필연적으로 평균 회귀 현상이라는 특징을 보인다. 그런 이유로 — 당신이 이를 즐길 수 있을 만큼 많이 오른 — 비정상적으로 높은 주가는 당신에게 좋은 것이 아니다. 결국 당신은 장기적인 중심 추세를 웃돈 수익 증가분을 전부 반납하게 될 것이다.

투자는 오락거리가 아니라 냉철한 책임이다. 투자를 '재미'나 '흥미'로 여겨서는 안 된다. 투자는 석유 정제나 과자, 화학제품, 집적회로 제조와 같은 지속적인 과정이다. 만약 그 과정에서 무언가가 '재미'있다면, 거의 틀림없이 잘못된 것이다. 그러므로 점잖게 무시하고 계획을 고수하는 태도는 대다수 투자자에게 성공의 비결이 된다.

주식시장에서 가장 큰 도전은 미스터 마켓이나 미스터 밸류가 아니다. 가장 큰 도전은 보이지도 않고 측정할 수도 없다. 그것은 투자자인 우리 개개인의 감정적 무능함 안에 숨어 있다. 10대 아이들을 키우는 일처럼 투자는 차분히 인내심을 유지한 채 장기적 관점으로 목표를 지속해야 이익을 얻는다. 투자의 가장 큰 리스크는 거의 언제나 투자자의 단기적인 행동이다. 그렇기 때문에 '너 자신을 알라'는 말이 모든 투자자에게 가장 중요한 규칙이 된다. 투자할 때 가장 어려운 일은 지식의 문제가 아닌 감정의 문제다.

명백히 비합리적이면서 과민하게 단기적으로 '예상에 대한 예상'을 하는 시장 환경에서 이성적으로 행동하기란 쉽지 않다. 항상 자신의 교묘한 기술로 단기적인 초점을 맞추고 변화를 일으키도록 우리를 속이는 미스터 마켓에서 특히 그러하다. 따라서 가장 어려운 일은 최적의 투자 정책을 찾아내는 게 아니라, 시장이 오르든 내리든 장기적인 초점을 유지하며 당신에게 딱 맞는 투자 정책에 계속 전념하는 것이다.

06 투자자의 드림팀

모든 포트폴리오의 전체 장기 수익률에서 가장 중요한 부분은 가장 단순한 투자 결정에서 비롯된다. 단연코 가장 쉬운 실행방법은 인덱스 펀드에 투자해 시장을 매수하는 것이다. 대다수 투자자처럼 만약 당신의 본능이 "안 돼! 나는 평균 수익으로 만족하고 싶지 않아. 시장을 이기고 싶어!"[20]라고 이야기한다면, 다른 사람들은 조용히 이렇게 생각할

---

20 몇몇 액티브 매니저들은 평균 이상의 확률로 장기간에 걸쳐 시장보다 높은 실적을 올린다. 그들은 저마다 독특하다. 한 그룹은 꼼꼼하고도 능수능란한 '뛰어난 투자 전문가(super quants)'로 이루어져 있다. 우리 모두 그들의 성공에 고무되어 있지만, 우리는 그들이 성공한 과정을 이해할 수 없기에 몇 안 되는 성공할 사람들을 식별해낼 수 없다(그리고 그들이 신규 외부 고객을 받는지도 알 수 없다). 시장 평균 이상의 실적을 올리는 또 다른 그룹은 적은 수의 종목을 보유하면서 회전율이 매우 낮은 소규모 리서치 회사들로 구성되어 있다. 이들은 외로이 홀로 열심히 일하는 장기 투자형 '필립 피셔(Philip Fisher, 성장주 투자의 아버지로 일컬어지는 투자자-옮긴이)'와 같은 투자자들이기 때문이다. 이런 회사들은 찾기가 어렵다.

것이다. "아아, 자기가 전문가들을 이길 거라는 망상에 빠진 월터 미티가 여기 있군." 그렇다 하더라도 나는 당신에게 필요한 도움을 제공하고자 한다. 바로 투자자 드림팀이다.

당신이 매일 함께 일하고 싶은 동료 투자자로 누군가를 둘 수 있다면, 당신을 돕는 투자자 드림팀에 어떤 사람을 포함하겠는가?

드림팀은 왜 인덱스 투자를 추천했을까?

워런 버핏(Warren Buffett)? 좋은 생각이다. 또한 그의 파트너 찰리 멍거(Charlie Munger)도 당신의 팀원이다. 데이비드 F. 스웬슨(David F. Swensen)? 잭 마이어(Jack Meyer)? 폴라 볼런트(Paula Volent)? 세스 알렉산더(Seth Alexander)? 이들은 모두 당신의 팀원이다. 거기다 이들은 모두 피델리티의 애널리스트와 펀드 매니저, 그리고 캐피털 그룹의 전문가다. 브렛 바라켓(Brett Barakett), 조지 소로스(George Soros), 데이비드 아인혼(David Einhorn), 스티브 맨델(Steve Mandel), 애비 조셉 코언(Abby Joseph Cohen)? 괜찮다! 이들 역시 당신의 팀원이며, 미국 최고의 헤지펀드 매니저들도 다 그렇다.

거기서 멈추지 마라. 메릴린치 600명, 골드만삭스 600명, 모건스탠리 600명 등 월스트리트 및 크레디트스위스, UBS, 도이체방크 등에 속한 베스트 애널리스트, 그리고 '전문성 갖춘 중소형' 증권사의 기술이나 신흥시장에 특화된 애널리스트를 모두 포함해도 된다. 당신은 전 세계 최고의 포트폴리오 매니저들과 그들을 위해 일하는 모든 애널리스트를 당신의 드림팀에 배치할 수 있다.

사실, 당신은 언제나 당신을 위해 일하는 최고의 전문가들을 모두 거느릴 수 있다. 의심할 것 없이 그들이 내놓는 최선의 생각을 모두 수용하는 것만 동의하면 된다. 이러한 최고 전문가들의 모든 전문지식을 얻기 위해서는 인덱스만 있으면 된다. 인덱스 펀드는 시장을 복제하기 때문이다. 그리고 오늘날 전문가가 지배하는 주식시장은 부지런한 모든 전문가가 쌓아올린 전문지식을 반영한다. 아울러 그들이 더욱 많이 학습할수록, 그들은 자기들의 판단을 빠르게 갱신할 것이고, 이것은 당신이 인덱스를 이용하면 언제나 가장 최신의 전문가 컨센서스를 누린다는 것을 뜻한다. 현실적으로 말하자면 주식시장은 세계 최대의 '예측 시장'으로, 독자적인 다수 전문가들이 최선을 다해 전망하고 자신의 추정치를 뒷받침하기 위해 실제 자금뿐만 아니라 전문가라는 명성까지 내건다.

당신이 인덱스 투자를 한다면 당신을 위해 일하는 투자자 드림팀의 도움뿐 아니라, 또 다른 이익도 자연스럽게 얻을 수 있다. 다름 아닌 마음의 평화다. 대부분의 개인 투자자들은 과거에 범한 특정 실수를 후회하면서 미래에도 실수를 반복하고 또 후회할까 봐 걱정할 것이다. 인덱스 투자는 이 두 가지 걱정에서 자유롭다. 그리고 투자자의 드림팀과 인덱스 투자를 이용하는 사람들에게는 더 저렴한 수수료, 더 낮은 세금, 더 싼 '관리비' 등 몇 가지 더욱 강력한 경쟁상 이점이 있다. 액티브 투자의 경우 수수료, 세금, 관리비 등의 비용이 지속적으로 늘어나 투자 수익에 실제로 해를 끼친다. 인덱스 펀드에 투자해 이런 리스크를 피하면 장기적으로 세금을 떼기 전 금액 기준, 다른 투자자들의 80% 이상을 누르는 승자가 될 수 있다.

특히 경험이 풍부한 투자자들 사이에서는 점점 더 높이 평가되지만,

전문가 컨센서스를 받아들인다는 것이 늘 인기가 있는 건 아니다. 인덱스 투자를 무시하는 표현은 '그저 평균 수준에 그치는'부터 '미국답지 않은'에 이르기까지 다양하다. 가장 나쁜 표현은 종종 쓰이는 그 호칭, 수동적(passive)이라는 말이다. 한번 써보라. "이 사람이 내 남편인데 수동적이야. 그가 수동적이기 때문에 나는 대통령 선거 때 아무개에게 투표할 거야."

액티브 투자 매니저들과 희망에 부푼 다수 투자자들 사이에서는 형편없이 인기가 없지만, '시장 포트폴리오', 즉 인덱스 펀드는 사실 투자자 드림팀이 매일 열심히 작업한 모든 결과물이다. 인덱스 투자는 마땅히 받아야 할 존경을 거의 못 누린다. 그러나 인덱스 펀드는 시간이 갈수록 대부분의 뮤추얼 펀드보다 더 좋은 실적을 올림으로써 대다수 개인 투자자들보다 훨씬 더 나은 실적을 기록할 것이다.

액티브 투자는 이익에 구멍을 낸다

시장보다 더 좋은 실적을 달성하기 위해 들이는 시간, 비용, 노력을 전부 고려하면 인덱스 펀드는 아주 적은 비용으로 확실히 많은 가치를 창출한다. 이 재미없고 묵묵히 일하는 포트폴리오는 무심한 듯 보일 수도 있다. 하지만 그것은 살펴볼 가치가 있는 시장과 투자에 대해 두루 리서치하는 조직을 토대로 삼고 있는데, 다음과 같이 간단히 요약할 수 있다. 주식시장은 개방적이고 자유로우며 경쟁이 치열한 곳이다. 따라서 정보를 잘 알고, 가격에 민감한 엄청 많은 전문 투자자들이 매수자와 매도자 역할 모든 면에서 능숙하게 활기찬 모습으로 끊임없이 경쟁을 벌이는 시장이다. 거래 가격은 폭넓고 빠르게 제시된다. 시장 조작

행위에 대한 효과적인 금지 규정도 잘 갖추어져 있다. 게다가 수많은 애널리스트, 포트폴리오 매니저, 차익 거래자, 일반 거래자, 헤지펀드, 사모펀드, 시장 테크니션(시장 추세 변화에 예민하게 반응하며 매매하는 트레이더-옮긴이), 인수 목적 기업 및 장기적인 리서치 기반 투자자들이 꾸준히 시장의 결함을 찾아내어 이익을 올리려고 한다. 경쟁을 벌이는 투자자들은 특히 전체적으로 보면 정보를 잘 아는 매수자와 매도자들이기 때문에, 어떤 투자 매니저 한 명이 펀더멘털 리서치를 통해 대규모로 분산된 포트폴리오에서 꾸준히 우세한 실적을 올리기란 쉽지 않다. 열정적인 나머지 전문가들 또한 언제 사고팔지, 또는 살지 말지를 판단하기 위해 그들의 경험과 전문지식, 강력한 컴퓨터, 그들이 구할 수 있는 최고의 연구결과를 활용하기 때문이다.

그러한 시장은 완벽한 게 아니라 '효율적'인데, 현명한 투자자들은 비효율을 자주 활용할 수 없다는 것을 알 만큼 충분히 유능하다. 기량이 뛰어난 경쟁자가 많을수록 그들 중 누군가가 일관성 있게 탁월한 실적을 낼 가능성은 낮아진다(중요한 것은 전 세계적으로 전문적인 투자에 뛰어드는, 교육을 잘 받은 의욕 넘치는 사람들의 수가 경이로울 정도로 많다는 것이다).

완벽하게 효율적인 시장에서 가격은 가격의 역사적 순서에서 추론할 수 있는 모든 정보를 반영할 뿐만 아니라, 주식이 거래되는 기업들을 살펴볼 수 있는 모든 정보를 종합한다(분기 수익 보고서가 증권 가격에서 전부 다 즉시 반영되지 않는다는 몇몇 증거가 있지만, 규모나 기간이 너무 제한적이어서 악용되고 있는지 여부를 명백히 알 수 없다. 대형 포트폴리오 매니저들은 어쨌든 이런 종류의 정보를 효과적으로 이용할 수 없다).

인덱스 투자의 자유

효율적인 시장이라고 해서 주식이 항상 '올바른' 가격에 팔린다는 뜻은 아니다. 모두가 알고 있듯이, 1987년 10월이나 2008년 10~11월, 또는 2020년 3월처럼 시장은 오르락내리락한다. 이런 '등락'은 활기 넘치던 닷컴 시장과 서브프라임 모기지(비우량 주택 담보 대출-옮긴이) 시장의 예처럼 집단적 실수로 인해 발생할 경우 상당히 끔찍해질 수 있다. 투자자들은 전체 시장에 대한 집단적 판단(지나치게 낙관적이거나 비관적일 경우, 나중에 전체 시장 조정으로 나타난다)으로 크게 잘못될 수 있으며, 개별 증권에 대한 어떤 유효한 기본 정보를 관련 시장 가격에 통합하는 경우, '효율성'이 훨씬 더 강화된다.

그래서 현명함이란, 어떤 주요 투자 기관이 장기간에 걸쳐 시장을 능가하는 경우가 거의 없으며, 어느 매니저가 어떤 실적을 올릴지 미리 예측하기가 꽤 어렵다는 사실을 이해하는 것에서 출발한다. 다음 단계는 비록 시장을 이기더라도 이러한 패자의 게임이 과연 해볼 만한 가치가 있는지를 판단하는 것이다. 특히 인덱스 투자가 투자 매니저와 그들의 고객에게 손쉬운 대안을 제공한다면 말이다. 인덱스 투자자들은 그들이 원하지 않는다면, 포트폴리오 전략 및 주식 고르기 등의 변경과 같은 주식 투자라는 더 복잡한 게임을 할 필요가 없다.

인덱스 펀드에 언제든 투자하는 자유로 믿기 어려운 편의를 누릴 수 있다. 인덱스 펀드를 이용함으로써 선택권은 모든 투자자가 사실상 아무 노력 없이도 시장과 보조를 맞출 수 있도록 해준다. 그것은 우리가 '능동적인 투자'를 할 수 있도록 해주며, 우리가 진짜로 원하는 시기와 상황일 때 장기간 또는 단기간 동안 언제든지 계획적으로 행동할 수 있도록 광범위한 투자 스펙트럼 중 어느 부분을 선택할 수 있게 해준다. 이로써 오직 수익이 클수록 리스크도 크다는 점이 전혀 문제가 되지 않는 경우에만, 인덱스 투자와 거리를 둘 자유가 우리에게 주어진다.

가장 성공적인 투자자 워런 버핏은 투자자들에게 다음과 같이 인덱스 투자를 고려하라고 권한다. "주식을 보유하는 가장 좋은 방법이란 최소한의 수수료를 부과하는 인덱스 펀드를 통하는 것임을 기관과 개인 등 대다수 투자자는 알 겁니다. 이 길을 따르는 사람들은 대다수 투자 전문가들이 내놓은 순(純)실적(수수료 및 비용을 지불한 후의 실적)보다 높은 실적을 낼 것이 분명합니다."[21]

모든 토론가, 협상가, 변호사가 알고 있다시피 설득력 있는 주장을 전개할 때 가장 중요한 일은 상대방 주장을 분석하는 것이다. 그럼 액티브 운용 옹호자들이 인덱스 투자를 반대하는 여러 주장과 그에 대한 실제 답변을 〈6-1〉로 살펴보자.

인덱스 투자의 장점

액티브 투자 옹호자들은 인덱스 투자가 지닌 다음의 몇 가지 강력한 장점을 언급하지 않는다. 인덱스 투자로 특히 장기간에 걸쳐 '불공정한' 경쟁 우위를 얻을 수 있기 때문이다.

- 세금: 인덱스 펀드는 액티브 운용 펀드보다 회전율이 훨씬 낮기 때문에(대략 5%대 40~60% 이상) 의무적으로 납세해야 할 비용이 훨씬 적다. 액티브 펀드는

---

21 버크셔 해서웨이 1996년 연례 보고서.

6-1 인덱스 투자에 대한 액티브 측 주장과 실제 답변

'액티브' 측 주장	실제 답변
추적 오차는 '중소형주'나 신흥시장 관련 인덱스 펀드에서 문제가 될 수 있다.	물론 그렇다. 고를 주식이 너무 많아서 인덱스 펀드는 표본을 이용해 포트폴리오를 구성할 것이다. 그래서 불완전할 수도 있다. 그러나 인덱스 펀드의 추적 오차는 액티브 매니저의 추적 오차보다 훨씬 작다.
인덱스 펀드는 2000년 당시 GE처럼 고평가된 대형주를 담으면 운신의 폭이 좁다.	맞다. 인덱스 펀드도 저평가 상태에서 제 가치 수준으로 크게 오르면 그런 비슷한 주식처럼 꼼짝하기 어렵다.
'평균값'에 안주한다면 미국이 어떻게 세계 최강 경제대국이 되어 미국인들이 성공을 이루겠는가. 평균값을 목표로 잡는 수동적 투자는 미국답지 않다.	역사상 분명한 사실들이 파악되고 나면 소문이 퍼지게 마련이다. '평균적인' 펀드나 기관, '평균적인' 개인 투자자가 줄곧 시장 수익률에도 미치지 못하기 때문에 시장 평균을 목표로 잡는 것은 이기는 전략으로 판명되었다. 따라서 시장 평균을 목표로 잡는 것은 평균적인 투자자(average investor)보다 더 실적이 좋고, 시간이 갈수록 더욱더 좋아진다는 것을 뜻한다.
액티브 매니저는 시장 가격이 너무 높거나 경제 불확실성이 만연할 때 '방어적으로' 대응할 수 있다. 이는 수동적인 인덱스 투자보다 액티브 매니저가 지닌 강점이 된다.	일부는 그렇지만, 일부는 그렇지 않다. 액티브 매니저들 가운데 소수만이 정확히 적절한 시기에 방어적으로 대응한다(기억하라. 멈춰버린 시계도 하루에 두 번은 시간을 맞춘다). 장기에 걸쳐 투자 적기를 노리는 매니저들은 '방어적인 상태'가 된다. 무작위적인 패턴 탓에 서로 상쇄하는 효과가 일어나서다. 집단적으로 저지르는 이런 움직임은 고객의 장기적인 수익을 상당히 감소시킨다.
액티브 운용은 제대로 작용한다. 그렇지 않으면 액티브 매니저는 살아남기 어려울 것이다.	가능성에 대한 인식은 널리 퍼져 있다. 전 세계 카지노는 평균적으로 계속 패하면서도 끊임없이 복귀하는 사람들로 가득하다. 액티브 매니저들은 자기들이 시장을 이길 수 있다고 믿거나 이긴다고 말한다. 훨씬 더 중요한 점은 그들의 고객들도 그렇게 여긴다는 것이다.
인덱스 펀드는 수수료를 지불하고 나면 추종 대상 시장보다 수익률이 낮아진다.	물론이다. 하지만 아주 조금뿐이다. 인덱스 펀드는 수수료를 0.10%만 받으며 그 소액도 일부는 증권 대여를 통해 벌충한다. 그래서 투자자들은 아주 적은 순수수료로 광범위한 분산투자, 편의, 확신을 얻는다. 한층 더 중요한 것은 다음과 같은 모닝스타의 놀라운 발견이다. 이 연구조사업체가 과거 실적에 대해 보여주는 흔하디흔한 '별' 등급은 미래 실적을 예측하는 데 거의 또는 전혀 가치가 없는 반면, 모든 범주에서 수수료가 저렴한 펀드들은 다른 펀드보다 수익률이 높다.

단기간에는 수익이 하나도 없다고 공지하는데, 이는 당연히 세율을 더 높이는 요인이 된다.

- 높은 수수료: 액티브 매니저가 올린 수익에서 상당한 부분을 차지하며 끊임없이 빠져나간다. 벤저민 프랭클린은 지혜롭게도 이런 말을 남겼다. "한 푼의 절약은 한 푼의 소득이다."
- 비용: 거래 비용 역시 액티브 매니저에 비해 인덱스 펀드가 훨씬 저렴하다.
- 마음의 평화: 모든 투자자가 시장의 출렁임을 겪는 동안에도 담당 매니저의 투자 스타일이 바뀌거나, 해당 시장이 없어지거나, 담당 매니저가 다른 운용사나 펀드 등으로 넘어가는 경우, 또는 성공한 매니저들로부터 종종 볼 수 있듯이 투자할 자금이 펀드에 과도하게 들어오는 경우에도 인덱스 펀드 투자자들은 이에 대해 전혀 걱정하지 않는다.

인덱스 투자와 액티브 운용의 선택을 검토하는 또 다른 방법은 일반적인 순서를 뒤집어서 인덱스 펀드 투자 경험이 풍부한 투자자에게 액티브 투자로 전환하도록 제안하는 것이다. 액티브 투자로 변경하기 위한 논의는 다음과 같이 진행될 수 있다. "액티브 투자는 투자자들에게 시장보다 더 좋은 수익을 낼 수 있는 기회를 제공한다. 하지만 그런 기회를 얻으려면 몇 가지 문제가 용인되어야 한다. 수수료와 운용비용은 훨씬 더 비싸다. 장기적으로는 액티브 매니저의 거의 90%가 스스로 선택한 벤치마크보다 실적이 부진한데, 실적이 저조한 매니저는 '승자'들이 더 좋은 성적을 기록한 것보다 훨씬 나쁜 성적을 낸다. 우수한 매니저들을 인지할 방법은 알려진 것이 없다. 세금 부담은 늘어난다. 반복적인 실적 부진 탓에 심각한 문제가 명백히 드러나기 전에는 실적이 시원찮은 매니저들(오랫동안 그런 매니저들이 많이 있다)을 식별하기가 어렵다. 그리고 투자자로서 당신은 언제나 당신의 액티브 매니저가 문제를 일으킬까 봐 걱정한다. 혹은 액티브 매니저가 운용하는 자산으로 너무 빨리 성장하거나 인수를 당할까 봐, 아니면 현실에 안주할까 봐 걱정한다."

투자자별 맞춤 투자 전략의 핵심은 감수할 시장 리스크의 수준을 결정하는 것이다. 투자자마다 각자에게 특화된 시장 리스크의 최적화 수준이 존재한다. 그것은 해당 투자가 이어질 기간에 적합한지, 그리고 특정 투자자가 자신 있게 그 과정을 유지하며 생활할 수 있는 시장 변동성 수준에 적합한지를 나타내는 시장 리스크 등급이다. 간단한 것 같지만(사실 '간단'하다), 확실히 쉽지는 않다. 특히 미스터 마켓이 당신의 마음속 버튼을 누르고 있어서 긴장이 고조된 상태일 때 그렇다.

리스크의 두 가지, 투자와 투자자

투자할 때 리스크에는 크게 두 가지 주요 범주가 있다. 하나는 투자하는 리스크이고, 나머지 하나는 투자자 리스크다. 모든 이목을 끌어당기는 것은 첫 번째지만, 우리가 주목해야 할 것은 두 번째다. 우리가 투자 리스크에 대해서는 할 수 있는 일이 거의 없지만, 투자자 리스크의 경우 적당히 노력하면 모든 투자자가 큰 차이를 낼 수 있기 때문이다. 시장은 그저 시장이다. 미스터 마켓은 자기가 할 일을 한다. 날씨와 비슷하게 우리는 쾌적한 기후를 택할 수도 있지만, 하루하루의 날씨 변화를 일어나는 그대로 받아들이는 법을 배워야 한다.

작은 배의 선원은 바람이나 조류를 바꾸기 위해 할 수 있는 일이 거의 없다. 하지만 올바른 항로를 선택하고, 돛을 잘 손질하고, 거친 날씨에 자신과 자신의 배가 할 수 있는 일이 무엇인지 알아 두고, 심각한 폭풍을 피하기 위해 하늘을 관측하는 등 많은 일을 할 수도 있다. 이와 마찬가지로, 투자자는 자신의 현실적인 목표를 이루기 위해 해당 시장을 연구할 수는 있지만, 시장 폭풍이 지나갈 때까지 계약이 유지되는 한계를 벗어나 험한 날씨 또는 일어날 수 있는 시장 움직임에 대해 더 큰 리스크를 짊어져서는 안 된다.

액티브 투자자들은 더 잘할 수 있으며, 일부 투자자들은 오랫동안 잘할 수도 있을 것이다. 하지만 만약 어떤 뮤추얼 펀드 매니저들이 몇 년 동안 특히 세금, 수수료, 비용, 실수 등을 뺀 이후에도 훨씬 더 잘 해냈다면, 우리는 그들이 어떤 펀드를 운용했는지 다 알 것이다. 그렇지만 그들이 잘 수행하지 않기 때문에(혹은 잘할 수 없기 때문에) 우리가 모르는 것이다. 그런 이유로 투자자들은 전체 시장 인덱스 펀드가 제공하는 진정한 이점을 이해하는 데 주의를 기울여야 할 것이다. 이 인덱스 펀드는 투자자 드림팀이 매일 실시하는 모든 기술과 작업의 산물이다.

다윈의 진화론이 광범위하게 과학적으로 인정받고 있지만, 40%가 넘는 미국인이 아직도 창조론을 믿는다고 이야기한다. 그리고 비슷한 비율의 인구가 여전히 지구 온난화를 의심하고 있다.[22] 왜 그렇게 많은 사람이 인덱스 투자 및 상장지수펀드(ETF, 주식시장에 상장해 거래하는 인덱스 펀드-옮긴이)에 저항하는지, 또는 왜 그런지는 몰라도 창조론을 믿거나 아직도 기후 변화를 믿지 않는지 진지한 학생들은 이해하기 어려

22 워싱턴 D.C.의 회의론자들도 마찬가지였다. 그들은 주요 강설량(snowfall)을 지구 온난화를 부인하는 '증거'로 파악했다. 그들은 지구 온난화를 부정한다기보다 실제로 지구 온난화를 입증할 수 있는 데이터인지를 확인해보지도 않았다[사실, 눈(雪)은 기후 변화를 알려주는 강력한 증거물이었다].

울 수도 있다. 그러나 조금도 놀라면 안 된다. 계속 거부해야 큰 수입을 얻는 사람들 입장에서는 일련의 일을 거부하거나 심지어 도전하는 일이 매우 어렵다.

현실을 받아들이는 일이 늘 쉬운 건 아니다. 그리고 그것이 누군가의 경제적 이익에 반하거나 오랫동안 신봉해온 믿음을 포기해야만 할 때, 특히 많은 사람이 그런 동일한 믿음을 굳건히 고수하고 있다면, 현실을 받아들이는 것은 대단히 어려울 수 있다. 이것은 왜 그렇게 많은 액티브 투자 매니저들, 심지어 자기들의 투자 일부 또는 전부를 인덱스 투자하는 사람들조차 인덱스 투자에 계속 저항하는지를 알려주는 가장 좋은 설명 중 하나다.

토마스 쿤(Thomas Kuhn)이 그의 명저 《과학 혁명의 구조(The Structure of Scientific Revolutions)》에서 설명했듯이, 어떠한 기본 가정을 기초로 이론의 세부적인 사항을 발전시키며 경력을 쌓은 사람들에게는 변화를 받아들이기가 쉬운 일이 아니다. 우리가 위상과 소득 면에서 잃을 것이 많을 때, 기존의 가설과 믿음을 새로운 가설 세트로 바꾸기란 쉽지 않다.

반복된 연구는 액티브 운용이 추가 가치를 올리는 것 이상으로 비용이 들어간다는 증거를 계속 쌓아간다. 여기에 예외적인 상황은 아주 드물고 앞서 발견되었더라도 극히 희귀한 예외일 것이다. 이와 다른 관점을 지지하는 체계적인 연구는 하나도 없다. 그러면 우리는 액티브 운용을 계속 선호하는 경제적, 사회적 또는 감정적 이해관계가 강한 사람들이 행동하는 방식을 어떻게 합리적으로 예측할 수 있는가?

혁신은 어떻게 일상이 되는가?

혁신이 받아들여지는 패턴은 잘 알려져 있다. 짧게 설명하자면 정말 간단하다. 서서히 그리고 불가피할 경우다. 그 과정은 한 번에 한 명씩 쓰러뜨리는 저항의 한 방식이다. 혁신에 대한 저항(수용하는 정도)은 집단마다 다르다. 농부들은 잡종 종자 옥수수라는 혁신을 천천히 받아들였다. 의사들은 농부들보다 훨씬 느릿느릿하게 새로운 종류의 약을 수용했다. 하지만 10대 소녀들은 낯설고 새로운 모든 것을 빠르게 받아들인다. 다음의 두 그룹이 중요하다.

- 혁신가들은 항상 새로운 일을 시도한다. 그들의 실험은 종종 실패한다. 하지만 그들은 새로운 것을 즐기고 실패를 마음에 두지 않는다. 그들은 실험에 결코 과하게 투자하지 않아서 새로운 시도가 실패하더라도 개인적인 실패로 여기지 않기 때문이다.
- 영향력 있는 사람들(이하 인플루언서)은 새로운 행동 양식을 골라내는 자신들의 능력을 두루 인정받고 있는데, 이들은 성공률이 높고 거의 실패하지도 않는다.

재치 있는 인플루언서들은 혁신가들을 면밀히 관찰한다. 인플루언서들은 혁신가들의 실험이 성공하는 것을 보고 나면, 그것을 시도한다. 인플루언서들은 혁신가들이 효과를 본 것들만 시도하기 때문에 그들의 성공률은 꽤 높다. 그런 이유로 그들은 영향력이 있다. 많고 많은 사람들이 인플루언서들이 무엇을 하는지 지켜본 후 믿고 따라 한다.

ETF와 인덱스 투자는 신기할 정도로 느릿한 속도로 익숙한 수용 곡선을 따라 상승하다가 점차 상승 속도가 빨라진다. 그 이유가 무엇일까? 그 이유는 갈수록 더 많은 투자자들이 ETF와 인덱스 투자가 수수료, 비용, 세금을 낸 이후에도 — 그리고 리스크에 대한 조정을 거친 다음까지도 — 액티브 운용보다 확실하고 꾸준하게 더 실적이 좋았다는 것을 깨닫고 있기 때문이다.

액티브 매니저 몫의 수수료는 투자자가 맡긴 자산의 '1%'라고 알려져 있지만, 투자자는 이미 자산 전부를 맡겨둔 상태다. 그렇다면 수수료가 수익에서 차지하는 비율은 얼마나 될까? 만약 수익률이 평균 7%(현재 저성장 상태인 세계가 기대하는 수준)라면, 수수료는 수익의 약 15%다. 그런데 모든 경제학자가 우리에게 상기시킨 바처럼 실제 액티브 운용 비용의 경우, 액티브 투자 수익에 비례해 증가하는 수수료는 인덱스 펀드로 제공되는 '상품'보다 수익 증가분에서 차지하는 비율이 더 높다. 하지만 액티브 운용의 실적은 장기적으로 인덱스 펀드에 뒤쳐진다. 이는 — 인덱스 투자의 대안으로 두루 이용되는 — 액티브 투자의 수익 비례 수수료가 현재 수익 증가분의 100%를 넘는다는 뜻이다. 점점 더 많은 경우, 액티브 운용에 드는 비용과 수수료 납부 이후의 불만스러운 실적은 고객들이 액티브 투자운용의 비용-효익 가치에 대해 심각한 의문을 품도록 만든다.

증거가 꾸준히 축적되고 있음을 고려할 때, ETF와 인덱스 투자를 이용하는 기관과 개인을 점점 더 많이 볼 수 있는 것은 놀랄 일이 아니며, 이미 ETF와 인덱스 투자를 이용하는 기관과 개인이 꾸준히 할당량을 늘리고 있는 것도 전혀 놀라운 일이 아니다. 진짜 놀라운 점은 어찌하여 수요 증가율이 더 높아지지 않는가 하는 문제다.

투자 성공은 명확하게 정의 내린 목표와 올바른 자산 배분에 해당 프로그램을 꾸준히 시행할 때 비로소 이루어진다. 인덱스 투자는 개인과 기관 등 투자자가 더 수월하게 다음과 같은 진짜 문제에 집중할 수 있도록 해준다. 즉, 리스크에 대한 올바른 목표를 설정하고, 그러한 합리적 목표를 달성할 가능성이 가장 큰 포트폴리오를 설계하고, 적절하게 균형을 유지하며, 그 과정을 지속하는 것이다. 인덱스 투자는 투자 정책 실행을 단순하게 만들어서 투자자가 장기적인 목표, 포트폴리오 전략, 투자 정책에 주력할 수 있는 자유를 제공한다.

"주식시장은

'돈이 많은 사람에게서 참을성이 많은 사람에게로'

돈이 넘어가도록 설계되어 있다."

· 워런 버핏(Warren Buffett) ·

PART II

실패를 승리로 바꾸는 게임의 룰

시장에서 승리하는 게임의 룰은 간단하다. 미스터 마켓이 우리를 속이지 못하도록 예의주시하라. 그러기 위해 우리 삶을 에워싼 자본 시장과 투자에 대한 이해를 높이는 것이 우선이다. 또한 수치로 드러난 수익률의 함정에 빠지지 말고 리스크의 본질을 이해하라. '불공정하지만' 경쟁력 우위를 갖춘 인덱스 투자에 좀 더 관심을 가지면 승리가 눈앞에 다가올 것이다.

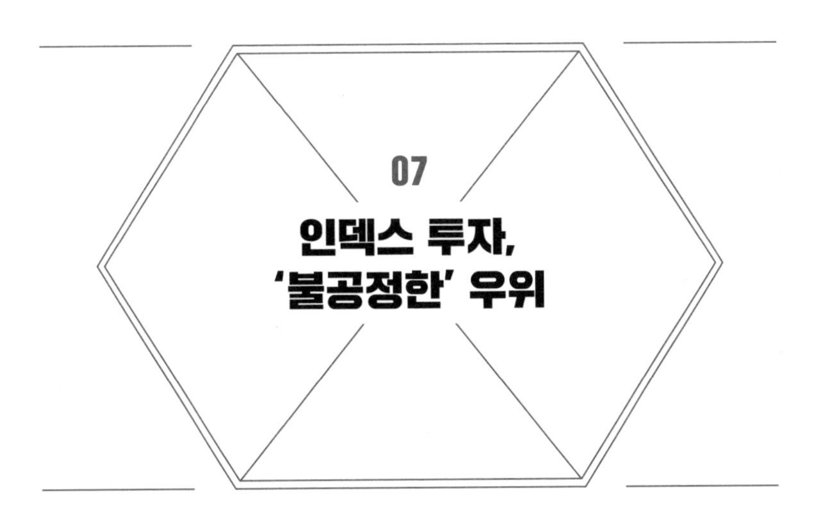

07 인덱스 투자, '불공정한' 우위

위대한 전략가들은 자신의 경쟁자들보다 지속 가능한 우위를 확립하고자 한다. 각 분야의 전략가들 역시 중요하면서도 지속 가능하고 전략적인 우위를 찾아내고자 노력한다. 그 이유는 다음과 같다.

- 군대를 이끄는 장군들은 높은 지대를 차지함으로써 기습할 때 우위를 얻고자 한다.
- 코치들은 더 강하고, 키가 크고, 빠른 선수를 원하며, 더 나은 상태를 유지하고자 노력한다. 그리고 한 팀이라는 의식과 동기부여에 많은 관심을 기울인다.
- 기업 전략가들은 자사 제품과 서비스에 '유명 브랜드'라는 사업권을 만들어서 각 고객군 간에 강력한 브랜드 충성도를 형성하기 위해 노력한다.
- 기업은 '경험 곡선(experience curve, 기업이 제품을 생산해온 누적 경험치가 증가할수록

제품 생산에 드는 단위당 비용이 줄어드는 것을 나타내는 곡선-옮긴이)'을 높여서 제조 단가가 경쟁사들보다 낮아질 수 있도록 노력한다. 특허 보호, 미식품의약국(FDA) 승인, 저비용 운송, 기술 장악력, 소비자 선호도, 상표 등에는 한 가지 공통점이 있다. 바로 경쟁 우위다.

경쟁 우위를 달성하는 세 가지 방법

위와 같은 전략적 우위는 경쟁자들이 '불공정한' 경쟁 우위라고 느낄 수도 있다. 투자 세계에서도 '불공정하지만' 경쟁력 있는 우위를 달성하는 세 가지 방법이 있다. 시장을 이기는 방법 중 육체적으로 어려운 방법이 가장 인기 있는데, 이는 가장 널리 사용하는 방법이다. 이 계획을 지지하는 사람들은 아침 일찍 일어나 밤늦게 잠들고, 주말에도 일을 한다. 그들은 더 많은 보고서를 읽으며, 더 많이 전화하고, 더 많이 회의를 열고, 더 많은 이메일과 음성 메시지, 문자 메시지를 주고받는다. 그들은 경쟁에서 앞설 수 있기를 바라면서 더 많이, 더 빨리 일하려고 노력한다.

시장을 이기는 방법 중 지적으로 어려운 방법은 우리 모두에게 영감을 제공하는 아주 적은 수의 투자자 등 극소수 투자자가 활용한다. 그들은 특정한 투자 기회에 대해 정말 뛰어난 통찰과 이해를 얻을 수 있도록 더 깊이 생각하고 더욱 먼 미래를 보려고 노력한다.

뛰어난 투자법이지만 정서적으로는 하기 힘든 방법은 늘 침착하고 이성을 유지하면서, 유리한 시장 이벤트가 일어나도 절대 흥분하지 않고, 불리한 시장 상황에서도 전혀 당황하지 않는 것이다. 이는 가장 쉬운 투자 방법이어야 했다. 하지만 시장이 바닥이나 정점에 있을 때, 우리 중 어느 누가 미스터 마켓과 그의 시도 때도 없는 변덕에 대처해 실제로 가장 유용한 투자 자세인 점잖은 무시를 계속 실천할 수 있을까?

만약 당신이 위와 같이 양극단 상황에 놓였을 때, 진실을 살펴보고 다음과 같은 결론을 수용할 수 있다면, 당신에게는 이 '쉬운' 방법이 잘 맞는 것이다. 당신의 노력으로 결과가 개선될 것 같지 않다는 결론 말이다. 우리는 모두 — 시장의 — 날씨 상태에 따라 이렇게 행동한다. 오늘날 고도로 전문화된 시장에 투자할 때 많은 투자자가 배우고 있듯이, 인덱스 투자라는 저비용으로 전문가 컨센서스를 받아들이는 게 현명하다.

투자자가 불공정 경쟁 우위를 얻고 유지하는 가장 쉬운 방법은 저비용의 인덱스 펀드에 투자하는 것이다. 그들을 이길 수 없다면, 훨씬 낮은 가격에 그들과 함께 해라. 그런 다음 자산배분을 설정하라.

- 당신은 이러한 포트폴리오로 예상되는 시장 리스크(등락 또는 변동성으로 알려진 시장 리스크)와 더불어 생활할 수 있고 생활하게 될 것이다. 시장의 불안감이 극에 달한 상황에서도 말이다.
- 장기적으로 예측 가능한 실적이 당신의 목표를 충족시킬 것이다.

간과하기 쉬운 인덱스 투자의 장점

인덱스 펀드 투자운용의 큰 장점은 무의미하게 우수한 실적을 찾아다니지 않고 가장 중요한 투자 결정에 시간과 에너지를 집중할 수 있다는 것이다. 바로 장기적인 '정책' 포트폴리오를 정의하는 것이다. 이것은 피할 수 있는 실수, 리스크를 최소화하고 진짜 투자 목표를 달성할 가능성을 크게 높여준다.

일부 전문가 투자자들은 매우 능숙하고 독자적인 생각을 갖추고 있어서 투자에 적극 변화를 주며 진짜 가치를 더할 수 있지만, 결과는 많은 투자자들이 믿고 싶어 하는 것보다 형편없음을 반복해서 보여준다. 더 중요한 것은, 그 기록이 정리되기에 앞서 당신이 위대한 승자 중 한 명이라도 알아볼 가능성이 매우 낮다는 것이다. 마지막으로, 대부분의 위대한 승자들은 신규 투자자들이 맡기는 새로운 자금을 받지 않는다.

실망하기 전에 기존 매니저를 내보내고, 실적을 올리기 전에 새로운 매니저를 영입하는 식으로, 매니저를 효과적으로 교체하기란 사실 불가능하다. 수년 동안 누적된 데이터는 대다수 투자자가 두 가지 방식 모두에서 틀렸음을 보여주었다. 퇴직연금의 경우, 내보낸 매니저의 미래 실적이 새로 영입한 매니저의 실적보다 더 좋은 경우가 너무도 많다. 최근의 연구에 따르면 동일한 문제가 개인 투자자들에게도 적용되고 있다.

만약 전문가들이 말하듯이 '성공이란 원하는 것을 얻는 것'이며 '행복이란 얻은 것에 만족하는 것'이라면, 당신이 올바른 자산 조합에 집중하고 몇 가지 단순한 진리와 더불어 살아간다면, 당신은 투자로 성공하고 행복할 것이므로 당신의 투자는 당신과 당신의 목적에 진짜 도움이 될 것이다. 대부분의 개인 투자자들은 수년에 걸쳐 많은 실수를 저지르고 이처럼 간단하지만 쉽게 배울 수 없는 진리를 배우기 위해 많은 불행을 경험했다. 다행히 우리에게는 편한 대책이 있다. 역사를 통해 배울 수 있는 것이다. 시장은 시장일 뿐이고 사람은 사람일 뿐이다. 시장과 사람은 함께 많은 역사를 이루어왔다. 오늘날 시장 환경에서 인덱스 투자의 '불공정한' 우위는 다음과 같다.

- 인덱스 투자는 매우 오랫동안 운용하기 때문에 수익률이 더 높다. 액티브 매니저의 90% 이상은 시장보다 수익률이 저조하다. 어떤 매니저가 상위 10%에 오를지(즉 손실을 보지 않을지) 미리 알아내기란 거의 불가능하다. 장기적으로 보면 이런 매니저 대부분이 계속 승자로 남아 있지는 않을 것이다. 인덱스 투자의 수익률은 장기간에 걸쳐 꾸준히 상위 25%에 위치한다.
- 인덱스 투자는 운용 수수료와 비용이 더 저렴하다. 인덱스 펀드 수수료는 10bp(0.1%) 이하다. 액티브 펀드 수수료는 100~120bp(1.0~1.2%)이며 매년 오른다. 인덱스 펀드는 매매 회전율이 매우 낮아 운용 비용이 매우 저렴하다.
- 인덱스 투자는 세금이 더 적다. 회전율이 훨씬 더 낮아서 특히 단기 수익 같은 적은 수익이 매년 과세 대상으로 인식된다. 액티브 운용 뮤추얼 펀드의 경우, 매년 평균적으로 자산의 약 1%에 세금이 부과된다. 따라서 '단 1%'만 아껴도 수익률을 높일 수 있다. 이는 당신의 주머니로 들어오는 연 7%에 불과한 현재 연간 예상 수익률보다 15% 이상 높다.
- 인덱스 투자는 포트폴리오 회전율이 훨씬 낮아서 거래 수수료가 더 적다. 인덱스 투자 회전율은 연 10% 미만이지만, 액티브 운용 뮤추얼 펀드 회전율은 연 40% 이상이다.
- 인덱스 투자는 거래 시 '시장 영향' 관련 비용이 더 적게 든다. 포트폴리오 회전율이 훨씬 낮기 때문이다.
- 인덱스 투자는 편하다. 남길 기록이 거의 없다.
- 특히 인덱스 투자는 사소한 실수나 심지어 대형 실수로부터 자유롭다. 이것이 단연 최고의 이점일 것이다. 적절한 투자 시점을 잡거나 포트폴리오 전략 결정, 매니저 선택 결정 등 쉽게 잘못을 저지를 가능성이 없기 때문에 사소한 실수나 대형 실수로부터 자유롭다. 당신의 포트폴리오에서 불균형적인 포지션

을 나타내는 주식이 하나도 없기 때문이다.

- 인덱스 투자는 진짜로 중요한 의사결정에 집중할 수 있는 자유가 있다. 중요한 의사결정에는 투자 목표 설정, 합리적인 장기 투자 정책 결정, 당신에게 적당한 실행안 수립 등의 활동이 포함된다.
- 매니저가 인수를 당하거나 내부 문제를 겪거나 너무 크게 성장하지 않을까 하는 걱정에서 자유롭다. 액티브 매니저 대부분이 오래지 않아 그와 같은 문제를 겪을 것이다.

인덱스 투자의 경우, 평가 기간이 길어질수록 점점 더 수익률이 좋아진다. 또한 기술, 끈기, 추진력을 갖춘 전문가들이 시장을 점점 더 지배하면서 시장은 보다 더 효율화될 것이다. 따라서 시장을 이기는 건 앞으로도 더욱 힘들어질 것이다.

저비용으로 넓은 시장을 복제하는 인덱스

투자자가 수익률 대비 리스크를 최소화하거나 리스크 대비 수익률의 극대화를 원한다면 적어도 분산투자를 고려해봄 직하다. 대다수 투자자는 파생상품 성격이 전혀 없는 최고의 인덱스 펀드 구성이 미국 국내 펀드 50 대 해외 펀드 50으로 이루어졌음을 알면 깜짝 놀란다. 분산투자가 투자자의 하나뿐인 '공짜 점심'임을 인식한 후 전 세계 주요 주식시장과 그 시장이 나타내는 다양한 경제에 비례해 투자할 경우, 다양성이 크게 확대됨을 쉽게 알 수 있다. 그래서 현명한 투자자들은 적은 비용으로 가장 넓은 시장을 복제하는 인덱스 펀드를 택한다.[23] 완전히 이성적인 투자자에게는 이러한 펀드가 전 세계에 걸친 '전체 시장' 인덱스 펀드가 될 것이다.

자국에 투자를 집중하기로 결정한 투자자들은 자국이 나머지 다른 국가들보다 더 중요하다는 암묵적인 결정을 내린 것이다. 신기하게도, 대다수 투자자가 그렇게 한다. 영국 투자자들은 영국에 투자를 집중한다. 캐나다 투자자들은 캐나다에, 일본 투자자들은 일본 주식에, 호주 투자자들은 호주 주식에, 뉴질랜드 사람들은 뉴질랜드 주식에 집중한다. 만약 그들의 모국이 미국처럼 크고 복합적이고 역동적인 경제일 뿐만 아니라, 그들이 모국의 통화에 재무적인 의무나 책임을 크게 지고 있다면 그렇게 하는 게 그리 잘못된 일은 아닐 것이다.

ETF는 1993년 처음 도입된 이래 자산이 폭발적으로 늘었고 수와 종류도 매우 다양해졌다. 현재 총 자산 규모가 7조 7,000억 달러 이상인 상장지수펀드와 상장지수상품[ETP, Exchange Traded Product, 상장지수펀드(ETF)와 상장지수채권(ETN)을 통칭하는 용어-옮긴이]이 7,600개가 넘는다. 투자자들은 가파른 ETF 성장세가 개인 투자자 수요에서 비롯된 것이 아닌, 장기적인 투자 대신 특정 리스크를 피하려는 증권사들과 전문가로 인한 것임을 알아야 한다. ETF의 95%, ETF 자산의 85% 이상이 특화되어 있다. 특히 헤지펀드의 전문가 투자자들은 이러한 ETF를 이용해 미세조정하며 리스크를 관리한다. 일반 투자자들은 이런 것들을 절대로 이용하면 안 된다.

인덱스 펀드와 ETF에는 전 세계 주요 시장(그리고 전 세계 주식시장)뿐

---

23 비용은 펀드에 편입된 주식의 배당금에서 차감하고 나머지는 1년에 두 번 지불한다(증권사는 수수료, 주식 대여, 그리고 편입된 기업에서 들어오는 배당금과 ETF 투자자에게 1년에 두 번 받는 수수료 수령액이 들어오면서 펀드에 대기 중인 자금으로 이익을 얻는다).

아니라, 중소형주나 대형주, 성장주나 가치주에 대한 것도 있다. 그러나 각 인덱스가 시장이나 시장 내 업종을 적절하고 정확히 복제하도록 설계되더라도, 인덱스가 모두 똑같이 만들어진 것은 아니다.[24] 대개 이런 차이는 미미하며 그리 중요하지도 않다. 그러나 어떤 시장에서는 인덱스들 간, 그리고 그런 인덱스를 추종하는 인덱스 펀드들 간에 차이가 상당하다. 특히 부과되는 수수료 면에서 그렇다.[25]

숨어 있는 막대한 비용들

전설적인 투자의 귀재 워런 버핏은 예전 한 연례 보고서에서 액티브 투자의 '끔찍한 비용'이라고 간주한 것의 규모를 다음과 같이 추산했다.

- 운용 수수료, 비용, 판매 수수료, 광고비 등에 350억 달러
- 선물과 옵션의 스프레드, 변동 폭이 큰 연금보험비 등 잡다한 비용에 250억 달러

항상 큰 회사의 소유주 시각으로 현실을 바라본 버핏은 이 모든 것이 〈포춘〉 선정 500대 기업의 전체 시장 가치의 '겨우' 1%에 불과하다고

---

24 다우존스 산업평균지수 같은 주가지수나 S&P 500 지수는 개별 종목들의 가격을 계산하여 주식시장 전체의 동향을 보여주는 값이다. 인덱스 펀드는 그러한 전체 시장의 지수를 형성하는 종목에 투자하는 뮤추얼 펀드로 시가총액 비중이 높은 종목들에 투자하거나 시가총액별로 가중치를 부여하는 방식이 일반적이다('동일 가중' 인덱스 펀드는 시가총액과 상관없도록 설계되어서 해당 지수의 각 종목에 동일한 금액을 투자하도록 설계된다). 현재 50종의 다양한 S&P 500 펀드 등 200개가 넘는 인덱스 펀드를 이용할 수 있다. 그러나 S&P 500 인덱스 펀드라 해도 모두 똑같은 건 아니다. 어떤 인덱스 펀드는 다른 인덱스 펀드보다 훨씬 많은 비용이 든다.

25 매수자는 다음을 주의하라. 동일해 보이는 인덱스 펀드라 해도 비용이 3배 넘게 차이가 날 수도 있다. ETF도 비용 비율이 크게 달라질 수 있다.

지적했지만, 이 1,000억 달러는 〈포춘〉 선정 500대 기업이 그해에 벌어들인 334억 달러 중 큰 몫을 까먹었다는 점을 우리에게 알려준다. 그 결과 투자자들은 10조 달러라는 투자액의 단지 2.5%에 불과한 수익 2,500억 달러의 결과와 마주했으니 말이다. 버핏의 관점으로는 2.5%의 투자수익률이 '시시한 액수'였을 것이다. 모두가 동의하지 않는가?

개인 투자자의 수익을 까먹는 또 다른 '새는 틈'은 포트폴리오 회전율로 인한 세금에서 발생한다. 회전율이 높을수록 세금은 늘고 누적 수익률이 떨어진다(뮤추얼 펀드에서 종종 실현되는 단기성 차익이 있는 경우, 세금 증가에 따른 부정적 영향은 훨씬 커진다).

만약 당신의 포트폴리오 구조에 중소형주나 신흥시장(한국, 동남아시아, 라틴아메리카 등 개발도상국 시장-옮긴이), 심지어 프런티어 시장(신흥시장보다 증시 규모가 작고 개발이 덜 된 베네수엘라, 케냐 등의 국가를 지칭하는 시장-옮긴이)까지 '비중 확대'를 원한다면, 인덱스 펀드, ETF 또는 이 둘을 모두 이용할 수 있다. 그러나 다음과 같은 점에 주의하라. 인덱스 펀드에 대한 논의에 따르면 미국, 영국, 일본의 대형주처럼 효율적인 시장에 투자할 때 가장 효과가 좋다. 특화된 인덱스 펀드와 특화된 ETF는 범위가 넓고 난해하며 가격이 효율적으로 매겨지지 않았거나 다각화되지 않은 시장에 투자한다. 소규모 시장일수록 시장 복제가 어렵고 정확성도 낮다. 그럼에도 불구하고, 모든 주요 시장에서 인덱스 펀드는 같은 시장에 투자하는 대부분의 액티브 운용 펀드보다 나은 실적을 기록한다.

08 투자자 리스크와 행동주의 경제학

유명한 민중 철학자 포고(Pogo, 주머니쥐를 의인화한 사회 풍자 미국 연재 만화의 주인공-옮긴이)는 투자자에 대해 다음과 같이 특별한 의미를 지닌 핵심 진리를 예리하게 관찰했다. "우리는 적을 만났는데, 그는 바로 우리였다." 정말이다! 우리는 인간이기 때문에 감정적이다. 우리는 스스로가 더 열심히 노력하면 더 잘하게 될 거라고 생각한다. 우리는 '고장 나지 않았으면 고치지 마라'와 같은 충고를 받아들이기 어렵다는 것을 안다. 우리는 인간이기 때문에 완전히 이성적인 존재와는 오히려 가깝지 않다. 그래서 만약 투자자가 손해를 본다면, 우리는 그 배경과 이유를 알 필요가 있다. 그래야 손해를 피할 수 있다.

투자의 세 영역

투자는 시장, 투자 매니저, 투자자 등 세 부분으로 나누었을 때 쉽게 이해할 수 있다. 아주 많은 투자자들이 — 불행히도 자신들의 오랜 투자 경험상 — 투자 매니저가 주도적인 역할을 하고, 시장과 모든 투자자는 그 뒤를 줄줄이 따라가며, 개인은 그저 소소한 역할만 할 뿐이라고 가정한다. 그러나 진짜 중요한 순서는 정반대다. 오늘날 투자자는 단연코 가장 중요한 역할을 하고 있으며, 투자 매니저는 가장 덜 중요한 역할을 맡고 있다.

50년 전에는 액티브 매니저들이 가장 중요한 역할을 담당했다. 그러나 수많은 주요 변화들이 합쳐지면서 이미 봤듯이, 액티브 매니저가 성공적으로 맡았던 역할은 뚜렷하게 축소되었다. 역설적이지만, 역할의 엄청난 축소는 액티브 매니저들 사이에 어떤 기량이나 적극성이 사라졌기 때문이 아니다. 그 반대로 너무나 뛰어나고 야심만만하며 열심히 일하는 수많은 전문가가 투자에 매료되어 있다 보니 그들 중 어느 한

8-1 투자 중요도에 대한 옳고 그른 관념

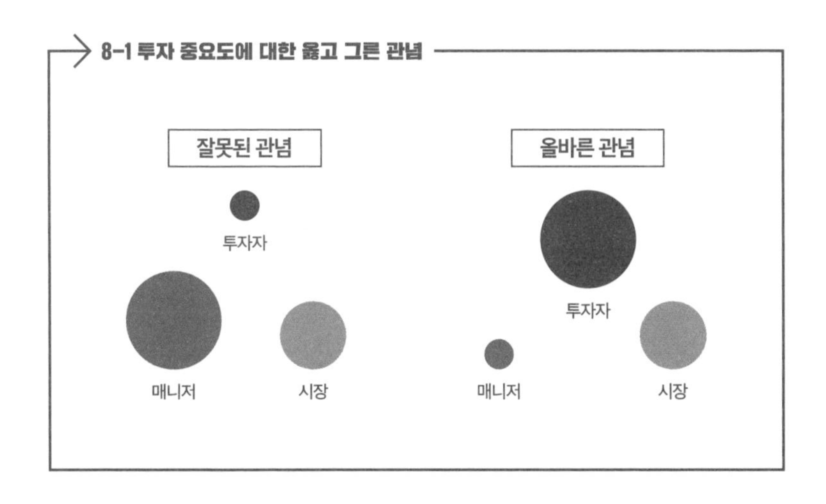

명이 기회를 발견하더라도 시장 컨센서스보다 높은 실적을 올리는 일이 거의 불가능해졌기 때문이다. 그래서 오늘날 시장에서 경쟁력을 갖추려면 훨씬 더 큰 기술이 필요함에도 불구하고, 액티브 투자 매니저의 적절한 역할은 점점 위축되었다.

긍정적인 측면으로 보자면, 각 투자자는 — 정식 등록된 투자 컨설턴트의 도움을 받기는 하지만 — 오직 하나뿐인 존재이기 때문에 개인의 리스크 감수 수준, 전문성, 현재와 미래의 경제적 자원, 현재와 미래의 재정상 의무, 책임, 개인 열망 등을 바탕으로 자기만의 목표를 구체화할 수 있다.

리스크에서 수익을 지키는 것

대부분의 투자자와 투자 매니저, 그리고 투자와 관련 있는 모든 광고는 오직 한 가지 측면에만 초점을 둔다. 바로 수익이다. 그리고 또 다른 측면도 존재하는데, 바로 리스크다. 특히 중대한 영구적 손실을 입을 수 있는 리스크 말이다. 장기적인 성공을 이루고자 한다면 또 다른 측면인 리스크가 수익보다 훨씬 중요함을 인식해야 한다. 리스크는 다음과 같이 다양한 형태로 나타난다. 메이도프(Madoff, 사상 최악의 다단계 금융사기로 물의를 일으킨 인물-옮긴이), 엔론(Enron, 파산한 미국의 에너지 회사-옮긴이), 월드컴(WorldCom, 초대형 회계 부정을 저지르고 파산한 미국 통신회사-옮긴이), 여타 고의적인 사기 및 편취, 자사 사업이 심각한 어려움을 겪음에 따라 주가 폭락을 목격했던 폴라로이드(Polaroid), 루슨트(Lucent, 미국 통신장비업체였으나 프랑스 알카텔과 합병했다가 2016년 핀란드 노키아에 인수됨-옮긴이) 및 기타 업체들, 무시무시한 주가 하락에 무서움을 느끼고 시장이 회복되기 전에는 다시 시장으로 돌아가지 못하는 개인 투자자들, 아주 열심히 노력했으나 시장이 고점에 도달했을 때 주식이나 펀드 매수하기, 애사심 때문에 자사주에 투자해 지혜롭게 분산투자를 못하는 것, 또는 충분한 저축이나 투자를 하지 않았거나 너무 많이 소비했거나 '너무 오래 살아서' 은퇴 자금이 바닥나는 일 등이다. — 시장 변동에 따른 일시적인 손실이 아닌 실제로 영구적인 — 손실은 재정적으로나 정신적으로도 파괴적이다. 그러한 손실 관련 리스크가 분명 진짜 리스크다.

인간은 시장에서 비이성적이다

경제학자들은 수년 동안 사람들이 이성적으로 계산하는 존재라고 가정하고 작업했다. 사람들이 무엇을 이루고 싶어 하는지를 알고, 그것을 이루는 방법도 알고 있으며, 그들의 목적을 달성하기 위해 이성적이고, 감정적이지 않으며, 이기적인 결정을 내리기 위해 계속 노력한다고 보았다. 근래에 행동경제학자들은 인간인 우리가 항상 이성적일 수는 없으며 언제나 자기 이익만을 위해 행동하는 것도 아님을 보여주었다. 그처럼 인간이 스스로 피해를 발생시키는 경향을 행동경제학 연구자들이 정리했다.

- 우리는 평균 회귀라는 강력한 힘을 인식하지 못한다.
- 우리는 '기본 비율', 즉 일반적인 경험 패턴을 무시한다(확률이 우리에게 불리하다는 것을 알면서도 카지노에서 도박을 하고 강세장과 약세장에 휘말린다).
- 우리는 '뜨거운 손 현상(hot hands, 과거의 성공이 미래의 성공으로 이어질 것으로 믿는

인지 편향-옮긴이)'과 연전연승, 심지어 동전 던지기조차 최근의 사건이 중요하다고 믿는다(이런 것들은 최근 사건이 중요하지 않다).

- 우리는 첫인상에 과도하게 반응한다. 초반 관점은 우리의 미래 사고를 고정해 버린다. 그리하여 우리가 내린 결론이 첫인상을 확신하도록 후속 정보에 대한 분석을 왜곡한다.
- 우리는 통제하고 있다는 환상에 빠져 나쁜 사태가 벌어질 확률을 과소평가한다. 특히 너무나도 나쁜 사태 말이다.
- 우리는 의사결정의 질을 의사결정 방식이 아니라, 그 결과가 유리한지 불리한지를 놓고 평가한다. 이것을 '사후 확증 편향(hindsight bias)' 또는 '결과 편향(outcome bias)'이라고 한다.
- 우리는 전문가들에게 지나치게 의지한 나머지 그들의 전문지식을 과신한다.
- 우리는 우리가 좋아하는 사람이 당사자의 전문 분야가 아닌 영역에서 권고하는 경우에도 '후광 효과(halo effect)'에 반응한다. 가령 특정 탄산음료, 시계 또는 여행지를 보증하는 운동선수처럼 말이다.
- 우리는 회상하기 쉬운 극적인 사건이나 미디어가 광범위하게 다룬 사건에 과도하게 무게를 둔다.
- 우리는 자신의 기량과 지식을 과대평가한다.
- 우리는 최근의 뮤추얼 펀드 실적 같은 단기 실적에 지나치게 마음을 빼앗긴다.
- 우리는 자신의 첫인상을 뒷받침하는 중요한 데이터를 찾아 과도하게 무게감을 부여하는 '편향된 확신'에 빠져 있다(정치에서 그런 경우가 많다).
- '그저 숫자에 불과'하거나 추측이라는 것을 알면서도 초반 추정치에 따라 최종 판단을 고정한다.
- 우리는 우리가 내린 결정에 대해 인식할 때, 거의 항상 자신에게 유리하게 왜

곡한다. 그래서 우리는 우리가 실제로 판단한 것보다 더 잘했다고 여긴다. 하지만 우리는 스스로가 계속 과신하고 있다는 것을 모른다.

- 우리는 알고 있거나 이해하는 것을 익숙한 것으로 착각한다.
- 우리는 최근 접한 좋은 소식과 나쁜 소식에 더 심하게 반응한다.
- 우리는 우리가 실제로 아는 것보다 타인에 대해 더 많이 안다고 생각한다(그리고 우리 중 약 80%는 남들을 평가하면서 우리가 자동차 운전자, 청취자, 춤꾼이면서 좋은 유머 감각을 지닌 친구이자 부모이고, 투자자로서도 '평균 이상'이라고 생각한다. 아울러 우리 중 80%는 자신의 자녀들 또한 평균 이상이라고 믿는다).

이제 우리가 인간으로서 불완전한 결정(투자자로서는 한층 더 중대한 실수)을 하게 만드는 어떤 빼앗을 수 없는 마음과 행동을 부여받았다는 것을 알았는가? 우리는 종종 우리가 어떻게 생각하고 반응하는지 모른다. 따라서 우리의 행동을 관리하기 위한 간단한 체크리스트를 활용하는 것이 현명하다(항공기가 이륙한 직후 설렌버거 기장이 지혜롭게도 항공기의 엔진을 정지시키고 허드슨 강에 비상착륙한 일이 좋은 사례다).

존 F. 케네디는 "최소한 우리끼리는 그러지 말자"고 촉구했다. 같은 편에 피해를 주는 행동에 대한 그의 경고는 모든 투자자에게 적용된다. 왜냐하면 우리는 특히 우리 자신과 투자에 피해를 덜 입히도록 우리의 유감스러운 성향을 인식해 훈련할 경우, 그다지 필요도 없고 스스로 쉽게 피할 수도 있는 리스크를 일으키기 때문이다. 점잖은 무시는 투자자인 우리에게 좋은 일일 수 있다. 다음은 투자자가 피해야 할 몇 가지 리스크다.

- 너무 열심히 노력하면서 지나치게 시장 리스크 감수하기.
- 대체로 주식이 아닌 머니마켓펀드(MMF, 단기 우량 채권에 주로 투자하는 초단기 금융 상품-옮긴이)나 채권에 과도하게 투자하며 최선을 다하지 않기.
- 인내심이 부족한 것. 만약 당신의 투자가 연간 10% 성장한다면, 월간 성장률은 1% 미만이 될 것이다. 일일 성장률을 기준으로 하면, 그 성장률은 흥밋거리 정도에 그칠 것이다. 매일, 그 변화율은 '흥미로운' 것 말고는 아무것도 아닐 것이다. — 자신을 돌아보라. 주가를 얼마나 자주 확인하는가? 분기당 1회 이상 확인한다면 가격정보가 필요해서가 아니라 호기심을 충족하기 위함이다. — 만약 5년이나 10년에 한 번 이상 중요한 투자 결정을 하거나 해마다 한 번 이상 중대한 운용 결정을 한다면, 당신은 거의 틀림없이 지나치게 적극적으로 거래하는 것이다.
- 10년 미만으로 보유한 뮤추얼 펀드 교체하기. 만약 이렇게 하고 있다면 당신은 진짜로 '데이트'만 하는 것이다. 뮤추얼 펀드 투자는 결혼 같아야 한다. 부부간에는 진지하면서도 심사숙고하여 장기적인 시각으로 시작해야 한다. 뮤추얼 펀드를 교체하면 투자자들에게 상당한 비용이 든다. 뮤추얼 펀드 투자자들이 실현한 평균 수익률은 투자자들이 최근 실망스러운 실적을 기록한 펀드를 매도하고 최근 실적이 좋은 펀드를 매수한다며 팔아치우고 새로 투자한 바로 그 펀드의 수익률보다 크게 낮다. 결과적으로, 우리 모두는 너무 자주 싸게 팔고 비싸게 사는데, 충분한 참을성과 끈기를 보여주었더라면 거둘 수 있었을 수익의 상당 부분을 우리는 계속 날리고 만다.
- 과도한 자금 대출. 빌린 자금을 이용한 탓에 손실을 본 재산 4분의 3이 사라진다. 자금을 빌린 사람들은 더 많은 돈을 벌고 싶었겠지만, 대신 고통만 누적되고 말았다.

- 순진하게도 낙관적인 태도. 희망적인 태도는 다른 분야에서는 종종 도움이 되지만, 투자할 때는 객관적이고 현실적인 게 훨씬 낫다.
- 오만한 태도. 앞에서도 이야기했지만, 여러 연구에 따르면 우리는 시장과 비교해 우리 자신의 투자 능력과 투자 실적을 상당히 과대평가한다. 그리고 우리는 자기 잘못을 인정하려 들지 않는다. 심지어 우리 자신에게도 말이다. 우리는 너무나 빈번하게 고집을 부린다. 다음 격언을 기억하라. "주식은 당신이 그 주식을 보유 중인지 모른다." 그리고 주식은 진짜로 전혀 상관하지 않는다.
- 감정적인 태도. 우리는 주가가 오르면 웃다가도 주가가 하락하면 인상을 쓰면서 엉뚱한 곳에 화풀이한다. 주가가 점점 빠르게 오르내릴수록 우리 감정도 점점 심하게 오락가락한다.

우리 내부의 적은 자만심, 공포, 탐욕, 패기, 불안이다. 이런 것들은 미스터 마켓이 가장 누르기 좋아하는 버튼이다. 이런 버튼을 지니고 있으면, 저 악당이 버튼을 찾아낼 것이다. 우리가 미스터 마켓의 손쉬운 먹잇감이 되어 그의 속임수에 넘어가는 것은 전혀 놀랄 일이 아니다.

투자자가 놀라운 시장 변동 속에서도 주식을 계속 보유한다면, 핵심은 단순히 주식 장기 수익률이 채권이나 미국 재무부채권(TB, 만기 1년 이하인 미국 국채-옮긴이) 수익률을 초과할 것이냐 아니냐가 아니다. 진짜 핵심은 투자자가 평균 기대 수익을 달성할 수 있도록 장기 보유할 것이냐 마느냐의 문제다. 이 문제는 시장에 있는 게 아니라 우리 자신, 우리의 인식, 그리고 우리가 현재를 인식할 때 너무나도 인간적인 단기적인 반응에 있다.

그러므로 투자와 자본 시장에 대한 현실적인 이해를 발전시키는 것이 매우 중요하며, 그럴 경우 미스터 마켓은 당신을 속이지 못할 것이다. 아울러 시장 변동과 장기적인 투자 목표 면에서 당신의 저항력에 대한 현실적인 지식을 발전시키는 일 또한 중요하다. 그러면 당신은 스스로를 속이지 않을 것이다. 투자자로서 자신에 대해 더 많이 알고 증권시장을 더 많이 이해할수록, 당신은 장기적인 자산 배분을 어떻게 하는 게 본인에게 정말 맞는지 더욱 잘 알게 될 것이다. 또 미스터 마켓을 무시할수록 당신의 투자 계획을 장기적으로 지켜나갈 수 있다.

투자자 리스크를 낮추는 방법

강조해서 말하자면, 성공적인 투자자가 되는 방법을 배우기 시작하는 가장 좋은 방법은 다음과 같은 표준 지침을 따르는 것이다. 즉, 자기 자신을 알라는 것이다. 투자자로서 당신의 능력은 다음 두 가지 주요 영역에서 대다수 성공을 결정할 것이다. 바로 당신의 지적 능력과 감정적 능력이다.

당신의 지적 능력이란 재무제표(대차대조표, 현금흐름표, 손익계산서)를 분석하는 기술, 정보를 저장하고 불러오는 능력, 다양한 데이터와 정보를 통찰하고 이해하며 두루 엮어내고 종합하는 능력, 수백 곳의 다른 기업과 그 기업의 주식에 관한 정보를 익히고 이용하는 능력 등을 말한다.

당신의 감정적 능력이란 미스터 마켓 탓에 갑자기 당신과 당신의 의사결정을 방해할 혼돈과 혼란이 일어나더라도 침착하고 이성적일 수 있는지 등을 말한다.

각 투자자에게는 역량 영역(투자자가 실제로 기술을 갖춘 투자 분야)과 편안함 영역(투자자가 침착하고 이성적으로 투자하는 영역)이 있다. 만약 당신이

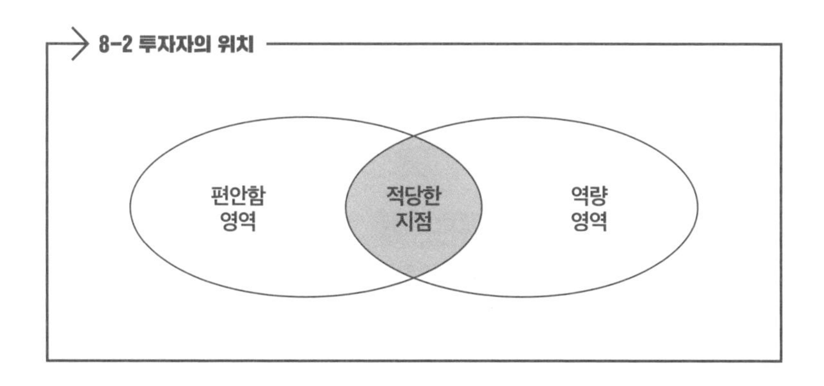

본인의 강점과 약점 등 자신을 안다면 각 영역에서 당신이 살아가기 위해 어느 정도까지 배워야 하는지를 알 것이다. 〈8-2〉의 벤다이어그램에서 영역이 겹치는 곳이 투자자 여러분에게 적당한 지점이다. 그 지점이 당신이 집중하고 싶은 곳이다. 당신이 가장 투자를 잘할 수 있는 적당한 실력과 어울리는 기질이 있는 위치다. — '먹어치우기'와 '방치하기'라는 모순된 투자 목표 사이를 절충하는 경우, 현자의 조언은 "방치하는 지점까지만 팔아 치우라"는 것이다. — 역량 영역을 벗어나지 마라. 비싼 대가를 치를 것이다. 편안함 영역도 벗어나지 마라. 당신은 감정적인 상태가 될 수 있는데, 감정적인 상태는 투자에 결코 도움이 될 수 없다.

투자할 때 강한 방어는 강하게 공격할 수 있는 최고의 밑바탕이 된다. 따라서 항상 편안함 영역과 역량 영역 안에서 머물러야 한다. 그곳이 당신의 재산이다. 따라서 마땅히 배려하고 존중하는 마음으로 그곳을 대하라. 당신에게 필요한 실력을 갖추고 또한 계속 이성적인 상태임을 경험으로 아는 경우에만 투자해야 한다.

09
액티브 투자에 따라붙는 역설

역설은 다음과 같이 액티브 투자운용에 계속 따라붙는 골칫거리다. 매우 장기적인 목표를 설정한 투자자들의 자금에는 이루어야 할 가치가 있는 장기 목표를 달성하기 위해 좀처럼 자주 손을 대지 않는다. 그 대신 이룰 수 없거나 중요하지 않은 단기 목표를 충족시키기 위한 자금에는 종종 손을 댄다.

대부분의 액티브 매니저들이 거의 성공하지 못함에도 많은 시간을 쏟아붓고, 중요하지 않으면서도 힘겨워하는 업무는 '시장을 이기려고 노력'하는 것이다. 중요한 업무는 개별 투자자의 목표를 이해하고 그에 따른 자산 배분을 결정한 다음 진로를 그대로 유지하는 것이다.

2장에서 비유한 스키 이야기로 돌아가보자. 스키장 코스에는 저마다 난이도가 표시되어 있는데, 스키어들은 코스 난이도를 참고해 자기 실력에 맞는 슬로프를 이용하게 된다. 초보자들은 얼음 조각이나 큰 굴곡 없이 매끈하게 손질된 초보자용 슬로프에서 적당한 속도로 쉽게 스키를 탈 수 있다는 점을 잘 안다. 한편 다리가 용수철처럼 탄력적이고 1년에 100일 남짓 스키를 타는 열일곱 살짜리 영웅들은 고난이도 전문가 코스를 내달리며 서로 추격전을 벌일 수도 있다. 각자 자신의 수준에 맞는 코스를 선택해 스키를 즐긴다면 수천 명의 스키어가 스키를 타면서도 산을 감상할 수 있다(열일곱 살 스키 천재가 초보자용 슬로프에만 있어야 한다거나 할머니가 '고난이도 코스'에 있다면 둘 다 괴로울 것이다!).

시장 이기기보다 중요한 것들

만약 그들이 자기 자신에 대해 현실적이고 또한 각자에게 알맞은 종류의 투자 포트폴리오에 대해서도 현실적이라면, 동일한 투자안은 다양한 유형의 투자자에게도 효과적이다. 우리는 여러 면에서 서로 차이가 있다. 다음은 몇 가지 예시다.

- 연령
- 자산
- 수입
- 투자 시계(視界)
- 부양가족
- 투자 경험과 전문 지식
- 리스크 감수 수준
- 상속받을 가능성이 있는 유산

• 물려받은 유산

• 박애주의적 포부

당신과 내가 어떤 투자자와 완벽하게 똑같은 사람일 가능성은 없다(우리의 지문, DNA, 견해는 모두 다르다). 각 투자자에게 가장 좋은 것 역시 저마다 다르다. 투자 포트폴리오도 각 투자자에게 알맞은 맞춤형으로 설계해야 한다.

우수한 투자 실적을 올릴 수 있는 최고의 기회는 시장보다 높은 수익을 내려고 허둥대지 않고, 올바른 투자 정책을 세워 이를 지켜나갈 때 생긴다. 시간이 흐르면서 시장 주기를 통해 당신의 목표를 이룰 수 있도록 해주는 시장 내부의 주요 기저 에너지와 함께하면서 말이다. 실제로 명확한 투자 목표를 갖고 투자하는 사람은 드물다. 따라서 대부분의 투자 매니저는 고객들의 구체적인 목표를 잘 모르는 상태에서 투자 매니저의 임무에 대해 분명한 합의도 하지 않고 운용한다. 이는 투자자의 잘못이다. 투자 컨설팅은 투자운용보다 장기적인 실적을 더 중요시하고 장기적으로 훨씬 더 큰 경제적 차이를 만들 수 있다. 그러나 대다수 투자자가 장기적인 투자 정책을 스스로 세워보는 연습에 신경 쓰지 않는다. 그러므로 비교적 수수료가 저렴한 투자 컨설팅은 대부분의 투자자가 앞으로 활용할 가장 중요한 투자 서비스다.

투자자가 고려해야 할 것들

전문 컨설턴트가 있든 없든, 올바른 투자 정책 판단은 투자자인 당신의 몫이다. 결국 당신의 돈으로 하는 게임이다. 돈 버는 능력, 저축 가능액, 은퇴 계획 시기, 자녀 교육비, 지출 예정 자금이 필요한 시기와 규모, 그리고 당신이 투자 공부에 대해 어떻게 생각하는지 등 당신의 전반적인 재정 상황과 투자 상황을 가장 잘 아는 사람은 바로 자신이다. 특히 시장이 양극단에서 움직일 때에는 변동성에 대한 압박이 최고조에 이르는데, 그런 시장에서 당신이 어디까지 견딜 수 있는지 아는 사람도 오직 당신뿐이다. 따라서 당신은 투자자로서 자신이 정말 어떤 사람이고 진짜로 원하는 게 무엇인지 알아야 할 책임이 있다.

우리가 금융 컨설턴트들에게 수수료만 내면, 투자자가 어떻게 생각하는 게 가장 좋을지에 대한 여섯 가지 핵심 질문의 답변을 얻을 수 있다.

첫째, 특히 단기적으로 볼 때 불리한 결과를 초래할 현실적인 리스크는 무엇인가? 받아들일 수 없는 리스크는 절대로 감수하면 안 된다. 예컨대 고등학교 3학년 자녀의 대학 등록금용 저축액 전부를 주식시장에 투자하는 것은 말도 안 될 일이다. 만약 시장이 하락하면, 자녀 등록금을 내지 못할 수 있기 때문이다. 교육은 매우 장기적인 투자다. 하지만 등록금 청구서는 받자마자 내야 한다. 아울러 2~3년 후 주택을 사기 위해 저축한 돈을 몽땅 주식에 투자하는 것도 옳지 않다.

둘째, 부정적인 시장 상황에서 당신의 감정 반응은 어떻게 나타나는가? 당신은 감정 반응을 잘 알아야 한다. 포트폴리오에 잠정적인 가격 변동이 나타날 경우 당신의 — 완벽하게 그 수준을 잘 알고 있는 — 저항력 수준 이내에서 냉철한 감정을 유지해야 한다. 시장 리스크를 회피하는 행위에는 실제 기회비용이 존재한다. 그렇기 때문에 당신은 시장 리스크를 감수할 때 점점 확대되는 각각의 손익 수준과 감수하지 않을 때의 각 손익 수준에 대한 기회비용을 예측해서 나오는 모든 손익을 알아야 한다.

셋째, 당신은 투자의 역사와 현실, 그리고 금융시장의 현실과 변덕을 잘 알고 있는가? 때때로 기민한 투자는 곤란하게도 거의 직관과는 따로 노는 것 같다. 부족한 지식은 약세장일 때 투자자들을 너무 신중하게 만들고, 강세장일 때는 지나치게 자신감 충만하게 만들어서 거액을 날리도록 만드는 경향이 있다.

2020년 3월 코로나 바이러스가 확산하여 시장이 하락했을 때, 혹은 2008년 가을에 당신이 어떻게 반응했는지 떠올려 보라. 당신은 계획을 그대로 유지했는가? 혹은 투자 종목 중 일부를 정리했는가? 아니면 도서관에 가서 1929년 여름과 가을, 1987년 가을, 닷컴 시대에 발행된 일간지를 읽어보라. '우리 주위에서 벌어진 중요한 사건 접하기'를 통해 폭풍 한복판에 있다는 것이 어떤 느낌인지를 느껴보라. 나중에 침착함을 유지하는 법을 배우기 바란다. 투자 환경을 잘 이해하는 투자자는 무엇을 예상해야 하는지 알 것이다. 다른 이들, 즉 아는 게 별로 없는 투자자들이 이례적으로 유리하거나 부정적인 시장을 만나면 과민 반응할 수 있는 충격적인 경험을, 투자 환경을 잘 아는 투자자는 으레 일어나는 일로 여길 수 있다.

넷째, 당신이 보유한 다른 자본이나 수입원은 무엇이고, 당신의 투자 포트폴리오는 당신의 전반적인 재정 상태에서 얼마나 중요한가?

다섯째, 당신의 투자에는 어떤 법적 제약이 존재하는가? 수많은 신탁 기금에는 상당한 특정 규제가 있다. 다수 기금이 수입을 올리고 지출하는 방식에 일정한 규정을 둔다.

여섯째, 포트폴리오 가치의 잠재적인 변동에 따른 예상하지 못한 결과가 있는가? 어쩌면 당신의 최적화된 투자 정책에 영향을 미칠 수 있는 어마어마한 변동이 일어났을 때 말이다. 개인 투자자들은 시장이 급등하거나 급등할 때보다 더 빨리 급락할 때 흔들림 없이 장기적 투자 포지션을 유지하기가 어렵다는 것을 우리는 잘 안다.

이렇게 나타날 가능성이 있는 각각의 우려는 투자자가 일반적으로 최적화된 투자 정책(적정 수준의 평균 이상 시장 리스크에서 두루 이루어지는 분산투자)의 편차가 어느 정도라야 적당한지 확인할 수 있도록 명확히 밝혀져야 한다.

스스로 주도적인 투자자가 돼라

당신의 목표를 정의하면, 정말 중요한 것에 집중할 수 있다. 즉, 시장을 이기기 위한 쓸데없는 노력이 아닌, 당신의 현실적인 장기 투자 목표를 세우고 이루어내는 합리적이면서 실현 가능한 목표 말이다. 개인 투자자들에게는 자신의 장기 투자 목표와 각자에게 최선인 장기 투자 전략 간에 최적의 조화를 이룰 수 있는 소중한 기회가 있다.

만약 투자자들이 진지하게 참여하는 주도자로 행동하지 않으면 단기적인 우선사항에 따라 장기적인 투자를 운용하는 역설이 꽤 오랫동안 시행될 것이다.

투자운용의 오랜 골칫거리인 역설에 대해 비판적으로 보는 사람들은 다음을 기대하는 일이 비현실적이라고 말한다. 투자자들이 모든 과제를 행하는 자기 수련에 나서거나, 투자 매니저들이 명확한 목표를 잡고 심사숙고하여 신중하게 표현된 투자 정책을 고집함으로써 고객 관계에 부담이 되는 리스크를 감수할 거라는 사실 말이다.

대다수 투자자는 그런 수련을 거치는 것에 관심이 없어 보인다. 따라서 역설에서 탈출하는 길은 당신의 욕구와 자원에 대해 스스로 전문가 역할을 확고히 하고, 적절한 투자 목표와 정책을 개발하는 것에 달려 있다. 이 중요한 작업을 위해 경험 풍부한 재무 컨설턴트의 도움을 받을 수도 있지만, 그에 앞서 우리 자신부터 살펴보는 일이 더 중요하다.

아르키메데스(Archimedes, 지레의 원리등을 발견한 고대 그리스 과학자-옮긴이)는 "충분히 긴 지렛대와 서 있을 만한 장소를 제공해주면, 나는 지구도 들 수 있다"고 밝혔다. 투자 세계에서 아르키메데스의 지렛대는 바로 시간이다(그리고 서 있을 장소는 확고하고 현실성 있는 투자 정책이다). 투자가 이루어지는 기간(그 기간 동안 투자 실적이 측정, 평가된다)은 올바른 자산 조합을 얻기 위한 열쇠이기 때문에 성공을 원하는 모든 투자 프로그램에서 매우 중요하다.

시간은 가장 매력 없는 투자를 거꾸로 가장 매력적인 것으로 바꾼다. 평균 예상 수익률은 시간에 전혀 영향을 안 받지만, 평균 예상 수익률 안팎의 실제 수익률 범위나 분포는 큰 영향을 받는다. 그래서 매력이 없는 듯한 투자일지라도 충분한 시간이 주어지면 바람직하고 매력적인 모습으로 변할 수 있다.

투자 기간과 실제 수익률 간의 관계

투자 기간이 길면 길수록, 포트폴리오의 실제 수익률은 평균 예상치에 가까워질 것이다(이와 달리 개별 투자에 대한 실제 수익률은 기간이 길어질수록 점점 더 넓게 분산될 것이다). 결과적으로 시간은 서로 다른 상황과 목적을 지닌 여러 투자자들이 다른 종류의 투자 포트폴리오들을 잘 활용할 수 있는 방식으로 바꾸어준다.

만약 투자 기간이 짧다면, 최고 수익률을 노리는 투자(장기 투자자가 당연히 가장 하고 싶어 하는 투자)는 바람직하지 않을 것이고, 현명한 단기 투자자는 이를 피할 것이다. 그러나 투자 기간이 충분히 길면, 현명한 투자자는 단기적으로 꽤 리스크가 커 보이는 투자에 큰 걱정 없이 약정할 수 있다.

일반적으로 수익률과 그 분포가 계산되는 통상적인 기간은 1년이다. 정말 안타깝다! 편하고 두루 쓰이기는 해도, 12개월이라는 시간이 모든 투자자들에게 적당한 건 아니다. 어떤 투자자들은 한 번에 딱 며칠만 투자하지만, 반대로 어떤 이들은 수십 년 동안 투자를 지속한다. 투자 시계(視界)의 차이는 투자할 때 매우 중요하다. 시간이 얼마나 중요한지 알 수 있도록 보통주에 하루 동안 투자할 경우의 예상 수익률을 조금 과장하여 살펴보도록 하자.

만약 일반적인 주식의 주가가 40달러라면, 일일 거래 가격대는 39.25달러에서 40.50달러까지 쉽게 갈 수 있다. 이는 하루 평균 주가의 3.1%(1.25달러) 선이다. 최근 수십 년간 주식의 연평균 수익률이 약 8%

였음을 떠올리면, 이 가상의 주식 투자는 0.04%의 일일 예상 수익률(연간 수익률 8%를 연간 250 거래일로 나눈 값)과 그 예상 평균에서 ±1.55% 정도에서 움직인다고 가정해보자(일간 변동폭 3.1%를 2로 나눈 값).

이제 일일 수익률 0.04%와 일일 변동폭을 '연간 수익률'로 계산하자. 연평균 예상 수익률은 여전히 8%겠지만, 8% 오차범위의 수익률은 무려 ±387.5%가 될 것이다! 다시 말해 이 가상 주식에 일일 투자할 때의 연 수익률은 395.5%의 수익률과 379.5%의 손실률 사이 어디쯤에 있을 것이다!

물론 합리적인 투자자는 일부러 단 하루, 1개월, 심지어 1년 동안만 주식에 투자하지는 않을 것이다. 그렇게 짧은 기간은 평균 예상 수익률과 비교하여 수익률 예상 변동폭이 너무 크기 때문에, 주식에 투자하기에는 분명히 너무 짧다. 충분히 크고 확실한 보상으로 돌아오더라도, 주식 투자 시 생기는 추가적인 불확실성은 그렇게 짧은 기간 내에는 평균 수익률이 나오기가 어렵다. 그렇게 짧은 기간 동안 주식을 보유하는 것은 투자가 아닌 투기로 분류된다.

그러나 이처럼 통상적인 연 수익률 이용이라는 의도적인 하루짜리 쇼는 측정 기간이 변할 경우, 투자자 만족도 차이에 대한 중대한 시험으로 이어진다. 그 시험은 투자 시계가 아주 짧은 투자자가 미국 재무부채권(TB)이나 머니마켓펀드(MMF)에 투자하듯이, 투자 시계가 아주 긴 투자자들이 현명하게 주식에 전부 투자하는 이유를 보여준다. 또한 이 시험은 중기 투자자의 투자 시계가 길어질수록 투자의 역점을 금융시장 상품에서 채권으로, 이후 주식으로 옮기는 이유를 알려준다.

시간이 수익을 창조한다

기간이 어떠하든 간에 평균 예상 수익률이 그대로임에도 불구하고, 시간이 실제 실현 수익률에 미치는 영향은 〈10-1〉에서 보듯 분명히 알 수 있다. 1년씩 나누어보면 주식 수익률은 겉보기에 무작위적 패턴으로 크고 작은 이익 및 손실을 나타낸다. 잘하면 1년에 53.4%의 수익을 올릴 수 있지만 최악의 경우 37.3%의 손실을 입을 수도 있다. 1년이라는 전혀 다른 경험을 어떤 '평균' 수익률로 축약하는 것은 터무니없어 보인다.

5년의 기간으로 전환할 경우에는 규칙성이 꽤 높아진다. 가령 손실 난 기간이 거의 없고 이익 난 기간이 훨씬 더 자주 지속적으로 나타난다. 측정 기간이 길어질수록 1년 격차에 대한 장기 평균 수익률의 지배

10-1 인플레이션 조정 후 주식, 채권, 현금의 수익률 추이

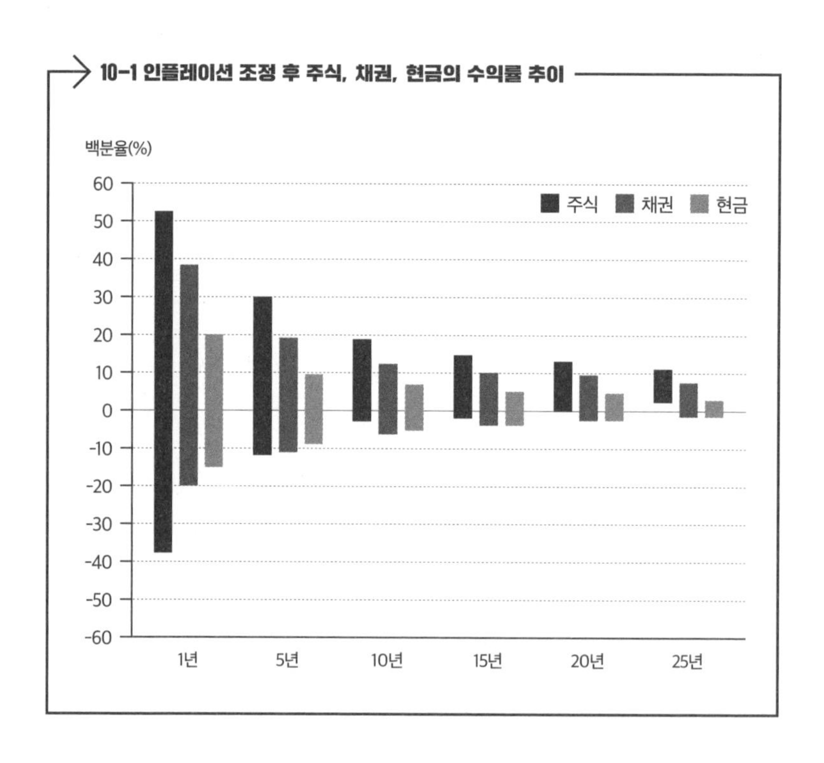

력이 점점 강해지기 때문이다.

10년으로 전환하면 수익률의 일관성이 더 높아진다. 10년 동안 손실은 딱 한 번 나타날 뿐이며, 대부분의 기간에 연평균 5~15%의 수익률이 나타난다. 다시 말해 10년 치 복합 평균 수익률이라는 '기본 수익률'의 힘은 1년의 격차를 압도한다.

20년으로 기간을 바꿔보면 수익률의 일관성은 훨씬 더 커진다. 손실이 전혀 없고 이익만 있다. 그리고 이익은 장기 평균 예상 수익률 전후로 더욱 가깝게 나타난다.

투자에 대한 실제 경험이 모두 연속적인 경험의 흐름에서 추출한 표본임을 인식하는 것은 데이터에 포함된 의미를 이해하는 데 반드시 필요하다. 뉴잉글랜드에서조차 오랫동안 살펴본 날씨는 개별적으로 보면 혹한이나 찌는 듯 더운 날들을 예측하기가 어려워 보이지만, 특히 그런 날씨가 나타난 정확한 날짜와 관련해서 보면 합리적이고 신뢰성 있는 기후가 된다. 마찬가지로 투자 세계에서 참을성 있는 관찰자는 숨어 있는 진짜 패턴을 볼 수 있다. 연간, 월간, 또는 일간의 무작위적인 현상을 평균적으로 그리고 시간이 갈수록 당황하거나 혼란에 빠지지 않고 훌륭하게 예측할 수 있도록 해주는 패턴 말이다.

날씨와 투자는, 표본이 많을수록 표본이 그려내는 일반적인 분포의 특징을 정의하는 데 점점 더 가까워진다. 일반적인 경험에 대한 이 같은 이해는 당신이 자신의 행동을 통제할 수 있도록 해주므로 당신은 지배적인 장기 일반 패턴을 이용할 수 있다. 아울러 미스터 마켓이 당신의 관심을 끌려고 단기적으로 그런 힘으로 자신을 드러내어 혼란스럽게 만드는 일상적인 사건들 탓에 당신이 나가떨어지는 일도 피할 수 있다.

5년, 10년 투자도 짧다?

당신의 투자 정책에서 가장 중요한 하나를 꼽자면 자산 구성이다. 특히 주식 투자 대비 채권형 투자의 비율이다. 자산 구성 분석은 리스크와 보상 사이의 균형이 한 가지 핵심 요소에 의해 결정됨을 반복적으로 보여준다. 바로 시간이다.

유감스럽게도, 가장 자주 쓰이는 투자 시계는 통상 5년이다. 특정 투자자가 지정하는 게 아니다. 이는 일반적으로 채권 대 주식의 비율인 60 대 40이라는 익숙한 권고로 이어진다. 10년의 투자 기간은 보통 70 대 30 비율로 제시된다. 15년의 투자 기간은 대체로 90 대 10의 비율로 나타난다. 이런 식으로 계속 이어진다.

불행한 현실은, 이상의 투자 시계가 가족을 위해 재무적 보장을 마련하기를 원하는 대부분의 개인 투자자와 맞지 않는다는 점이다. 위에서 제시한 기간은 30~50년 또는 그 이상의 실제 투자 시계를 지키는 투자자들에겐 너무나 짧다. 대다수 투자자들은 살아가면서 통상 10~20년 이상 투자할 것이다. 만약 투자자들이 진짜 장기적으로 생각한다면, 더 높은 장기 수익을 누릴 것이다.

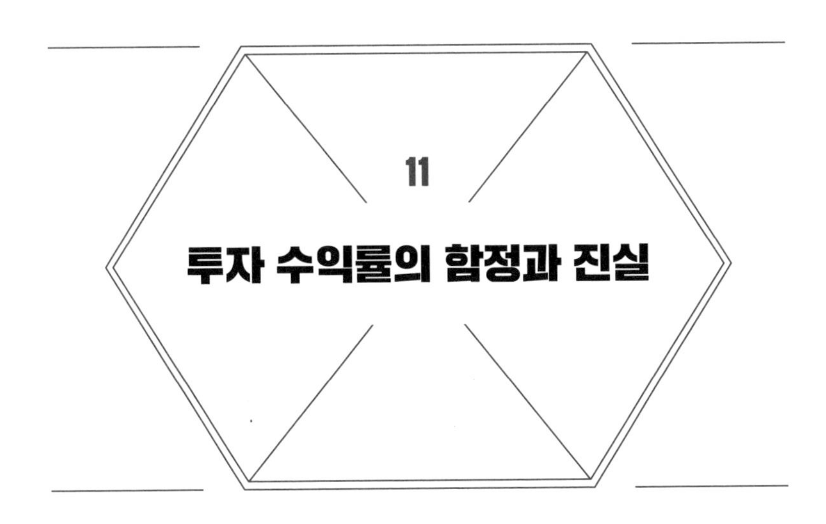

투자 수익은 성격이 다른 두 가지 형태로 들어온다. 이자나 배당금으로 받는 예측 가능한 현금, 그리고 시장 가격으로 나타나는 예측 불가능한 — 단기적인 — 수익이나 손실이다. 시장 가격 변동은 주식 가격이 어떻게 되어야 하는지에 대한 액티브 투자자들의 합의, 즉 컨센서스 변화로 인해 나타난다. 이런 '구매력에 편중된' 합의는 개인 투자자들이 아니라 수천 명의 전문 투자자가 끊임없이 투자의 경쟁우위를 얻기 위한 기회를 탐색하는 과정에서 결정된다. 이런 액티브 투자자들은 다른 전문 투자자들보다 앞서 시장 가격 변동을 이용해 수익을 늘리고자 애쓰며 대부분의 시간과 기술을 할애한다. 이는 분명히 쉬운 일이 아니다! 이런 일은 매우 어려울 수도 있고 불가능할 수도 있는 일이다!

시장 가격 변동은 투자자들의 컨센서스 변화 때문에 나타난다

전문 투자자들은 합리적인 세상 연구 외에도 행동경제학, 투자심리학, 소비자 신뢰, 정치, 그리고 전반적인 '시장 분위기'라는 비합리적인 세계까지 연구한다. 왜냐하면 단기적으로는 미스터 마켓 때문에 시장이 전혀 합리적이지 않기 때문이다.

물론 이렇게 모든 것에 대비하고 있더라도 전문 투자자들의 해석과 인식이 모두 옳은 건 아니다. 돌이켜보면 일부는 대단히 잘못된 것처럼 보일 것이다. 그러나 의욕으로 가득 찬 전문가 수천 명 모두가 최상의 기술을 보유하고, 또 정확한 가격을 알아내려고 하는 과정은 이기기가 매우 어렵다. 오늘날 역동적인 시장에서의 액티브 투자운용은 세계에서 가장 자유롭고 경쟁이 치열한 시장이다. 격렬하다가도 매혹적이며, 희망적이다가도 고통스럽고, 가끔은 행복한 경쟁이 벌어지기도 한다. 한층 폭넓은 지식, 현명한 해석, 더 나은 투자 시점 등 모든 면에서 유능하고 야심만만한 투자자들을 상대로 말이다.

역설적인 것은 전문가나 개인, 또는 대다수 투자자에게 이런 활동 대부분은 진짜 문제가 아니라는 것이다. 진짜 문제는 투자 전문가들이 — 무능하다는 게 아니라 — 너무 많은 경쟁자들과 똑같이 너무나 유능하고 매우 박식하며 필요한 능력을 잘 갖춘 데다 끈질기게 노력한다는 데에 있다.

그 과정에서 드러난 복잡한 사안이 있는데, 주식 가치를 평가할 때 두 가지 주요 영역이 지배적이라는 것이다. 첫째, 미래 수익 및 배당금의 예상액과 실현 시기에 대한 전문 투자자들의 의견 합의다. 둘째, 이러한 미래 배당금과 이익의 추정 흐름을 자본화해 현재 가치를 정해야 하는 할인율에 대한 투자자들의 의견 합의다.

미래 배당금 및 이익 추정치는 경제와 산업 성장 예상치 변화, 단위 수요의 주기적 변동, 가격, 세금, 발견 및 발명, 국내외 경쟁 등에 따라 투자자 간 그리고 시기별로 다를 것이다. 적절하다고 판단한 할인율은 시간이 갈수록 여러 요인 때문에 달라지는데, 그런 요인들 가운데 가장 중요한 것은 특정 투자나 해당 업종에서(또는 해당 업종의 투자에서), 혹은 일반적인 유형의 투자에서 인식된 리스크 또는 예상 인플레이션율이다. 또한 액티브 투자자들은 다음의 사항도 알고 있다. 여타 투자자들의 추정치에 대한 다른 투자자들의 추정치, 그에 대한 또 다른 투자자들의 추정치는 항상 변하며, 세 번째 단계의 추정치(다른 투자자들의 추정치가 어떻게 변할 것인지에 대한 또 다른 투자자들의 추정치) 역시 언제나 변하는데, 가끔은 이게 확연히 변한다는 것이다. 결국 이익 및 배당금 추정치 그리고 할인율 추정치가 적용되는 미래 기간이 길면 길수록 다른 투자자의 추정치에 대한 또 다른 투자자의 추정치에 반영될 불확실성이 커진다. 이것이 일별, 월별, 연도별 주가 변동에 영향을 미친다.

장기 투자자에게 중요한 컨센서스는 먼 미래에 대한 오늘의 컨센서스가 아니라, 우리가 실제로 그 먼 미래에 이르렀을 때 우위에 있는 컨센서스라는 점에 유의하라. 투자자가 투자한 이후 보유 기간이 길어지면, 할인 요인의 중요성이 작아지고 기업 이익과 배당 지급의 중요성이 커진다. 매우 장기적인 투자자라면, 현재 가격은 상대적으로 별로 중요하지 않고, 이익과 배당금 수령이 상대적으로 중요하다. 그러나 가격만 보는 단기 투기꾼이라면, 모든 것이 일별 그리고 월별로 변하는 투자 심리가 좌지우지한다. 장기 투자자들은 경제 행태와 사건을 종형 곡선(the bell curve)으로 나타나는 정상 분포의 놀랄 만한 규칙성과 경제 및 주식시장의 주요 에너지가 가운데 쪽으로 회귀하며 '정상'으로 돌아가는 경향을 경험으로 이해한다. 이들은 현재 사건이 종형 곡선의 중심에서 멀어질수록, 회귀하려는 힘이 현재 경험을 가운데 쪽으로 끌어당겨 중심이나 평균 쪽으로 더욱 강하게 되돌아갈 것임을 알고 있다.

평균 회귀는 물리계에서도 나타난다. 선원들은 배가 기울어질수록 용골(선박 바닥의 중앙을 받치는 길고 큰 재목-옮긴이)의 하중이 배를 똑바로 세우려고 더욱 열심히 작동하는 '믿음직한 존재'의 놀라운 힘을 잘 안다.

수익률에 대한 이해를 높여라

투자자들은 향후 몇 년 동안 가장 가능성 높은 투자 전망을 알고 싶어 한다. 앞을 내다보는 한 가지 방법은 두 가지 강력한 변수의 변동성을 살펴보는 것이다. 바로 장기 금리와 기업 이익이다. 금리와 이익의 향후 범위가 역사적 상한선과 하한선 이내일 것이고, 각각의 평균을 향할 거라고 가정하자. 그리고 다음 사항에 유의하자. 만약 시장이 상승세라면, 대개 과거 기록을 살피며 미래 전망을 평가하는 투자자들은 약간의 상승 탄력을 더 받을 것이라고 추정한다. 거꾸로 만약 시장이 하락세라면 그들은 하락 탄력을 받을 거라고 예측한다. 현명한 투자자는 이처럼 잘 알려진 경향을 조정할 것이다.[26]

거듭된 연구로 기록된 투자 수익에 대한 역사는 다음과 같은 세 가지 기본 특성을 보여준다.

---

26 워런 버핏은 왜 자신이 인플레이션 감안 후 연간 4%의 수익률만 기대하는지를 보여주기 위해 2000년 무렵 이처럼 간단한 방법을 이용했다(당시 투자자들의 의견은 다음 10년 동안 강세장이 이어지면 실제로 대략 13%의 연평균 수익률을 기대할 수 있다는 것이었다). 워런 버핏이 그 신나는 컨센서스에 거듭 회의적이었다는 게 얼마나 올바른 판단이었나!

- 주식의 평균 수익률은 채권의 평균 수익률보다 높다. 채권 수익률은 단기 자금시장 상품의 수익률보다 높다.
- 주식의 일간, 월간, 연간 실제 수익률 변동폭은 채권 수익률 변동폭보다 크며, 해당 기간별 채권 수익률 변동폭은 다시 단기 자금시장 상품의 해당 기간별 수익률 변동폭보다 크다.
- 기간별 평균 수익률 변동폭은 측정 기간이 단축될수록 커지고, 측정 기간이 길어질수록 작아진다. 즉, 수익률은 측정 기간이 길수록 평균에 더욱 가까워진다.

일별, 월별 수익률은 사실상 예측할 수 있거나 예측 가능한 패턴을 전혀 보여주지 않지만, 그렇다고 무작위적인 패턴은 아니다. 미스터 마켓의 움직임 속에 가려진 것은 평균 수익률이나 잠정치로 회귀하려는 강력한 경향이다. 그런 까닭에 투자 매니저들은 공식 통계 용어로 투자 수익을 설명하는 법을 익힌다. 개인 투자자들은 통계 용어들을 충분히 배워야만 평균적이며 정상적인 분포, 그리고 비정상적인 사건의 예상과 발생 빈도라는 두 가지 표준 편차가 무엇을 뜻하는지 이해할 수 있다.

평균을 중심으로 하는 수익 분포를 설명하는 것의 중요성을 배우는 것 외에도, 우리는 평균 수익률에서 여러 다른 요소들을 분리해 각 요소마다 따로따로 분석하는 것도 배운다. 평균 수익률에는 다음과 같은 세 가지 주요 요소가 있다.

- 실질 무위험 수익률
- 인플레이션으로 인한 구매력 감소 전망치를 상쇄하기 위한 무위험 수익률 프리미엄

• 투자자가 시장 리스크의 감수를 보상하기 위해 인플레이션을 감안한 무위험 수익률 프리미엄

총 수익률을 이 세 종류의 수익률로 나누면 주식, 채권, 미국 재무부 채권(TB) 등 투자 유형별 수익률을 비교할 수 있다. 이 작업은 꾸준히 이루어지는데 분석 결과에 많은 정보가 담겨 있다. TB는 거의 매년 명백히 플러스 수익률을 올려 상당히 안전하고 신뢰할 만한 것처럼 보인다(인플레이션을 감안하지 않은 명목 수익률 기준). 그러나 인플레이션을 감안하면 수익률이 명목 수익률보다 60% 떨어진다. 더 놀라운 사실은 인플레이션을 감안한 이후 TB의 연평균 수익률이 0이라는 점이다.

다시 말해 TB는 대개 일반적으로 그저 인플레이션과 일치하는 수준일 뿐이다. 대체로 그런 상황에서 구매력 수준에 이상이 없을 때, 당신은 투자금을 그대로 돌려받는다. 당신이 얻는 건 그게 전부다. 당신 자금으로 얻은 실제 수익이 사실 전혀 없고, 그냥 그대로 되돌려 받을 뿐이다(<11-1> 참조).

장기 채권은 다음 두 가지 이유로 수익률(인플레이션 감안 시)이 더 높다. 회사채는 채무불이행(default) 리스크가 존재한다. 시장이 예상 이자율 변동에 따라 지속적으로 가격을 조정하므로 회사채와 국채는 만기가 더 길 때 발생하는 시장 변동에 투자자를 노출시킨다. 투자자들은 보상 수익률이 더 높지 않으면 시장 가격 변동을 겪고 싶어 하지 않는다. 따라서 장기 채권은 만기 프리미엄이라는 더 높은 수익률을 제공한다. 만기 프리미엄은 0.9~1.1%로 추정되는데, 신용등급이 높은 장기 회사채의 채무불이행 프리미엄은 약 0.5%까지 붙는다. 이 두 가지 프리미

엄을 무위험 이자율에 더하면 인플레이션을 감안한 장기 국채의 연간 실질 수익률은 정상적인 시장에서 거의 2%를 웃돌고, 신용등급이 높은 장기 회사채의 연간 실질 수익률은 대체로 3% 수준이다.

주식 수익률은 채권 수익률보다 높은 게 합당한데, 채권은 만기 시 이자와 액면가 전액 지급을 보장하기 때문이다. 주식은 명목 수익률로 리스크 프리미엄을 제공하는 식의 보장을 하지 않는 것에 대해 보상한다. 인플레이션을 감안한 주식의 실질 예상 수익률은 5% 정도다. 인플레이션으로 인한 파괴적인 영향을 배제한 상당히 긴 기간에 걸쳐 수익률을 살펴보면, 투자자들이 자신의 자금에 대해 요구하는 수익률이 얼마나 일관적인지 분명해진다. 이러한 일관성은 다음 두 가지 주요 요인

11-1 주식, 채권, 현금의 장기 명목 누적 수익률
(1900년 1월 1일~2016년 4월 30일)

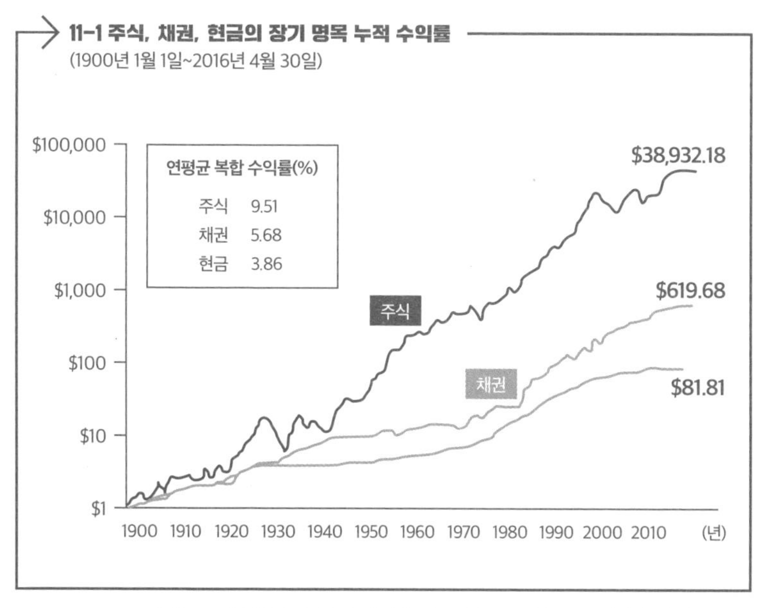

출처: BoA 메릴린치, 시티그룹 글로벌 마켓, 보통주 지수(콜스 커미션), 글로벌 파이낸셜 데이터, S&P, 톰슨 로이터 데이터스트림

에서 비롯된다.

- 투자자들은 더 높은 시장 리스크를 감수한 것을 보상받고자 상당히 일관성 있게 높은 수익률을 요구한다.
- 수익률을 측정하는 기간이 길어질수록 할인율 변동으로 인한 단기적인 수익률 변동성은 점점 중요도가 약해지고, 보다 안정적인 예상 배당금 흐름이나 이자 지급이 점점 더 중요해진다.

수익률과 기대 인플레이션, 그리고 시간

우리는 여러 가지 크고 작은 외부 요인의 영향을 받는 복잡하고 역동적이며, 지속적인 여러 과정을 견본으로 만들어 완전하고 정확한 데이터를 얻을 것으로 기대되는 것 이상의 증권 투자 수익률의 정확한 데이터를 얻고 싶지도 않고 그럴 수도 없다. 그러나 우리는 실제 어떤 수익이 났고 어떤 수익이 나올 가능성이 높은지에 대해 꽤 유용한 근사치를 구할 수 있다. 장기적인 투자 정책을 세우는 데에 정말 필요한 것은 그것이 전부다.

당신이 측정 기간 초반에 매수했다가 막바지에 매도하더라도 시장에서 자금을 인출하지 않는 한, 실적 데이터는 그저 대표적인 통계일 뿐이다. 투자 매니저들은 끊임없이 수정된 미래 수익, 배당금, 바뀌는 할인율을 바탕으로 주가가 '랜덤 워크'하는 일련의 연속적인 실제 현재 가치 근사값을 살펴보는 지속적이면서 매우 긴 과정으로 나타난 소규모 견본을 설명한다.

수익률에서는 다음 두 가지 문제가 중요하다. 첫째, 기대 인플레이션 수준의 변동성이 수익에 큰 영향을 미칠 수 있다. 특히 주식의 경우 사실상 투자하는 내내 영향을 받는다. 이런 기대 인플레이션율 변화 범위는 1960년 약 2%에서 1980년 약 10%(기타 변동 포함)까지였는데, 이것은 주식에 요구되는 명목 평균 수익률을 1960년 약 8%에서 1980년 약 17%까지 바뀌도록 하는 요인이 되었고, 주가의 주요 하락 배경으로 작용했다. 그렇게 주가가 하락하고 나서야, 미래 수익률은 인플레이션 적용 후 수익률에 도달할 수 있었다. 투자자들이 주식 매수에 나서도 괜찮을 정도였다. 인플레이션 피해를 감안한 후 해당 '조정' 기간 동안 투자자들이 겪은 손실은 반세기 만에 최악이었음을 기억하라. 우리가 그 후 20년 동안 주가가 오르는 강세장을 보았다시피, 기대 인플레이션율 하락은 정반대 효과를 일으켰다.

수익률 관련 두 번째 문제는 단기적으로 적정해 보일 수 있는 수익률 차이가 복리 투자를 할 경우(원금뿐 아니라 재투자된 이자에도 이자가 붙기 때문에), 장기적으로는 대단히 크면서도 꽤 분명한 차이를 배가할 수 있다는 것이다(인류의 가장 중요한 발견이 무엇이라고 생각하느냐는 질문에 알베르트 아인슈타인은 주저하지 않고 "그야 복리죠!"라고 대답했다).

〈11-2〉는 다른 이자율로 투자한 1달러의 복리효과를 보여준다. 기간이 길수록 복리 수익률이 높아진다. 시간이 얼마나 강한지 확인하는 것은 정성을 들여 연구할 만한 가치가 있다. 그러므로 투자 세계에서 아르키메데스의 지렛대는 시간이다.

투자 수익률이라는 행복한 구간을 떠나기에 앞서, 챕터 10에서 소개한 〈10-1〉을 다시 살펴보라. 특히 25년 치 수익률 데이터를 말이다. 적정 수준의 실질 수익률(인플레이션 감안)은 주식 6.6%, 채권 1.8%라는 것이 인상적이면서도 유용하다.

일반적으로 매우 순조로운 투자 경험을 안겨준 특별한 25년이 지난 후, 투자자들은 금세기 초 투자 수익률의 정상치, 즉 '기준금리'를 떠올릴 필요가 있었다. 전 분기의 높은 명목 수익률은 기준금리보다 꽤 높았다. 2008년의 손실이 이를 너무나 직설적으로 증명해준다.

그리고 평균에 주의하라. 만약 주가가 매년 평균 10%의 수익률을 올린다면, 지난 75년 동안 실제로 10%의 수익률을 기록한 횟수는 몇 번일까? 1968년, 단 한 번이었다. 그리고 10이라는 숫자에 몇 번 근접했을까? 세 번에 불과했다. 그래서 투자자들은 수년 동안 매력적이긴 하지만 무시무시한 시장을 '평균'할 필요가 있다. 쉬운 일은 아니다.

11-2 복리의 마술, 시간 흐름에 따라 불어나는 1달러의 가치

복리 수익률(%)	투자 기간		
	5년	10년	20년
4%	$1.22	$1.48	$2.19
6%	$1.34	$1.79	$2.65
8%	$1.47	$2.16	$4.66
10%	$1.61	$2.59	$6.73
12%	$1.76	$3.11	$9.65
14%	$1.93	$3.71	$13.74
16%	$2.10	$4.41	$19.46
18%	$2.29	$5.23	$27.39
20%	$2.49	$6.19	$38.34

투자 기회를 살리는 네 가지 질문

급격한 강세장이 다시 찾아왔을 때 당신이 흥분하고 있다면, 비행기 조종사들이 말하는 승객들이 소망을 담아 얘기한다는 두 가지 '주요 표현'을 떠올려라. 첫째는 당신이 탈 비행기가 나쁜 날씨 탓에 지상에 묶여 있는데 중요한 회의에 가야 해서 걱정이 태산인 상황이다. 당신은 초조하게 기다리며 "비행 중이면 좋겠다"고 말한다. 둘째는 심한 폭풍 속에서 비행할 때인데, "지상에 있었으면 좋겠다!"고 말한다.

대다수 투자자는 자기가 '멋지게 해낼' 가능성이 높고 상당한 수익을 올릴 기회에서 소외되기를 원하지 않는다.[27] 만약 당신이 루이 파스퇴르처럼 '기회는 준비된 사람의 편'임을 믿는다면, 확실히 준비하라. 무엇보다, 뭐든 찾을 준비가 되어 있어야 한다.

나는 세계 최고의 투자자들과 50년이 넘도록 함께 활동하면서 다른 사람들의 눈에 잘 보이지 않는 두 번의 중요한 기회를 보았다. 거의 50년 내내 살폈는데도 25년에 한 번꼴로만 눈에 보인 것이다.

만약 당신이 훌륭한 투자 기회를 찾는다면, 당신은 무엇을 해야 할까?[28]

---

27 〈포춘〉 1999년 11월 22일자.

28 우리 아버지는 브리지(Bridge, 4명이 2 대 2로 진행하는 트럼프 게임의 일종-옮긴이)를 종종 즐기셨다. 아버지는 어느 날 저녁, 세 번 패스한 후 아버지의 브릿지 게임 파트너(예전에 한번도 게임을 함께 해보지 않은 사람)가 "하트로 이루어진 리틀 슬램(총 13번의 트릭 중 1회를 빼고 나머지 12회의 모든 트릭에서 승리-옮긴이)입니다!" 하면서 먼저 선수 치자 강한 인상을 받았다. 아버지는 신난 파트너가 "레이다운(패를 꺼내 보여도 승리가 확실한 끗수-옮긴이)입니다!"라고 말하자 깜짝 놀랐다. 아버지는 파트너가 손을 보여주자 당황했다. 카드가 전부 하트였다! 경악한 아버지는 "아니, 왜 그랜드 슬램(13번의 트릭을 싹쓸이하는 것-옮긴이)을 안 했지요?"라는 뻔한 질문을 했다. 파트너는 다음과 같이 웃어넘길 수 없는 대답을 했다. "당신이 입찰(bid)을 안 해서, 당신이 나에게 얼마나 도움이 될지 확신할 수 없었어요." 놓쳐버린 그 기회는 잊을 수 없을 정도로 어마어마했다. 아버지는 절대 잊지 않았다.

다음 네 가지를 질문한 후, 다른 사람들에게 당신의 추론 과정을 검토해 달라고 부탁하라.

1. 그 계획이 진짜 제대로 될 수 있는 가능성은 얼마나 되는가?
2. 무엇이 잘못될 수 있고, 가능성은 얼마나 되는가?
3. 이 한 번의 투자에 내가 포트폴리오 상당 부분을 투자해야 한다고 분명히 확신하는가?
4. 만약 가격이 하락하면 진짜로 더 많이 매수하고 싶어질까?

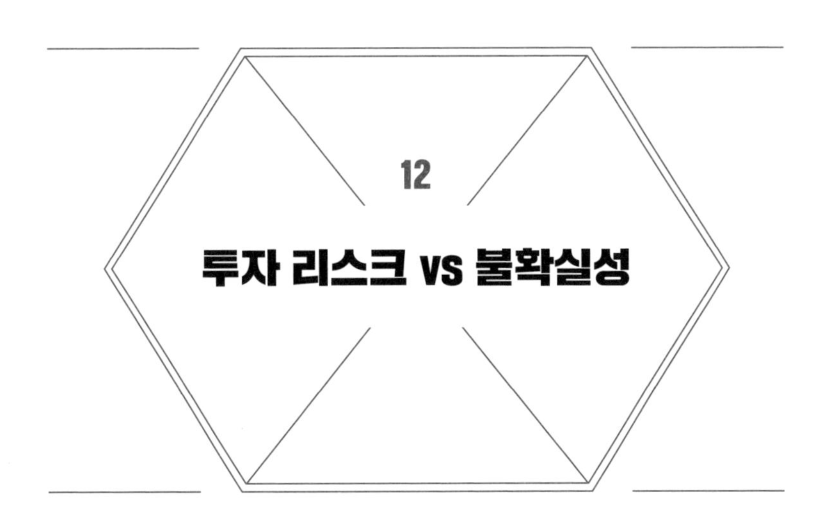

12 투자 리스크 vs 불확실성

수많은 투자자들이 리스크(risk)라는 이 한 단어에 저마다 다른 의미를 얼마나 많이 부여하는지 놀라울 정도다. 리스크는 불확실성(uncertainty)과 다르다. 리스크는 그 규모와 발생 확률이 모두 파악될 때 예상되는 일련의 대가를 말한다.

보험 통계 사망률 표는 익숙한 예시다. 보험사는 14년 후 프랭크 스미스 씨에게 어떤 일이 일어날지 잘 몰라도, 매년 1억 명의 사람에게 무슨 일이 생길지 매우 정확히 파악한다. 이와 대조적으로, 투자할 때 '위험성(riskiness)'은 불확실성과 비슷하다. 학자들이 베타(상대적 변동성)와 시장 리스크를 논할 때 의미하는 게 바로 이것이다. 학자들이 정확한 용어를 쓰지 않는 것이 안타깝다.

피할 수 없는 리스크 vs 피할 수 있는 리스크

리스크는 시장에도 개인 투자자에게도 있다. 시장 리스크는 시간이 흐르면 상쇄되는 경향이 있는 가격 변동 속에 존재한다. — 가격이 정점에 도달했을 때에는 행복감과 과도한 자신감을, 끔찍한 시장 바닥권에서는 공포와 패닉을 의미하는 — 투자자 리스크는 영구적 피해를 일으키는 행동을 유발할 수 있다.

우리 대다수는 단기적인 시장 변동에도 사실 문제 없이 지낼 수 있고, 장기적인 안목으로 보면 시장 변동성이 클수록 평균 수익률이 대개 높아진다는 것을 알고 있기에 행동에 나서고픈 충동을 참을 수 있다. 하지만 그러지 못하는 사람들도 있게 마련이다. 그들은 잘못된 시기에 그릇되게 행동하는 큰 리스크를 본인 스스로 떠안는다.

액티브 투자자들은 일반적으로 리스크에 네 가지 유형이 있다고 여긴다.

첫째, 가격 리스크다. 주식을 너무 높은 가격에 매수하면 손실이 날 수 있다. 만약 당신이 어느 종목의 가격이 높을지 모른다고 생각한다면, 당신은 스스로 가격 리스크를 안고 있음을 인지한 것이다.

리스크의 두 번째 유형은 금리 리스크다. 만약 금리가 앞서 예상한 것보다 더 많이 상승해 이미 시장에 반영되었다면, 당신의 주식은 하락할 것이다. 당신은 금리 리스크를 안고 있다.

리스크의 세 번째 유형은 사업 리스크다. 기업은 실수할 수도 있고, 이익이 나지 않을 수도 있다. 이렇게 되면 그 주식은 하락한다. 여기서 당신은 사업 리스크를 안고 있다.

리스크의 네 번째 유형이 가장 무서운데, 이는 도산 리스크다. 기업은 완전히 망할 수도 있다. 펜 센트럴(Penn Central), 엔론(Enron), 월드컴(WorldCom), 폴라로이드(Polaroid) 등이 겪은 일이다. 경험 많은 전문가들은 이렇게 말한다. "바로 저런 것이 리스크라네!"

진짜 리스크는 단순하다. 돈이 정말 필요할 때 현금이 모자라는 것이다. 사막을 달리던 자동차의 휘발유가 바닥나는 것과 마찬가지다. 투자 컨설턴트들은 현명하게도 중대한 리스크에 주목하는데, 투자자 모두가 관심을 가져야 한다. 그 리스크는 돈이 바닥나는 것인데, — 그런 상황에서 — 다시 일하기엔 너무 늦은 나이라는 것이 문제다.

리스크를 직시하는 또 다른 방법은 지난 반세기 동안 이루어진 광범위한 학문 연구에서 나왔다. 그 작용 이론만큼 강력한 게 없기 때문에 많은 투자운용자와 고객이 그것을 활용한다.

그 개념은 다음과 같다. 투자자들은 세 종류 투자 리스크에 노출되어 있다. 한 가지 리스크 — 내가 시장 리스크라고 부르는 것 — 는 우리가 피할 수 없으므로 투자자가 이 리스크를 감수하면 보상 받아야 한다. 나머지 두 가지 리스크는 — 내가 개별 주식 리스크, 후자는 주식군(群) 리스크라고 부르는 것 — 피하거나 줄일 수 있으며, 혹은 분산투자로 없앨 수 있다.

이렇게 필요도 없고 피할 수도 있는 유형의 리스크를 감수하더라도 투자자가 전혀 보상 받을 수 없다. 그것이 우리 모두가 분산투자를 해야 하는 이유다.

개별 주식 리스크와 주식군 리스크는 밀접한 관계가 있다. 개별 주식 리스크는 개별 증권 연관된 리스크를 수반하며, 주식군 리스크는 증권의 유형이나 증권 군에 공통되는 리스크를 수반한다.

몇 가지 예시가 주식군 리스크의 의미를 명확하게 만들어줄 것이다. 집단으로서 성장주는 어느 정도 가격이 오르락내리락한다. 투자자들의 확신과 성장을 위한 미래를 다소 멀리 보려는 의지의 변화 때문이다(투자자들은 강한 확신이 있으면 성장주를 평가할 때 미래를 멀리 내다본다). 유틸리티(전기, 가스, 수도 등 공공재화 산업-옮긴이) 주식이나 은행주처럼 금리에 민감한 주식은 모두 금리 전망 변동에 영향을 받는다. 자동차, 소매 유통, 컴퓨터 등 동일 업종의 주식들은 전반적으로 각 산업에 대한 전망이 변하면 시장 가격도 함께 움직인다. 주식군에 영향을 주는 일반 요인은 상당히 많은데, 주식 대부분이 동시에 여러 다른 집단에 속한다. 투자자들은 불필요한 복잡성을 피하고자 일반적으로 주식군 리스크의 주요 형태에 생각을 집중한다.

주식군 리스크와 개별 주식 리스크에 대한 주요 사실은 다음과 같다. 투자자들이 이를 감수할 필요가 없다는 것이다. 각 리스크는 대폭 줄이거나 제거할 수 있다. 전체 시장의 리스크와 달리, 특정 시장 부문 또는 특정 주식에 투자 시 발생하는 리스크는 거의 의식하지 못한 상태에서 분산될 수 있다.

그러므로 효율적인 시장에서는 그저 더 많은 개별 주식 리스크나 더 많은 주식군 리스크를 감수했다고 해도 시장 수익률을 능가하는 보상을 받거나 수익률을 올릴 수 없다. 두 유형의 리스크는 투자자가 진짜 가치 있는 수익률 증가를 이룰 수 있을 때 일어나야 한다.

개별 주식 리스크 또는 주식군 리스크 감수에 대한 보상이 없다는 것은 중요하다. 그러한 리스크를 감수한 투자자는 다소 적절하지 않은 가격이 매겨진 개별 주식 또는 주식군을 골라내는 탁월한 기술에만 보상

받고 싶을 수 있다.

챕터 4에서 설명했듯, 이런 리스크를 감수하는 투자자는 경쟁자들(그런데 언제나 거의 전문가들)이 실수를 저지를 때에만 이익을 낼 수 있다. 이것은 중요한 거래를 성사시키려고 부추기는 밑작업이 아니다.

리스크를 낮추는 인덱스 펀드 투자

시장을 복제하는 인덱스 펀드 투자라는 간단하면서도 편한 전략을 이용하면 이런 리스크를 피할 수 있다. 전체 시장에 대한 포트폴리오 구성에 차이가 없다는 것은 수익률 차이도 없고, 주식군 리스크 또는 개별 주식 리스크도 없다는 뜻이다. 인덱스 펀드는 특정 시장 부문과 특정 주식에 대한 리스크를 지닌 주식에 투자하기 위한 편하면서도 저렴한 방법을 제공한다.

이러한 두 가지 특정 형태의 리스크를 제거하더라도 모든 리스크가 없어지지 않음을 유의하라. 전반적인 시장 리스크는 늘 존재하는데, 리스크 분야에서 이게 가장 큰 리스크다.

〈12-1〉은 단일 주식 리스크가 어떻게 개별 주식 리스크와 주식군 리스크로 주로 이루어지는지 생생히 보여준다. 그러나 이는 또한 특유의 포트폴리오 다각화 덕분에 앞서 말한 두 가지 리스크가 투자자의 전체 리스크에서 작은 부분에 불과하다는 점도 알려준다.

또 이 수치는 일반 인덱스 펀드 투자자들이 훨씬 더 다각화되어 있으며, 이는 특정 주식 및 시장 부문 리스크를 더욱 낮춘다는 것을 나타낸다. 해외 인덱스 펀드를 추가한 투자자들은 더욱더 다각화된다.

장기 투자자에게 최적화된 시장 리스크 수준은 시장 평균을 적당히

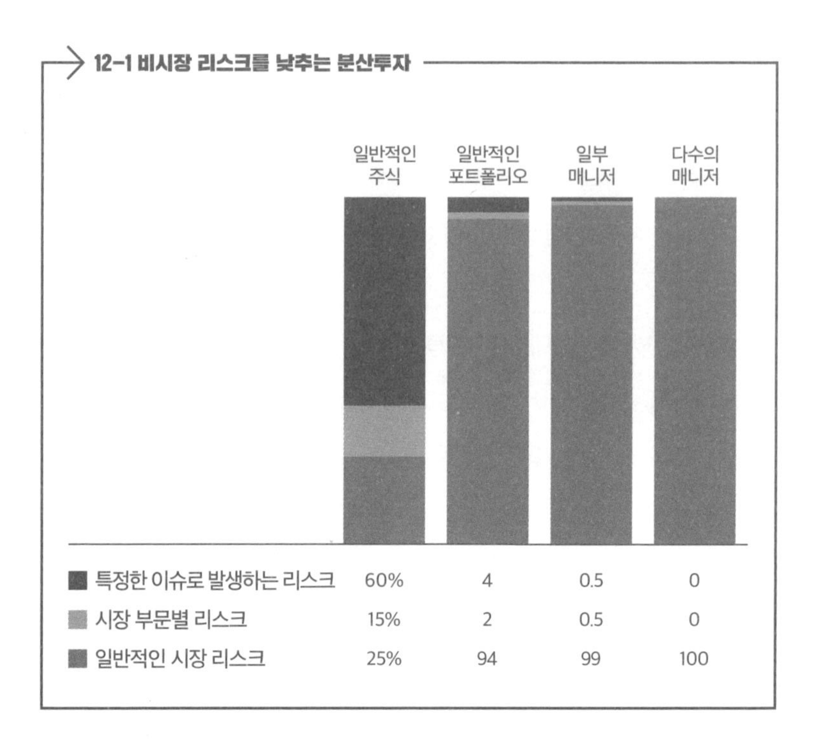

	일반적인 주식	일반적인 포트폴리오	일부 매니저	다수의 매니저
특정한 이슈로 발생하는 리스크	60%	4	0.5	0
시장 부문별 리스크	15%	2	0.5	0
일반적인 시장 리스크	25%	94	99	100

웃돈다. 다른 대다수 투자자는 꽤 장기적인 시각을 지닐 정도로 자유롭지 않기 때문에 이것이 합당하다. 많은 사람이 자신들의 투자가 자녀 교육, 신탁 기간 만기 또는 그 밖의 여러 가지 사안 등 당초 계획보다 더 일찍 벌어지는 사건으로 인해 다소 빨리 현금화될 것임을 안다.

장기 투자를 등한시하는 투자자들은 주식 포트폴리오에서 장기간에 걸쳐 겪게 될 갑작스럽고 상당한 수준의 일간, 월간, 연간 주가 변동을 침착하게 견딜 수 없다. 이런 투자자들은 리스크와 변동성을 낮추기를 원한다. 그리고 원하는 것을 얻기 위해서라면 증가 수익률을 약간 포기하면서 기꺼이 대가를 지불할 용의가 있다.

요약하자면, 주식 투자자에 대한 총 수익률에는 다음 네 가지 요소가 있다.

1. 기대 인플레이션을 상쇄한 이후의 무위험 수익률
2. 전체 주식시장에 투자하는 것의 위험성(가격 불확실성)을 보상하기 위한 추가 수익률
3. 다양한 경제 및 사업 또는 시장 심리학적인 이유로 전체 시장과 달리 움직일 수 있는 하나 이상의 특정 주식군, 혹은 시장 부문에 대한 잠재적 추가 투자 수익률
4. 같은 종류의 이유로 달리 움직일 수 있는 특정 주식에 더해지는 잠재적 추가 수익률

수익률의 각 구성 요소에 해당하는 것은 리스크의 구성 요소이기도 하다. 투자운용을 할 때, 우리는 수익률 관리방식이 아니라 시장 리스크 관리방식이 장기적으로 결정적 요인이 된다는 것을 안다. 시장 리스크를 관리함으로써 우리는 다음과 같은 두 가지 일을 동시에 시행한다.

1. 포트폴리오의 기본 정책으로 시장 리스크를 어떤 수준으로 설정할지 신중하게 결정
2. 좋은 시장과 나쁜 시장 사이에서 시장 리스크 수준을 선택하여 유지

결국 리스크 관리가 수익을 결정한다

시장 리스크 수준을 수정하는 작업은 투자자의 장기 목표가 달라진 경우에만 신중히 이루어져야 한다. 시장 리스크 관리는 투자운용의 기

본 목표다. 이는 중요한 이야기이며, 이번 장의 핵심 시각이다. 투자 포트폴리오에서 벌어들이는 수익률은 중요도 순서에 따라 세 가지 출처에서 나온다.

1. 포트폴리오에서 가정하거나 회피하는 시장 리스크 수준
2. 그런 리스크 수준이 시장 주기가 돌아가는 동안에도 유지되는 일관성
3. 특정 주식 리스크와 주식군 리스크 등이 포트폴리오 분산투자를 통해 제거되거나 최소화되는 기술

진짜 투자 리스크와 명백한 위험성 또는 시장 리스크 간의 차이점은 시간의 함수다. 그렇다. 시간이 짧다면 주식은 리스크가 매우 클 수 있다. 그러나 주식시장에서 바보처럼 '너무 비싼' 수준에서 투자 프로그램을 시작하지 않는 한, 시간이 충분히 길어지면 주식의 명백한 위험성은 흐릿해지고 양호한 장기 수익률이 점점 선명해진다.

만약 시장이 저렴한 수준인지 확신하지 못한다면, 시간이 가면서 서서히 투자가 진행되도록 정기적으로 일정액을 투자하는 정기 정액 매입법을 활용하는 게 좋다.

단기 리스크 vs 장기 리스크

투자자에게 투자 리스크는 시간에 따라 단기 리스크 대 장기 리스크로 구분할 수 있다. 단기적으로 실제 리스크는 시장이 부진할 때 현금을 조달하기 위해 당신이 매도할 필요가 생기는 것이다. 그러므로 주식은 장기적으로는 리스크가 분명 가장 낮지만, 단기적으로는 리스크가

명백히 가장 높다.

대다수 투자자가 대비하지 못하는 한 가지 리스크는 주식시장이 최고 가격으로 회복되기까지 얼마나 걸리느냐 하는 것이다. S&P 500 지수가 1966년 최고점만큼 회복되기까지 16년이 걸렸고, 1929년 최고점을 회복하는 데에는 훨씬 더 오랜 시간이 걸렸음을 기억해둘 만하다. 그러나 당신이 굳이 매도할 필요가 없으며 매도할 계획도 없다면, 명목상의 주가 변동에 대해서는 진짜 그다지 신경 쓰지 말아야 한다. 주가 변동이 다른 사람들에게는 흥미로울 수 있지만, 이는 먼 곳의 폭풍우가 치는 날씨만큼이나 당신과 아무 상관이 없다.

장기적으로는 진짜 리스크는 사람들의 반응으로 인해 불필요하게 일어나는 리스크이기 때문에, 단기적인 시장 위험성에 대한 투자자들의 최선의 해답은 변동을 무시하면서 참을성과 끈기 있는 장기 투자자가 되는 것이다.

리스크 감수 수준은 정상적인 시장, 장기 평균 또는 정상 수익률 변동성을 고려할 때 자기 자신에 대해 우리가 예상하는 행동을 설명하지 못한다. 리스크 감수 수준이란, 시장이 극단적인 상황에 있는 동안 우리가 진짜 걱정되어서 움직일 때(특히 최근에 잘못 움직인 것으로 또다시 증명된 후에) 우리의 행동에 등급을 매긴 것이다.

당신의 투자가 장기적으로 유지될 것임을 알고 있는 한, 당신은 자동적으로 단기적 시장 가격 변동이라는 불확실성에 대해 스스로 보험을 든 것이다. 당신이 투자를 계속하는 한, 미스터 마켓의 잠정적인 가격 변동은 당신에게 심각한 피해를 입히지 못한다.

투자 리스크가 수익률을 움직이는 존재이자 단순히 수익률을 더 높이려고 노력한 뒤의 잔재가 아님을 인식하면, 투자 정책에 대한 개념이 달라진다. 우리는 이제 수익률이 아니라 정보를 바탕으로 리스크 관리에 초점을 두어야 함을 알았다.

"현재 시장이 갖고 있는 이미지와 실제 사실들 간의 차이를
명확하게 구별할 줄 아는 참을성 있는 투자자가 성공한다."

· 필립 피셔(Phillip A. Fisher) ·

PART III

남다른 혜안이 남다른 성공으로 이끈다

투자에 임하는 사람이라면 누구나 남들과 다른 투자 포지션, 혜안, 지혜를 원한다. 그런데 때때로 현명한 투자 지혜는 이미 남들이 만들어놓은 제도나 틀, 조언 속에서 찾을 수도 있다. 특히 세스 클라만(Seth A. Klarman)이 강조한 '장기적으로 뛰어난 투자 성적을 얻고자 한다면, 단기적으로 나쁜 성적을 견뎌내야 한다'는 말을 곱씹어볼 필요가 있다.

13
손해보지 않는 투자 포트폴리오 구축

'투자는 예술인가, 과학인가?'라는 질문은 전문 투자 매니저들 사이에서 오랫동안 비공식 토론의 단골 주제였다. 투자 관행은 분명 과학이 아니니까 예술이 틀림없다고 농을 주고받으며 토론이 꽤 유쾌하게 마무리되겠지만 말이다.

실력 있는 투자자들을 관찰해본 사람이라면 개별 주식이나 주식군을 골라내는 그 예술(미묘하고 직관적이며 복잡한데, 뭐라 말로 표현하기 어려운 것)을 인정할 것이다. 몇 안 되는 위대한 예술가들은 다른 사람들이 놓치거나 지나고 나서야 눈치채는 기회를 발견, 포착해 포트폴리오에 가치를 더하는 그 업계의 진정한 영웅이다.

완벽한 포트폴리오는 없다, 최적화된 포트폴리오만 있을 뿐

대부분의 투자 매니저에게 포트폴리오 운용은 예술도 과학도 아니다. 대신 그것은 평범하지 않은 공학의 문제다. 공학이 가르쳐준 위대한 교훈은, 해결책을 찾아가는 열쇠란 진짜 문제를 정확히 정의하는 것이라는 점이다. 당신이 문제를 정확히 정의하면, 올바른 해결책을 찾는 경로로 잘 나아간다. 또한 포트폴리오 운용은 투자 공학이다. 인간의 해석과 관련해 부정확한 거름막으로 걸러낸 정보와 오보가 난무하고 있다. 불확실하고 확률적이며 늘 변하는 세계에서 작동하는 복잡성을 주식과 채권의 인덱스를 추종하는 전략으로 간소화할 수 있다. 그래서 일련의 정책 제약을 감안하면, 인덱스 투자에서 특정 목표에 도달하기 위한 가장 신뢰성 있고 효율적인 방식이 나온다.

앞서 챕터 12에서 설명했듯이 우리는 장기 투자의 진짜 과제를 알게 되었다. 액티브 투자자들이 애쓰듯이 특정한 주식이나 채권을 싸게 사서 비싸게 파는 식으로 수익률을 높이는 방식이 아니라 시간이 지나면 적당히 수익률 증가로 이어질 적정 수준의 포트폴리오 리스크를 신중히 소화하면서 리스크를 관리하는 방법이다.

훌륭한 포트폴리오 설계는 피할 수 있는 의도치 않은 리스크를 제거하고, 신중히 선택한 시장 리스크 수준에서 기대 수익률을 극대화한다. 이런 까닭으로 효율적인 포트폴리오는 선택 가능한 다른 포트폴리오보다 기대 수익률이 더 높으면서도 기대 수익률이 동일한 다른 포트폴리오보다 리스크가 같거나 오히려 더 적다.

채권 포트폴리오, 이렇게 만들어라

채권은 주식과 마찬가지로 분산될 수 있고 또 분산되어야 하는 개별 채권 리스크와 채권군 리스크를 모두 보여준다.

예컨대 특정 산업의 기업이 발행한 채권은 그 산업 경제의 주요 변화에 따라 가치가 달라질 것이다.[29] 특정 통화나 상환 기능을 공유하는 채권들은 한 집단처럼 상대적인 시장 인기도에 따라 값이 오르내릴 것이다.

채권 평가기관들은 채권 등급 오차 대부분이 그런 집단 리스크 추정에 내재된 어려움에 기인하는 것이지, 같은 산업이나 집단의 다른 채권 발행기업과 비교되는 특정 채권 발행기업의 개별 리스크 추정으로 인한 것이 아님을 알았다. 슬프게도 이것은 2008년에 다시 입증된 바 있다. 그 당시 AAA 신용등급이 매겨졌던 신규 발행 증권들은 서브프라임 모기지를 담보로 발행되었다. 평가기관들은 조직적으로 집단 리스크에 대해 잘못 판단했는데, 이는 무디스와 S&P가 매기는 신용등급에 크게 의존해온 투자자들에게 어마어마한 손실을 입혔다(신용등급 산정 오류는 과거에도 수차례 벌어졌다. 1920년대 시내 전차회사 채권에 AAA 등급을 매긴 것이 그 시작이다. 사실상 사람들이 자동차로 갈아타면서 시내 전차회사 채권은 모두 부도가 났다).

개념적으로 보면, 채권 포트폴리오 운용은 전체 채권시장을 대표하는 패시브 포트폴리오와 함께 출발한다. 이 기준 포트폴리오는 개별 채권 발행 주체나 발행 주체 유형의 신용 리스크를 방어하려고 수많은 채권군과 개별 채권으로 두루 분산투자하는데, 이 경우 부정적인 금리 변

29 2008년 모기지 채권의 비극적 붕괴는 극적이면서도 고통스러웠던 실제 사례다.

동을 방어하기 위해 만기 일정에 일정한 간격을 두는 방식을 쓴다. 주식과 마찬가지로, 역사적 증거는 분산투자를 통해 개별 채권의 리스크가 상당히 낮아질 수 있음을 보여준다. 역사적으로, 중하위 등급 채권 포트폴리오는 채무불이행으로 인한 모든 실제 손실을 소화하고 난 이후에는 시간이 지나면 상위 등급 채권 포트폴리오보다 더 높은 순수익을 제공한다.

개인 투자자들은 개별 채권을 절대로 매수해서는 안 된다. 분산투자는 당신이 채권에 투자할 때 투자금을 확실히 되돌려받기 위해 꼭 필요하다. 다행스럽게도 모든 종류의 인덱스 채권 펀드가 현재 저렴한 비용으로 제공된다. 채권에 얼마를 투자할지, 그리고 어떤 특정 채권에 투자할지가 아닌 채권 자체에 투자하느냐 마느냐의 여부가 전체 투자 실적에서 가장 중요한 결정 요소가 될 것이다.

우리 내면의 탐욕을 줄여라

수백 년 전 선박에 물건을 실어 나르던 무역상들에 의해 보험과 적립 리스크 계좌가 고안된 이래로, 모든 투자 전문가들의 기본 의무는 장기 투자 목표를 신중히 추종하면서 갑자기 닥치는 불리한 상황을 방어하고, 포트폴리오 리스크를 확실히 통제하는 일이다. 액티브 투자자 대부분 자신의 업무를 적극적, 공격적으로 대한다. 그러나 오늘날 주식 투자와 채권 투자는 주로 방어적인 과정이며 방어적이어야 하는 것이 현실이다. 장기 투자의 성공 비결은 심각하고 영구적인 손실을 피하는 것이다. 그러기 위한 최선의 방법은 역사가 보여주듯 인덱스 투자다.

기초 경제학에서 들어봤겠지만, 돈이란 무언가와 바꿀 수 있다. 그러나 대다수 투자자는 투자 포트폴리오를 자신의 다른 자산과 분리된 별개 존재로 여긴다. 이는 잘못된 생각이다. 증권시장이 출렁이면 이 잘못된 생각의 틀이 불필요한 걱정으로 이어질 게 뻔하기 때문이다. 이는 또한 틀린 답을 내놓는 잘못된 질문으로 이어지다가, 전체 재정 상황을 보지 못해 그릇된 의사결정으로 귀결될 것이다.

재정 상태를 파악하라

통념에 의하면, 우리는 본인의 연령대에 따라 채권에 투자해야 한다고 한다. 과연 합리적인 이야기인가? 한 가지 예를 들어 이야기를 풀어가겠다. 서른 살짜리 경영학석사(MBA) 보유자는 투자 포트폴리오의

30%를 채권으로 채워야 할까? 만약 이 MBA 보유자의 가장 중요한 재정 현실, 즉 향후 35~45년 동안 그가 벌어들일 소득의 현재 가치를 포함하여 질문을 다시 한다면 이야기가 달라진다.[30]

그러면 이 MBA 보유자는 미래 기대 소득에 대해 현재 어떻게 생각할 수 있을까? 조금만 노력해보면 가장 가능성 있는 소득 추이를 합리적으로 추산할 수 있다(그가 다니는 회사 인사부서, 대학원, 또는 헤드헌팅 회사에 어떤 추이가 '정상'인지 문의할 수 있다). 이 사람은 자신의 소득 추이를 추산하고 나서 연간 기대 소득의 흐름을 순 현재 가치로 전환할 수 있다.

큰 노력 없이도, 우리는 이미 이 MBA 보유자가 이 숫자를 보면서 꺼낼 첫 마디를 알 수 있다. "우와! 대박! 세상에!" [이 숫자에 주식 매입 선택권(stock option, 기업이 임직원에게 자사주를 일정 가격에 일정 수량 매입할 수 있도록 해주는 보상제도-옮긴이)이나 보너스를 받는 기회, 추가 수익을 얻기 위해 저축을 투자하는 기회는 무시한다. 일반 연금이나 401(k) 퇴직연금, 사회보장 혜택도 제외한다][31] 자산으로서, 이 서른 살짜리 MBA의 미래 소득에 대한 순 현재 가치는 현재 투자 포트폴리오보다 훨씬 더 클 것이다. 이 사람은 반드시 이 자산을 포함해 자신의 전체 포트폴리오를 구상해야 한다.

---

30 65세 은퇴는 그가 은퇴할 시점에는 더 이상 사회 규범이 아닐 것이다. 그도 나처럼 일이 너무 재미있어서 계속 일하고 싶을 수도 있다.

31 일부 컨설턴트들은 그의 투자 포트폴리오에 '안정적 균형'을 맞추기 위해 채권 보유를 권할 것이다. 이것은 일부 투자자들에게 현명한 일일 수도 있지만, 컨설턴트들은 다음과 같은 현실을 알아야 한다. 즉, 채권 수익률이 낮을수록 '불안에 대한 보험료'로 비싼 값을 치를 수도 있다는 사실 말이다. 시장을 이해하고 변동성을 일상으로 여기는 방법을 익히는 데 더 많은 시간과 노력을 쏟아붓는 것이 더욱 저렴할 수 있다.

포트폴리오에서 미래 수익을 엿볼 수 있다

'큰 그림으로 본' 그의 포트폴리오 자산 조합은 그의 미래 수익을 자본화한 가치로 채워지고, 그 비중 역시 전체 금융 포트폴리오의 95%로 채워질 것이다. 미래 수익의 순 현재 가치는 주식시장과 더불어 오르기도 하고 내리기도 한다. 이는 갈수록 더 안정적이고 일관적인 수준이 될 것이다. 그럼 그가 아직도 '나이에 맞추어' 채권에 투자해야 할 이유가 있나? 당연히 그럴 리 없다! 그는 이미 안정된 가치 자산, 자신의 미래 수익 창출력에 과잉 투자했다. 그의 증권 포트폴리오는 주식 100%여야 한다.

시간이 지나면 '큰 그림으로 본' 그의 포트폴리오 속 다른 요소들이 점차 중요해질 것이다. 예컨대 그는 아마 멋진 주택을 소유할 가능성이 크다(주택의 순수 가치가 주요한 수익 창출 수단이 될 일은 거의 없다는 점에 주목하자. 노인들은 '주택이 최고의 투자 수단이었다고' 생각하는 경향이 있지만, 흔한 지배적 요소들이 그들의 머릿속을 차지하고 있다. 장기 인플레이션과 모기지 이자 세금공제를 계산에 넣는 것이다. 그런데 주택에서 얻는 주요한 '이익'은 가족의 평안과 행복에 기인한다. 그런 이유로 경제학자들은 주택을 소비재로 생각한다. 그럼에도 주택은 아주 오래 유지된다. 내 생각에 '주택은 소비하기에' 엄청난 시간이 걸린다. 이에 당신의 주택을 '안정된 가치' 자산으로 여기는 편이 낫다). 만약 그가 큰 그림이라는 관점에서 생각하고 있다면, 그는 자신의 주택뿐 아니라 미래 수익의 순 현재 가치도 자산에 포함할 것이며, 자신의 증권 포트폴리오를 현재와 미래의 다른 자산과 분리된 것으로 여기는 실수도 하지 않을 것이다. 또 주가가 오르락내리락할 때에는 현명하게 자신의 전체 재정 상황을 생각하며 수양할 것이고, 이러한 전체 재정 상황은 주식에 투자된 해당 부분과 비교하여 훨씬 덜 출렁일 것이다. 그래서 그는 본인의 자산을 전체 자산의 하위 그룹으로 구분하는 동료들만큼 걱정할 필요가 없고, 전체 자산 중 일부가 상대적으로 불안한 움직임을 보이더라도 조바심을 낼 필요도 없다. 그는 '균형'을 맞추기 위해 굳이 채권을 보유하지 않아도 된다. 장기적으로 보면, 큰 그림을 보는 사고방식은 그가 주식에 더 많이 투자할 수 있도록 도움으로써 — 매우 장기적으로, 아마 반세기쯤 지나서 — 총 수익률이 꽤 높아지도록 해줄 것이다.

큰 그림으로 본 포트폴리오에는 자본화된 사회보장 혜택[32]뿐 아니라, 연금이나 퇴직연금의 가치도 들어 있다. 이 자산들은 분명 우리가 각자 종합적으로 살펴야 할 전체 금융 포트폴리오의 일부다. 만약 그가 유산 상속을 기대한다면, 그의 전체 재정 상황과 계획을 통해 생각하면서 그 유산도 인식해야 한다(부모의 형편이 달라질 수 있지만 말이다).

32 '은퇴 시기'가 가까워진 사람들은 큰 그림을 보는 재정 관리의 또 다른 부분(70세까지 사회보장 혜택을 주장하지 않을 때의 실질적 이점)을 신중히 생각해보는 것이 현명하다. 그렇게 하면 62세부터 연금을 받을 때보다 연금 지급액이 연간 76%나 늘어난다. 퇴직연금 자산을 — 그러니까 미래 지원금을 — 늘릴 수 있는 세 가지 방법에 이를 포함해야 한다. 요컨대, 지불금을 수령하지 않는 대신 재투자하고, 추가 기여금을 납부하고, 비과세 투자수익을 얻는 것을 말한다. 일을 계속할 때의 재정적 이점은 꽤 설득력이 있다.

채권은 긴 역사를 가졌으며, 투자자들이 채권에 투자하는 방법과 규모와 관련하여 모범 사례로 통했던 방식에 많은 변화가 있었다. 20세기 초반에만 해도 채권, 특히 신용등급이 좋은 채권에 투자하는 것이 현명하고 보수적인 유가증권 투자로 통했다(개인 투자자들은 또한 당시 만기가 5년밖에 안 되는 주택 모기지에 투자했다). 주요 철도와 은행의 주식 외 다른 주식은 거의 언제나 '투자 가치가 별로 없다'고 여겨졌다.

채권에 대해 변화하는 인식

이런 사고 방식은 20세기에 에드거 로렌스 스미스(Edgar Lawrence Smith)가 저서 《장기투자 수단으로서의 보통주》[33]를 내놓으면서 변화를 맞이했다. 스미스의 영향력 있는 연구에 따르면, 장기적으로 주식 포트폴리오에서 나오는 배당금은 채권 포트폴리오의 이자 지불금에 비해 중단 없이 지불된다는 점에서 더 확신을 가질 수 있었으며, 장기적인 투자자들에게 시간이 갈수록 증가하는 수입의 흐름이 생겼다(스미스의 저서는 20세기의 장기 강세장에서 중대한 영향을 미쳤다. 많은 투자자가 그 영향으로 주식을 매수했다. 떠오르는 주식시장에서는 마진을 이용해 '한 몫'을 잡아보고 신문에 호의적인 기사로 실릴 기회가 있었다).

1929년 시장이 붕괴하고 대공황이 도래하면서 그와 같은 사고방식에 변화가 생겼다. 즉, '분별력 있는' 투자자들은 다시 채권을 투자 수단으로 삼았다. 2차 세계대전 중 전쟁 채권(War Bond, 전쟁 중 군사작전 자금으로 쓰려고 정부가 발행하는 채무 증권-옮긴이)이 널리 홍보되었다. 그러다 세계대전 이후 공황에 대한 공포감이 조성되었다. 그리고 채권이 다시 유행했다. 주식과 채권을 60:40 비율로 구성하는 것이 개인 신탁과 기업 연금 펀드, 기부를 위한 '현명한' 정책으로 자리를 잡았으며 신중하고 보수적인 방식으로 널리 인정받았다(공공 연금 펀드는 대체로 채권이 투자 수단의 90%를 차지했다).

채권에 당신의 나이를 투자하라?

주식의 가격이 상승하면 채권의 가격이 하락하고 반대의 경우도 마찬가지라고 흔히 말한다. 다른 일각에서 지적한 바에 따르면, 미스터 마켓의 변덕을 감안하면 투자자들이 계획을 유지하기가 무척이나 어려웠기에 채권이 더욱 안정적인 투자 수단이 되면서 시장의 변동성이 줄어

33 에드거 로렌스 스미스(Edgar Lawrence Smith)의 저서 《장기투자 수단으로서의 보통주(Common Stocks as Long Term Investments)》, 1924년

들고 그에 따라 투자자들이 '시장 주기'에서 계획을 지키는 데 도움이 되는 중요한 이점이 생겼다. 보통의 60:40 비율은 다양한 연령대의 투자자 집단에 익숙한 비율로 정착하면서, 또 '채권에 당신의 나이를 투자하라'는 원칙이 널리 권고되면서 더욱 정교화되었다. 채권에 나이를 투자하라는 말은 자신이 30세라면 30%를, 40세라면 40%, 90세라면 90%까지 채권에 투자하라는 의미였다. 그렇게 잘 정리된 것은 아주 회의적인 태도로 바라봐야 한다. 이전 챕터를 읽은 독자들이라면, 자신의 유가증권 포트폴리오에서 채권 투자 비율을 결정하기 전 자신의 '전체 포트폴리오'를 신중히 살펴봐야 한다는 말이 새삼스럽게 다가오지는 않을 것이다.

주식시장에서 매일 또는 매월 가격이 변동하여 미스터 마켓이 당신의 감정적 반응에 불안을 일으킬 수 있다. 그래서 채권에 투자하는 주된 이유가 솔직히 말해 그 불안을 줄이는 것이라면, 전체 그림에서 포트폴리오의 가치에 생긴 변화를 살펴봄으로써 걱정을 줄일 수 있다(우리가 이미 설명한 바와 같이, 광범위하게 분산된 주식 포트폴리오로 인덱스 투자를 하여 미스터 마켓이 형성하는 불안을 줄이고, 그에 따라 좀 더 쉽게 자신의 투자 계획을 유지하는 방법이 있다. 그것이 바로 인덱스 투자로 얻을 수 있는 여러 혜택 중 하나다). 미스터 마켓의 속임수에 대처하는 능력을 높이는 또 다른 방법은 시장이 과거에 어떻게 움직였고 미래에 어떻게 움직일 것인지 분석하는 것이다. 현실적으로 말해서, 투자자들 대부분은 자기 자신과 과도한 불안으로부터 투자를 보호하는 대가로 채권을 소유한다.

개인적인 이야기를 하나 소개한다. 지금 80대인 나는 내 일을 즐기고 다른 사람들에게 도움이 되는 것이 좋아서 일을 계속하고 있다. 내가 채권에 80%를 투자했을까? 아니다! 전혀 그렇지 않다(나는 평생을 투자업에 종사해오면서 미스터 마켓이 사람들을 조롱하는 것을 많이 지켜봤다. 그래서 그가 내게 뭘 하려고 들어도 꽤 잘 대처할 것으로 기대한다).

실제로 나는 채권을 전혀 가지고 있지 않다. 그래도 내 전체 포트폴리오에 안정적인 자산 덩어리를 보유하고 있다. 수익을 창출하려고 투자한 것이 아니라 내게 자산으로서 중요한 의미가 있는 것들이다. 만약 당신이 사회보장 혜택을 현금화하여 이를 주택과 가구가 포함된 '안정된 자산' 가치에 추가했다면, 이것들은 다해서 당신의 전체 포트폴리오 중 30~40%를 차지할 것이다. 그렇다면 '안정된 자산'에 더 많이 투자하지 않는 이유는 무엇일까? 내 증권 포트폴리오의 투자 시계가 우리 손주들의 기대수명이다. 여기서 첫 번째 그룹의 평균연령이 50세에 불과하고 그보다 더 젊은 그룹의 경우 평균연령이 15세 미만인데 이는 두 번째 그룹의 투자 시계가 장차 70년을 훨씬 넘어 80년 이상이 될 것으로 예상되기 때문이다.

나는 그간에 운이 좋았고 지금도 그렇다. 하지만 중요하지 않다. 우리 각자는 우리 자신의 상황을 있는 그대로 바라보는 특별한 기회를 누리며 우리에게 가장 적합한 투자 계획에 관해 신중한 결정을 내린다. 독자들도 나처럼 해야 할까? 그렇다! 동시에 그렇지 않다. 개개인은 스스로를 위해 반드시 내가 한 것처럼 해야 한다. 자신의 전체 포트폴리오를 주의 깊게 들여다보고 자신의 유가증권으로 대신하는 것으로 어떤 것이 포트폴리오를 대표하는 데 적합할지 현명한 판단을 내린다. 그럼에도 이것이 정답은 아니다. 우리는 저마다 다른 존재이기에 나이, 소득, 투자 시계, 리스크 감수 수준, 저축 등에서 당신이 나와 정확히 같지 않다면, 당신에게 가장 적합한 투자 방식은 내게 맞는 것이 아니라 당신에게 맞는 것이어야 한다.

'타깃-데이트(target-date)' 또는 '라이프-사이클(life-cycle)' 퇴직 펀드는 어떠한가? 맞춤형 투자 계획을 두고 시간을 내어 자문업자와 상담하는 일이 내키지 않는 사람들에게는 그처럼 합리적으로 혼합된 '기성' 인덱스 펀드가 그나마 괜찮은 상품이다. 그래도 주의해야 한다. 이런 상품들도 아주 획일적으로 '나이를 채권에 투자하라는' 방침과 멀리 떨어져 있지 않다. 그래서 인생 말년의 평안과 안정을 위해 자산을 투자하는 최선의 방법을 두고 이것들은 좋은 해답이 되지 않는다.

그럼에도 불구하고 '채권'인 이유

채권은 오늘날 유독 좋지 않은 위치에 있다. 국채 수익률은 2%도 되지 않는다. 연방준비제도는 2% 인플레이션 유지를 목표로 하고 있는데, 그러면 그런 채권의 순수익률 또는 진짜 수익률은 제로다. 실제 수익을 얻지 못하는 경우 좋은 투자라고 할 수 없다(또한 금리가 상승하는 리스크가 늘 존재한다. 그에 따라 채권 가격이 하락하고 투자자들이 손실을 본다). 장기채권에 투자하고 싶은 마음이 없다 해도, 채권을 보유해야 할 시기와 이유가 있을까? 물론이다! 만약 내년에 특정한 목적이나 구매를 위해 정해진 금액을 지불하는 약정을 했다면, 해당 금액을 따로 머니 마켓 계좌에 미리 투자하는 것이 합리적이다. 마찬가지로 가족이 거주할 주택을 구매하는 등 대규모 구매를 할 때는 계약금을 모으기까지 훨씬 더 많은 시간이 걸릴 것이다. 이런 경우에는 계약금으로 쓸 돈을 중간 만기 채권 포트폴리오에 투자하는 것이 타당하다.

투자자라면 누구나 갑자기 닥치는 재정적 위기에 대비한 비상 예비 자금을 보유하고 싶다. 은행에서 대출을 받거나 증권 중개인의 증거금 계정에 들어가는 방법으로 만일의 사태에 대비할 수 있다. 하지만 투자자들은 대개 즉각 활용할 수 있는 확실한 비상 대책을 갖추고 싶어 한다. 그렇게 하는 것이 합리적인 방법이다. '잘 먹는 것이냐 잘 자는 것이냐'라는 상충하는 상황에서 예비 자금을 두는 이유는 전적으로 잘 자기 위해서이다. 그래서 당신이 결정한 액수는 장기 투자 포트폴리오에서 확실히 분리된 단기 머니 마켓 펀드에 그대로 넣어두어야 한다.

전체 포트폴리오의 개념을 받아들이지 않는다면, 거의 분명히 채권을 더 매수하려 들 것이다. 왜냐하면 자산을 조합하여 포트폴리오를 구성해야 시장 리스크를 감당할 수 있는 선에서 투자를 운용할 수 있기 때문이다. 특히 시장이 침체되었을 때, 미스터 마켓이 세상이 끝나고 있다고 외치며 펄쩍펄쩍 뛰고 기겁하여 팔을 흔들어 대면서 당신의 면전에 수많은 리스크를 내던질 때를 대비하기 위해서이다. 그렇지만 당신이 더 많은 채권을 매수하여 보유한다면, 역사가 분명히 보여주듯이 당신은 이 '보험'을 위해 엄청난 대가를 치를 것이다. 투자자들 대부분이 미스터 마켓의 가격 속임수에 불안해하고 그에 쉽게 넘어가는 것은 아직 시장을 이해하지 못했기 때문이다. 채권 투자를 늘리면 시장과 우리 자신을 충분히 이해하지 못해서 많은 비용을 지불하는 꼴이 된다. 결국, 장기 계획을 가지고 마음의 평정을 유지하며 평소와 다름없이 지낼 수 있는 기회를 놓치고 만다.

16

왜 정책이 문제가 되는가

우리가 자신의 모든 장기 투자 정책을 분명하게 문서로 표현해야 하는 이유는 우리 포트폴리오를 자기 자신으로부터 보호하기 위해서다. 미스터 마켓이 재차 심술을 부려 현재 시장을 괴롭히고 우리의 장기 투자 정책을 갑자기 의심하게 만들 때, 이 규율은 우리 스스로 장기 계획을 지킬 수 있도록 돕는다. 투자할 때 저지르는 잘못 중 대부분은 자본시장, 특정 투자, 또는 그 둘 다인 외부 영역의 갑작스러운 변동에 대응해 우리의 단기적인 감정 내부 영역을 우리가 제대로 알지 못한 결과에서 비롯된다.

투자 정책을 명확히 해야 하는 이유

투자 정책은 종종 명확하지 않고 암시적인데, 이례적으로 불안한 시장 상황이 급격히 압력을 높이면 서둘러 문제를 해결하려 한다. 그때야말로 잘못된 이유로 잘못된 시기에 잘못된 결정을 내리기가 너무나 쉬운 시점이다.

그렇게 성급한 결정은 투자자들이 주가가 급락한 후 주식을 매도한 다음 주식시장 회복을 놓치는 결과로 이어질 수 있고, 그 반대의 경우도 성립한다. 즉, 그 기록이 가장 설득력 있어 보이는 시장 정점 또는 그 비슷한 수준일 때 주식을 매수하는 것이다. 자산 구성에서 이처럼 시의적절치 못한 변환은 투자자들의 장기 수익에 심각한 해가 된다.

기술은 투자를 변모시킨다. 새로운 기술 덕분에 투자 매니저는 특정 포트폴리오에 맞추어 개발한 장기적인 '시장 관련' 수준의 리스크를 대략(실현 가능한 결과의 추이 이내에서) 파악할 수 있다. 이제 투자자들에게는 합리적인 리스크 예상치와 펀드 매니저의 능력에 맞는 실적을 기대할 권리가 있다. 인덱스 투자로 투자운용이 편해짐에 따라, 투자자들은 시간이 지나면 잠정적인 시장 리스크에 대한 각 투자자의 감수 수준 범위 안에서 특정 목표를 달성하는 장기 정책 개발에 집중할 수 있다.

미스터 마켓의 단기적 도발로 인한 혼란에 대응하는 최고 방어수단은 지식과 이해다. 특히 시장에 대한 이해, 당신 자신과 당신의 목표 및 우선순위에 대한 지식이 핵심이다. 그런 까닭에 신중히 심사숙고한 투자 전략은 문서로 남겨 맹세해야 한다. 당신 주변 사람 모두가 감정에 끌려다닐 때에는 당신이 완벽히 이성적이라고 믿지 마라. 당신 또한 인간임을 잊어서는 안 된다.

당신의 개인적인 장기 우선순위에 맞춘 장기 정책을 따라 당신이 원하는 실적을 얻게 될 때, 당신은 승리한 투자자로 남을 수 있다.

머리와 행동이 따로 노는 투자 심리

이론적으로 우리 모두는 주가가 낮을 때 장기적으로 이익이 잘 나온다는 사실을 알고 있다. 그래서 우리는 모두 헐값에 더 많은 주식을 사들일 줄 안다. 그러나 우리 중 어느 누가 하락하는 시장을 좋아할까? 그리고 주식이 비싸져서 높은 가격에 매수하여 추가로 투자하면 미래 수익률이 분명 더 낮아질 것임을 우리가 알고 있음에도 불구하고, 누구나 상승세에 있는 주식과 시장에 따뜻한 애정의 눈빛을 보내지 않겠는가?

이와 대조적으로 꽤 매력적인 제품을 최근 가격보다 10%, 20%, 심지어 30%나 할인된 가격에 파는 상점을 우리 중 그 누가 지갑을 닫아놓고 모른 척하겠나? "나는 이런 것들을 할인할 때는 사고 싶지 않아. 가격이 오를 때까지 기다렸다가 살 거야"라고 말할 사람은 우리 중 한 사람도 없다. 그러나 이런 행동은 투자 시 우리 대부분이 하는 행동이다.

시장이 하락할 때 '할인된' 주식이 나오면, 우리는 매수를 멈춘다. 사실 그 기록은 심지어 우리가 매도에 참여한 것을 나타낸다. 그러고는 시장이 상승하면 우리는 더욱 열광적으로 매수한다.

시장 전문가 제이슨 츠바이크(Jason Zweig)의 말마따나 "우리가 양말을 사듯 주식을 산다면 실적이 더 나을 것"이다. 주가가 올라 기분이 좋으면 우리가 잘못된 것이고, 주가가 하락해 기분이 나쁠 때에도 우리가 틀린 것이다. 그래서 주식시장 하락이란 우리가 싸게 매수하는 데에 필수적인 첫걸음임을 스스로에게 늘 상기시켜야 한다.

역사는 반복된다

불안과 공포를 연구하는 심리학자들은 다음 네 가지 특성이 사람들로 하여금 실제로 인지된 위험보다도 더 걱정하게 만든다는 것을 알아냈다. 네 가지 특성이란 대규모 결과, 개인적 통제나 영향력을 미치기 어려운 상태, 낯섦, 갑작스러운 발생 등이다. 예컨대 우리는 미국 내에서의 자동차 여행(2019년 3만 8천명 이상 사망과 4백만 명 이상 중상)보다 항공 여행(30명 미만 사망과 350명 미만 부상)을 훨씬 더 두려워한다.

많은 투자자들이 자신의 포트폴리오에 갑자기 큰 손실이 나면 심한 불안감에 사로잡힌다. 그들은 그런 사건이 일어나더라도 시장이 어떻게 움직이는지 미리 이야기를 듣지 못했을 가능성이 높다. 오랫동안 주식시장 역사를 연구하고 이해하는 사람들은 급격한 손실을 예상하고 심지어 정상적인 상황으로 여길 것이다.

시장에서 그런 하락은 당연히 그 시점 때문이 아니라 그 가능성의 규모와 갑작스러운 경우에 예상된다. 배우지 못한 사람들이 불안의 공격에 당하는 건 당연한 일이다. 최근 시장이 가장 심하게 부정적이었을 때처럼 불안한 시기에는 투자자들의 단기적인 공포가 장기 투자에 꼭 필요한 냉철한 이성을 압도한다. 그 결과 현재에 대한 과도한 관심은 '집단적 사고(groupthink)'의 오류를 일으킬 뿐 아니라, 긴 안목이 필요한 성공 투자의 속성으로부터 우리의 주의를 다른 곳으로 돌려버리고 만다.

투자자들은 시장에서 비현실적 희망과 불필요한 두려움에 대한 인간 특유의 성향으로부터 보호받을 필요가 있다. 그런 희망과 두려움은 긍정적이건 부정적이건 감정적으로 피할 수 없는 경험들, 그리고 투자자들을 휩쓸리게 하는 최신 견해로 인해 유발된다. 이는 정상이다. 투자 시장의 본질을 충분히 익히지 못한 투자자들은 깜짝 놀랄 것이다. 우리가 2008년에 겪은 금융업계 상황처럼 혹독하고 급작스러운 폭풍은 모든 이들을 놀라게 만든다. 그리고 놀라움에 대한 투자자들의 집단 반응은 결국 거의 모든 이들을 경악하게 만든다. 이것이 공황 상태(panic)를 일으킨다.

포트폴리오가 운용되는 투자 환경의 현실을 우리가 — 할 수 있는 한 — 확실히 이해하면 장기 투자 수익률을 실제로 개선할 수 있다. 과거에 대해 파고드는 깊이 있는 공부가 시장의 기본 특성, 그리고 시장 양극단의 특성을 이해하는 가장 훌륭하면서도 비용이 적게 드는 방법이다. 따라서 지난 수십 년 동안의 시장 수익률과 평균과의 편차 패턴을 공부하면 시장이 왜 그렇게 움직이는지 충분히 이해할 수 있다.

투자자라면 현재 시장의 움직임이나 미래 추정치를 공부하기보다 투자의 역사를 연구하는 편이 한결 더 보람 있다. 우리는 "과거를 기억하지 못하는 사람들은 같은 행동을 반복할 수밖에 없다"고 밝힌 산타야나(Santayana, 스페인 출신의 미국 철학자-옮긴이)의 함정에 걸리면 안 된다.

당신이 사는 지역의 도서관을 방문해 1928~1929년, 1957년, 1962년, 1973년, 1987년, 2000년, 2008년, 2020년에 발행된 잡지나 신문의 금융 면을 꼼꼼하게 읽어보라. 요기 베라(Yogi Berra, '야구 철학자'로 불린 전설적인 미국 야구 선수-옮긴이)가 말했듯이 '전에 겪었던 일은 또다시' 벌어진다. 시장은 늘 그랬지만 항상 놀라워보일 것이다. 시장마다 각각의 세부적인 내용은 다르기 때문이다. 그러나 시장의 주요 특징은 매번 상당히 비슷하다.

투자와 자본 시장의 특성을 이해해야 당신은 역설에서 벗어날 수 있다. 즉, 매일 일어나는 시장 상황에 많은 관심을 쏟으면서도, 시간이 지나면 더 나은 실적을 낼 수 있는 현명하고 적절한 투자 정책과 훈련을 개발하고 지켜나가는 진짜 중요한 일(이렇게 하면 대다수 투자자보다 훨씬 나은 실적을 낼 수 있다)에 관심을 거의 쏟지 않는 역설 말이다.

17
시장을 이기는 비결

투자 세계에서 승자의 게임은 모든 투자자에게 개방되어 있다. 따라서 모든 투자자가 진짜 승자가 될 수 있으며, 이는 쉬운 일일 수도 있다. 우리가 투자에서 성공하기 위한 첫 번째 비결은 간단하다. 증권사에서 거의 실시간마다 쏟아내는 액티브 운용 뮤추얼 펀드에 대한 광고, 그리고 미스터 마켓과 한통속으로 움직이는 주식시장 전문가들의 투자 서신을 외면하고 무시해야 한다.

성공을 위한 두 번째 비결은 이렇다. 즉, 어떤 투자 정책을 좋을 때나 안 좋을 때나 유지할 수 있을 것인지, 또 장기간에 걸쳐 실적을 높여줄 최선의 가능성을 갖추었는지 투자자 스스로 파악해 결정하는 것이다.

투자 승리로 이끄는 5단계를 활용하라

투자 정책은 당신의 장기 투자 목표와 일상적인 투자운용 업무 사이에 두는 명확한 연결고리다. 투자 정책을 신중히 숙고한 후 설계하여 결과물로 설정하지 않으면, 즉흥적인 기분이나 '임기응변'에 따라 결정할 가능성이 높다. 이처럼 승리하는 투자자는 남들과 경쟁하는 게 아니라 자신과 경쟁한다. 당신은 미스터 마켓이 갈지(之) 자 행보를 보일 때조차 '투자 정책을 그대로' 유지할 수 있을까?

대다수 투자자는 투자를 엄청 복잡한 행동이 뒤섞인 것으로 생각하지만, 투자자가 할 수 있는 아래 다섯 가지 단계를 결정하는 일은 쉬우면서도 가치 있는 일이다.

- **1단계** — 장기 목표와 목표를 달성하기 위한 주식, 채권, 기타 자산의 최적 비율 등 자산 구성을 결정한다.
- **2단계** — 주식 구성 결정: 성장주 대 가치주, 대형주 대 소형주, 미국 국내 주식 대 해외 주식의 적절한 비율. 채권도 마찬가지다(대규모 포트폴리오를 짜고 있다면, 주요 자산군의 하위 카테고리에서도 동일한 결정을 내릴 수 있다).
- **3단계** — 액티브 운용 또는 인덱스 펀드 운용 중 하나를 골라 투자 구성 정책 시행. 대다수 투자자에게 인덱스 펀드가 최선의 장기적인 선택이 될 수 있다.
- **4단계** — 액티브 투자를 활용한다면, 어떤 펀드 또는 어떤 매니저가 전체 포트폴리오의 각 구성 요소를 담당할지 결정한다(불행히 대다수 투자자는 대부분의 시간과 노력을 여기에 쏟는다).
- **5단계** — 특정 유가증권을 골라 매매를 실행한다.

돈이 가장 적게 들지만 가장 가치 있는 결정은 1단계에서 내린다. 기본적으로 장기 목표와 자산 구성에 대하여 적절한 결정을 내리는 것이다. 마지막 4~5단계(특정 매니저 선정 및 특정 증권 매매)는 비용이 가장 많이 드는데도 가치를 더해줄 가능성이 제일 낮다(게다가 더 열심히 노력해서 나타나는 부가적인 활동으로 인해 세금과 관리 비용은 훨씬 더 높다).

패자의 게임의 궁극적인 역설이 여기에 있다. 우리는 비용이 높은 반면에 보상이 낮은 5단계(미스터 마켓이 좋아하는 구간)에서 무언가를 행동한다는 흥분에 사로잡혀 꼭 승리할 수 있다고 스스로를 현혹시킨다. 더 심각한 것은, 시장을 이길 방안의 탐색에만 몰두하여 1단계 활동에 소극적이라는 점이다. 1단계는 비용이 적게 들지만 보상이 아주 클 수 있는데도 말이다.

저비용의 인덱스 투자를 활용하라

어떤 자산 구성이든 거의 저비용 인덱스 투자를 통해 맞출 수 있기 때문에, 액티브 운용을 고려하는 투자자는 말로만 하는 약속이 아니라 실제 수익률 증가를 결정하는 객관적 근거가 있어야 한다(수수료에 대한 논의는 챕터 23을 참조하라).

이런 중요한 현실에 주목하자. 액티브 투자자들 대부분은 상위 25%에 드는 꿈을 꾼다. 그 수준에 도달하는 쉽고 확실한 방법은 복잡하지 않다. 적절히 긴 시간을 두고 인덱스 투자를 하는 것이다. 장기간에 걸쳐 분명히 증명되었듯이, 그 방법은 늘 효과가 있다.

만약 당신이 인덱스 펀드를 활용하지 않고, 포트폴리오를 의도적으로 시장과 다르게 가져가는 액티브 투자 매니저를 택하고 싶다면, 당신은 그 매니저가 포트폴리오를 어떻게 달리 운용할지 확실히 이해하기 위한 시간을 가져야 한다(예컨대 일부 주식에 많은 자금을 투입하는지 또는 특정 업종을 선호하는지를 말이다). 또 그가 언제 그렇게 운용하려 하는지(장기 전략의 일부분으로 계속 그러는지 이따금 단기 전술로 그러는지), 그리고 가장 중요한 점인데, 그가 왜 그렇게 투자하여 실적 개선을 이룰 것으로 당신이 확신하는지도 말이다. 만약 개인 투자자인 당신이 이토록 엄청나게 어려운 결정을 할 생각이라면, 다시 생각해보라. 오늘날의 불운한 투자학교에서는 수업료가 비싼 반면 혜택은 적다.

주지하다시피 시간은 어떤 포트폴리오의 적절한 투자 목표와 다른 포트폴리오의 적절한 투자 목표를 구분하는 가장 중요한 유일무이한 요소다. 핵심은 포트폴리오가 일관된 투자 정책을 유지할 수 있고 계속 유지하겠다고 서약한 기간, 그리고 당신의 투자 실적을 투자 목표와 정책과 비교하며 끈기 있게 평가할 기간이다.

틈틈이 투자 정책을 점검하라

당신이 개인적으로 원하는 수익 수준은 투자 정책에 대한 논의에서 제외된다. 당신이 돈을 더 쓰고 싶더라도 더 많은 위험을 감수하지 않고는 투자 포트폴리오 수익률이 높아질 수 없기 때문이다. 투자자가 매년 얼마나 소비하고 싶은가에 따라 포트폴리오 투자 목표가 정해질 수도 있고, 심지어 정해져야 한다는 것은 참 어리석은 생각이다. 때때로 이처럼 왜곡된 생각은 수익률의 보험 통계적 가정이 투자운용 '지침'으로 제시되는 연금 기금에 나타나기도 한다. 간혹 대학 총장들이 운영 적자를 메우기 위해 더 높은 기금 수익을 고집할 때 나타난다. 그리고 이따금 개인들의 경우 은퇴 자금으로 감당할 수 있는 수준 이상의 많은 생활비를 조달하려고 할 때에도 이런 생각을 한다.

지출에 대한 결정을 바탕으로 투자를 결정해서는 절대로 안 된다. 오히려 그 반대가 되어야 한다. 지출 결정은 투자 결정(투자 정책과 시장 수익률 추구)에 따라 좌우되어야 한다. 솔직히 시장은 당신이 얼마나 소비하고 싶은지에 대해 전혀 관심이 없다.

가끔씩, 아마도 2~3년에 한 번쯤은 당신의 전체 자원, 소비 목표, 시장 경험, 리스크 감수 수준, 투자 시계(視界) 등 당신이 투자 정책을 수립할 때 고려한 주요 요소들을 체계적으로 검토하는 것이 좋다. 모든 투자 정책을 점검하는 몇 가지 간단한 테스트가 있다.

- 그 정책을 시행하면 장기적인 목표를 달성할 수 있는가?
- 그 정책은 전문적이고 유능한 낯선 누군가가 포트폴리오를 운용해서 당신의 진짜 의도에 정확히 부합할 정도로 분명히 수립되었는가?
- 지난 50년간 가장 어려웠던 시장(2008년 등)에서도 정책에 대한 서약을 유지할 수 있는가?
- 그 정책은 장기 투자자로서 당신의 실제 필요성과 목표에 맞게끔 현실적으로 설계되었는가?

건실한 투자 정책은 이 모든 검토 과정을 충족할 것이다. 당신의 투자 정책도 검토해보라.

18 눈에 보이는 실적은 믿을 만한가

만약 많은 사람이 동전 던지기 대회에 참가한다는 명제가 주어졌을 때 아래 두 가지 결과를 자신 있게 예측할 수 있다면, 당신은 알고 있어야 할 투자 실적 통계의 가장 중요한 특징을 진짜 알고 있는 것과 같다.

1. 시간이 한참 지나면, 대부분의 동전 던지기 선수들은 평균 50%의 상위권과 50%의 하위권으로 나뉠 것이다.
2. 그러나 전체 기간의 절반도 지나지 않은 짧은 시간이 지난 시기에 동전 던지기 선수 중 일부는 상위권(또는 하위권)의 평균보다 다소 나은 성적을 보일 것이고, 평균보다 훨씬 좋은 성적을 받은 이들도 약간 있을 것이다.

만약 우리가 그 기록을 살펴본다면, 동전 던지기 선수들의 데이터는 명확하고 객관적일 것이다. 그러나 우리는 동전 던지기에서 과거 성적이 미래 성적을 예측하는 좋은 예측 수단이라고 생각해서는 안 된다. 조만간 동전 던지기 선수들은 점점 평균화될 수밖에 없다. 통계학자들은 이처럼 강력하면서도 흔한 현상을 '평균으로의 회귀'라고 부른다. 평균으로의 회귀를 결정하는 힘을 이해하는 것이야말로 수많은 간접 투자 실적을 이해하는 열쇠다.

실적은 실력이 아닌 통계를 따른다

여기에 문제가 있다. 투자 기술은 체스나 포커 같은 활동과 달리 측정하기가 매우 어렵다. 투자 과정이 너무 복잡하고 추정만 할 수 있는 여러 가지 변수와 엮여 있기 때문이다. 투자운용은 지속적인 과정이지만 구체적인 투자 문제는 그날그날 달라서 그 과정을 평가하는 데 오랜 시간이 걸린다. 기업은 달라지고 산업은 여러 방식으로 진화하며 경제, 정부, 시장 환경 등도 매년 변모할 뿐 아니라 다른 투자자와의 경쟁도 변하기 때문이다. 포트폴리오의 주식과 채권은 자주 교체되고, 기업과 해당 기업이 영위하는 사업도 항상 바뀌며, 증권의 가격(공포, 탐욕, 인플레이션, 정치, 경제 뉴스, 사업 이익, 투자자의 예상 등)에 영향을 미치는 대부분의 요소는 끊임없이 달라진다.

한편 기업이 인력의 관리 · 영입 · 해임, 신기술 접근, 소유권 변동 및 기타 등등을 하기 위한 자산을 축적하는 동안, 모든 투자 매니저는 나이가 들어간다. 숙련된 매니저가 합리적인 확신하에서 좋은 기업을 보는 눈을 갖추게 될 무렵에는 매니저도 꽤 많이 변했을 가능성이 크다. 투자할 때는 변화와 복잡성이 너무 심하기 때문에 합리적이고 내실을 다지기 위해서는 진짜 긴 시간 동안 반드시 엄청난 경험 표본이 수집되어야 한다(대부분의 광고가 인용하는 '실적' 통계들은 겨우 몇 년치 단기간의 표본인 경우가 너무도 많다).

일반적인 12개월 동안의 기간에는 뮤추얼 펀드의 약 40%가 시장보다 높은 수익률을 올릴 것이다(그리고 세금 납부 이후 수익률로도 30% 이상은 꽤 성공적일 것이다). 하지만 그들이 앞으로 10년 또는 20년, 아니면 그보다 더 오랫동안 계속 실적을 낼 수 있을까? 역사 기록에 의하면 "전혀 그럴 것 같지 않다"고 한다.

한 계량 분석 전문가는 신중한 통계 분석을 진행한 후 연 2% 증가하는 수익률이 우연이라기보다 뛰어난 액티브 투자운용 실력의 결과임을 분명히 보여주려면, 70년의 관찰 시간이 필요할 것으로 추정했다(7~8%라는 기준 수익률을 넘어 25~30%로 대폭 상승하는 경우는 엄청 드물다). 대부분의 광고가 인용하는 '실적' 통계들은 모두 복잡하고 역동적이며 지속적인 과정에서 도출된 겨우 몇 년 치 단기간의 표본이다.

투자자인 당신은 아주 오랫동안 투자할 것이다. 당신이 30살에 시작해서 85살까지 계속한다면, 반세기 넘게 투자하는 것이다. 당신은 지속적인 매니저 교체가 비용과 리스크를 높인다는 사실을 잘 안다. 따라서 할 수만 있다면 당신은 탁월한 매니저 한 사람과 계속 일하고 싶을 것이다. 그러나 역사의 교훈은 외관상으로는 뛰어난 듯한 액티브 매니저들이 오랫동안 탁월함을 유지하는 경우가 흔치 않음을 알려준다. 액티브 매니저 교체는 특히 관계를 끝낼 때나 시작할 때나 실수를 저지를 수 있다는 점에서 어렵기도 하고 비용이 많이 들어가는 일이다.

만약 포트폴리오 운용이 합의된 정책과 투자 매니저의 합의된 임무에 부합하지 않았다면, 현재의 포트폴리오 실적이 정책을 정확히 따랐을 경우에 예상되는 실적보다 다행히 높든 불행히 낮든 정말로 전혀 중요하지 않다. 어느 경우이든, 진짜 중요한 정보는 포트폴리오와 포트폴리오 매니저가 부합하지 못한 채 다소 통제에서 벗어났다는 것이다. 조만간 이러한 통제력 결여는 손실로 나타날 것이다. 그것도 상당히 자주, 회복할 수 없는 손실로 말이다.

실적을 측정하는 주된 이유는 고객 기관과 매니저 간의 소통을 개선하기 위함이다. 실적을 측정하는 목적은 해답을 제공하는 것이 아니다. 투자자와 매니저가 함께 탐구해야 할 질문을 인식해 투자 실적에 무엇이 기여하고 어떤 것이 저해하는지 서로 잘 이해하고 있는지를 확인하는 것이다. 어린이가 가장 좋아하는 다음과 같은 질문들을 해보라. 왜 그럴까? 왜 그럴까? 왜 그럴까? 위원회 위원들은 — 어쩌면 대단히 실력 있거나, 어쩌면 운이 좋거나, 어쩌면 그 둘 다인 — 한두 가지 결정만으로도 액티브 매니저가 보고한 실적에 강력한 변화를 일으킬 수 있음을 알게 될 것이다.

다음 내용을 주의 깊게 살펴보자. 실적 측정은 이것이 가장 필요할 때 가장 쓸모없고, 가장 효과적일 수 있을 때 가장 덜 필요하다. 실적 데이터는 너무 짧은 기간(너무 작은 표본)을 기초로 삼고 있어서 매니저의 장기 투자 프로세스에 대해 정확하고 객관적인 평가를 할 만큼 충분한 정보를 제공할 수 없다. 그리고 정확성에 더 강한 확신을 주는 장기간 운용 실적은 현재의 판단에 유용할 만큼 충분히 시의적절하지도 않다. 투자자들이 확신하고 행동할 정도로 실적 데이터가 괜찮을 때쯤이면 행동에 나서기에 가장 적당한 시기가 이미 한참 지난 후일 것이다.

최소한 단기적으로는 투자 실적 측정이란 흔히 언급되는 것을 뜻하는 것이 아니다. 실적 측정 서비스는 '실적'을 알려주지 않는다. 그것들은 다만 통계적 추정치만 제시한다. 통상적으로 투자 수익률은 특정 기간 동안 소수점 이하 두 자리로 '정밀하게' 거의 현미경으로 들여다본 것처럼 정확히 공지된다. '6월 30일까지 12개월 동안 A 매니저가 7.53%의 수익률을 기록했다'는 식이다. 그렇게 표현된 정밀함은 실적 수치가 타당하다는 외관을 보여주지만, 그 숫자들은 그런 대우를 받을 자격이 없다. 사실 그 숫자들은 일련의 장기 투자 수익률에 대한 측정치가 아니라 자그마한 표본 추출에 불과하다(7.53%보다는 7.4~7.7%를 활용하는 편이 더 현명할 것이다). 따라서 정확성이 떨어지는 그 숫자들은 작은 표본으로서 플러스 또는 마이너스 오차 범위를 온전히 나타내며 통계로 취급되어야 한다.

당신의 투자 포트폴리오를 현금화하지 않는 한, 이 다차원적이며 격변하는 일련의 변화력은 계속 이어질 것이다. 투자 과정을 멈추고 포트폴리오를 청산하기 전까지는 실제적인 또는 최종적인 '실적'이란 존재하지 않는다.

평균으로의 회귀가 핵심이다

또 다른 그레샴의 법칙(Gresham's law, 나쁜 돈이 좋은 돈을 몰아낸다는 법칙. '악화가 양화를 구축한다'의 표현으로 흔히 쓰임-옮긴이)은 쉽게 받아들여지곤 한다. 펀드 매니저와 투자자 모두가 장기 투자 관행과 목표에 대한 심사숙고를 끌어내고자 단기 실적에 대한 집착을 허용하기 때문이다. 최근의 단기 수익률을 그런 정밀한 용어로 표현하면, 실적 측정이 우리를 혼란스럽게 만들어 단기적으로 의미가 있으며 장기적으로도 그럴 거라고 믿도록 만들 수 있다. 그러나 이는 사실이 아니다. 그래서 단기에 초점을 맞추는 미스터 마켓의 특기는 장기 투자 성공을 해치는 적이다.

대개 겉으로 보기엔 우수한 대부분의 실적은 지속적으로 우수한 실적을 내는 뛰어난 기술이 아니라, 시장의 한 부문이 일시적으로 평균 이상의 수익률 또는 행운을 누린 덕분이었다.

형세가 바뀌면, 전에 액티브 매니저를 밀어 올렸던 그 시장 부문의 움직임이 이제 그의 뒷덜미를 잡을 수도 있다. 이는 뮤추얼 펀드 매니저들의 실적이 종종 평균으로 회귀하는 하나의 이유가 된다. 또 다른 이유는 그들이 하는 일에 매우 능숙한 전문 투자자들이 너무 많다 보니, 우수한 실적을 내는 데 필수 요소인 가격 예시(price discovery, 선물 가격으로 현물의 미래 가격을 예견하는 것-옮긴이) 정도로 경쟁자 무리를 계속 이기기가 어렵다는 점이다. 그들은 동일한 정보 기술과 동일한 정보 아래에서 똑같은 게임을 하는, 정보에 밝을 뿐 아니라 치열하게 경쟁하고 잘 훈련된 전문가들이기 때문이다.

액티브 매니저의 장기 실적 데이터는 거의 항상 '생존자 편견' 및 소급 적용된 기록, 또는 '신생 회사'라는 편견을 모두 보일 것이다. 앞서 살펴봤듯이, 이 두 종류의 편견이 결합하면 위험하게 속아 넘어갈 만한 왜곡이 일어날 수 있다. 생존자 편견은 매니저들이 자신의 실적이 만족스럽지 못해서(또는 해당 펀드가 형편없는 실적 탓에 폐쇄되어) 기록을 삭제할 때 발생한다. 시원치 않은 실적을 삭제하면 전체 평균이 인위적으로 높아지는데, '숫자는 거짓말을 하지 않는다'고 믿는 투자자들이 여기에 속는다. 이와 관련된 편견으로 인해 신규 뮤추얼 펀드는 몇 년 동안 집단에서 '육성(incubated, 산업 용어)'된다. 그런 다음, 최근 실적이 좋은 펀드들은 새로운 투자 '기회'로 대중에게 선보인다. 이러한 신규 펀드들이 다른 펀드들과 전체 기록으로 뒤섞일 경우, 계산된 평균 실적이 다시 높아지고 여기에 투자자들이 늘 속는 것이다.

이 두 가지 편견으로 인해 일어나는 왜곡은 대개 선정된 매니저들의 뛰어난 듯한 모습에 필적하며, 종종 더 많이 나타나기도 한다. 한편 광고는 최고 실적을 기록한 펀드라고 선전할 것이고 투자자들은 그 펀드가 — 적어도 지금까지는 — 가장 성공적이라는 말을 꽤 자주 듣게 될 것이다.

게다가 어떤 통계 시리즈든 마찬가지로 출발점이 중요하다. '대박!'이라는 말이 따라붙을 만큼 인상적인 투자 실적을 낸 차트의 상당수는 그저 표시된 기간의 시작이나 종료 시점에 1~2년을 더하거나 빼기만 해도 매우 평범해진다. 실적 데이터를 활용하려는 투자자들은 언제나 선별된 발췌 부분이 아닌 오랜 기간의 전체 기록을 살펴야 한다.

부족한 실력을 숫자로 감추려는 사람들

실적 측정 이용자들에게 중요한 문제는 종종 뒤섞이는 서로 다른 세 가지 요소를 따로 분리하는 것이다. 첫 번째 요소는 '표본오차'다. 즉, 통계가 실제와 똑같지 않을 가능성이다. 어떤 표본이든 부정확하거나 불확실한 부분이 존재한다. 투자 실적 데이터에서 표본오차란 특정 기간 특정 포트폴리오가 매니저 작업의 공정하고 대표성 있는 표본이 아닌 정도를 뜻한다.

두 번째 요소는 측정 기간에 특정 펀드의 투자 방식에 시장 환경이 유리했거나 불리했을 가능성이다. 예컨대 소형주 펀드는 지난 수십 년 동안 매우 유리했다, 불리했다를 반복하며 오락가락한 시장 환경에 놓여 있었다. 그 결과 그들은 모두 몇 년 동안 실제보다 더 좋아 보였고 그 외 기간에는 실제보다 더욱 나빠 보였다.

세 번째 요소는 매니저의 실력(또는 실력 부족)이다. 이는 많은 고객과 매니저가 가장 측정하고 싶어 하는 것이다. 그러나 문제는 단기적으로 표본오차가 대체로 매니저의 실력보다 공시된 실적에 훨씬 더 큰 영향을 미친다는 것에 있다. 앞에서 지적했듯이 겉으로만 우수해 보이는 실적이 매니저의 실력을 반영한 것인지, 아니면 행운을 반영한 것인지 알아내려면 실적 측정에 수십 년이 걸린다. 당신이 당신의 펀드 매니저 실적이 실력 덕분이었는지 행운 덕분이었는지 판단하는 데 충분한 데이터를 취합할 무렵이면, 시의적절한 판단을 내리기에는 한참 늦은 후일 것이다(그리고 여러분 가운데 적어도 한 명은 아마 고령으로 사망했을 것이다). 이 내용은 〈18-1〉에 나와 있다. 전년도 투자 실적에 따라 1군, 2군, 3군, 4군 매니저를 선별했고, 이후 3년간 달성한 수익률을 기준으로 재분류했을 때의 실적별 인원 비중을 보여준다. 데이터를 간단히 살펴보면 각 1군, 2군, 3군, 4군 매니저의 실적이 거의 무작위로 나타난다. 과

18-1 평균으로 회귀하는 매니저들의 수익률

	이후 3년간 수익률로 재분류한 기존 매니저군의 실적별 인원 비중(%)			
시장 평균 대비 초과 수익률 기준으로 선별한 매니저군	1군	2군	3군	4군
1군	29.2	16.2	15.0	20.6
2군	16.6	24.8	22.3	15.3
3군	14.7	20.0	22.8	16.0
4군	15.1	14.9	15.3	22.6

거 실적은 미래 실적을 예측하지 못한다.

다시 〈18-1〉을 유심히 살펴보자. 곧 알게 되겠지만, 볼 거라곤 전혀 없다. 수수료 일색일 뿐, 패턴이 없다. 셜록 홈스의 짖지 않은 개[짖어야 정상인 개가 짖지 않았다면 다 이유가 있다는 의미. 코난 도일의 추리소설 《바스커빌의 개》에 나오는 내용--옮긴이]처럼 여기서는 패턴이 없는 것이 패턴이다. 거트루드 스타인(Gertrude Stein, 미국의 시인 겸 소설가-옮긴이)은 캘리포니아주 오클랜드 방문 가능성을 일축하면서 "그곳엔 그곳이 없다(어디를 가더라도 찾는 곳을 찾을 수 없다는 뜻-옮긴이)"고 이야기한 적이 있다.

대부분의 개인 투자자들은 투자 리서치 업체 모닝스타에서 뮤추얼 펀드 실적에 부여한 널리 인정받는 등급을 알고 있다. 그러나 모닝스타의 별 한 개부터 다섯 개까지의 등급은 한 펀드의 과거 실적만 나타낸다. 모닝스타는 자사의 별 등급이 예측력이 거의 또는 전혀 없다고 솔직하게 이야기하지만, 뮤추얼 펀드로 흘러 들어가는 신규 투자자금의 100%는 최근에 별 네 개, 별 다섯 개를 받은 펀드로 들어간다(우리는 이처럼 높은 등급을 자랑하는 수많은 광고에 노출되어 있다). 이는 투자자들에게 매우 안 좋은 일이다. 한 연구에 따르면 '모닝스타의 최고 등급 펀드가 중간 등급 펀드를 능가한다는 통계적 증거는 거의 없다'[34]는 결론이 났다. 실제로 매년 등급이 매겨진 후 몇 달 내에 별 다섯 개짜리 펀드들은 일반적으로 폭넓은 시장 지수의 절반만큼도 수익률을 못 올린다! 그러나 모닝스타의 등급은 일부러 그런 것은 아니지만 투자자들이 비싸게 매수해서 낮은 가격에 매도하도록 오해를 만들어낸다.

---

34 C. R. 블레이크와 M. R. 모리, '모닝스타 등급과 뮤추얼 펀드 실적', 〈금융 및 계량 분석 저널(Journal of Financial and Quantitive Analysis)〉 3호 35p(2000년 9월).

뮤추얼 펀드가 강조해온 실적의 민낯

〈18-2〉는 과거 실적을 바탕으로 미래 실적을 예측하는 일이 무의미함을 알려준다. 그리고 〈18-2〉는 강세장 동안 상위 20위권 펀드들의 실

18-2 연이은 강세장과 약세장의 펀드 실적 비교

강세장일 때의 순위*	약세장일 때의 순위*
1	3,784
2	277
3	3,892
4	3,527
5	3,867
6	2,294
7	3,802
8	3,815
9	3,868
10	3,453
11	3,881
12	3,603
13	3,785
14	3,891
15	1,206
16	2,951
17	2,770
18	3,871
19	3,522

* 3,896개 뮤추얼 펀드 순위 평가의 경우, 강세장 12개월은 1999년 4월 1일부터 2000년 3월 30일까지, 약세장 12개월은 2000년 4월 1일부터 2001년 3월 30일까지 진행했다.

적과 바로 그 이듬해 약세장 상황에서 동일한 3,896개 펀드들의 실적을 비교한 충격적인 결과다.[35]

꽤 오랫동안 가장 액티브하게 운용된 뮤추얼 펀드가 올린 평균 수익률은 운용 수수료, 매매 수수료, 관리 보수로 매년 약 1.5%의 비용을 빼면 시장 평균에 근접할 것으로 기대할 것이다. 오늘날 연평균 수익률 컨센서스 예상치가 7%임을 고려할 때 1.5%는 예상 수익률의 20%가 넘는 높은 비용이다. 따라서 비용을 제하기 전에 매니저들이 시장보다 수익률이 약간 앞섰다 해도(매니저들의 노고에는 감사한다), 대부분의 액티브 매니저들은 수수료와 비용을 빼고 나면 시장보다 뒤진다. 그리고 이것은 투자 실적에 대한 연구가 일관성 있게 보여주는 결과다. 전체 기간 동안 액티브 펀드의 단 2%만 시장보다 2% 앞섰는데, 그나마도 과세하기 전의 수치다(16% 이상의 훨씬 더 많은 펀드가 시장보다 2% 이하라는 부진한 수익률을 보여주었다).

만약 시장 수익률을 크게 웃도는 뮤추얼 펀드가 단 2%뿐인 경우와 실제 돈을 걸고 하는 게임에서 정답을 고를 확률이 100분의 2인 경우는 둘 다 좋지 않다는 견해에 동의한다면, 당신은 아마도 인덱스 펀드라는 훌륭한 대안이 있다는 것 역시 동의할 것이다. 더군다나 인덱스 펀드의 경우 소득세는 무시해도 될 정도다. 인덱스 펀드는 회전율이 훨씬 낮고 세금 발생을 피할 수 있을 정도로 쉽게 운용되기 때문이다.

뮤추얼 펀드 투자자들에게 더욱 당황스러운 점은, 평균적인 뮤추

35 옥스퍼드 너필드 대학의 투자 회계 담당자 이안 D. 리틀은 몇 년 전 〈뒤죽박죽 성장(Higgledy Piggledy Growth)〉이라는 적절한 제목의 짧은 논문을 통해 '이제는 봐도 알 수 없다'며 과거 실적으로는 미래 실적을 예측하기가 어렵다는 것을 개별 주식에서 처음으로 가장 명쾌하게 보여주었다.

얼 펀드 투자자들이 액티브 투자로는 자신이 투자한 뮤추얼 펀드의 평균 수익률에 한참 못 미치는 수익률을 얻는다는 것이다.[36] 1997년부터 2011년까지의 수익률 수준은 기가 막혔다. 투자자들은 평균적인 주식 뮤추얼 펀드가 올린 수익률의 겨우 절반에 그쳤다. 채권 펀드 투자자조차 자기가 투자한 펀드보다 낮은 수익률을 기록했다. 1999년에 발표된 연구결과에 따르면, S&P 500 지수가 1984년부터 1998년까지 15년 동안 연평균 17.9%의 상승률을 보였으나, 일반 주식 펀드 투자자는 같은 기간 동안 연평균 7%의 수익률에 머물렀다고 한다.[37] 그 이유는 '실적'을 따라다니는 펀드들의 빈번한 거래였다. 많은 투자자가 뮤추얼 펀드로 투자 과정을 유지하는 대신, 일반적으로 3년 미만으로 펀드를 보유하다가 해당 펀드를 환매하고 다른 펀드를 매수하는 등 시장 주기에 투자 시점을 맞추려고 노력했다. 일반적인 포트폴리오 회전율(연간 60% 이상)로 인한 소득세를 제하고 나면, 뮤추얼 펀드 실적은 더욱 낮아진다.

〈18-3〉에서 볼 수 있듯이 측정 기간이 길어질수록 시장을 능가할 확률은 점점 더 낮아진다(그런데 통계적으로는 더 의미가 커진다). 또 다른 어떤 연구에 따르면, 25년 동안 생존한 뮤추얼 펀드 중 단지 10%만이 S&P 500을 이긴 것으로 나타났다. 여기서 '생존'이라는 용어에 주목하자. 앞서 확인했듯이 뮤추얼 펀드 회사들은 자사의 실수를 덮어버린다. 그래서 출범한 모든 펀드 가운데 시장을 이기는 비율은 훨씬, 아주 훨씬 더 낮다. 또한 전문 투자자들 사이에서 교육 수준, 정보, 기술 등의

---

36 게리 벨스키와 토마스 길로비치, 《행동경제학 교과서 : 우리는 왜 지갑을 여는가?(Why Smart People Make Big Money Mistakes)》, 뉴욕: 사이먼 & 슈스터, 1999년, 178p.

37 금융 리서치 업체 달바(Dalbar, Inc).

18-3 장기간에 걸쳐 시장을 능가하는 뮤추얼 펀드는 거의 없다

투자 기간	시장을 능가하는 펀드의 비율
1년	40%
10년	20%
15년	10%

경쟁력과 관련한 격차가 갈수록 좁아지고 전문가들이 시장에서 우세한 위치를 차지했기 때문에 지난 25년과 비교해 향후 25년 동안은 경쟁에서 이기기가 더욱 어려운 일이 될 것이다.

실적 측정의 목적은 현재 포트폴리오 운용이 장기적인 정책과 충실히 일치하는지를 평가하는 것이다. 핵심 개념은 이렇다. 실제 전망치로부터는 예측되거나 설명되지 않은 편차가 실적 부진을 시사할 수 있다는 것이다. — 뮤추얼 펀드의 실제 전망치에 대한 합리적인 대용 수치는 투자 목적이 비슷한 다른 펀드의 평균 실적이다. — 설명되지 않은 대규모 편차는 매우 부진한 실적이다. 그리고 품질 관리용 통계 기법[38]을 활용하는 이들이라면 누구나 알 수 있듯이 편차가 전망치 이상이든 이하든 질적인 차이가 전혀 없다. 물론 우리 투자자들은 높은 수익률이 더 좋은 수익률이라고 여기도록 훈련을 받았는데, 장기적으로 보면 확실히 그렇다. 그러나 단기적으로 보면 전망치 이상이나 이하로 벗어난 것은 매니저가 자신의 임무를 제대로 해내지 못했음을 의미한다. 그리

38 W. 에드워즈 데밍(W. Edwards Deming)과 조지프 M. 주란(Joseph M. Juran)은 계획과 의도에 대한 일관성과 적합성을 분석하는 통계적 기법을 통해 제조업체가 우수한 제품 품질을 달성하도록 돕는 훌륭한 이력을 남겼다.

고 임무를 완수하지 못했다는 것은 대개 불행히도 통제 불능 상태가 아마도 일어날 가능성이 있는 일로 귀결된다는 의미다. — 배가 목적지에서 동쪽으로 10마일 떨어져 있을 때만큼이나, 목적지에서 서쪽으로 10마일 떨어져 있을 때에도 항로가 멀다는 건 마찬가지다. — 투자자가 낮은 수익률보다 높은 수익률을 얻는 건 좋은 일이지만, 낮은 쪽이나 높은 쪽으로 목표 수익률이 벗어날 때 투자자는 행운(또는 불운)과 매니저의 실력을 헷갈리면 안 된다.

실적 뒤에 숨은 허와 실을 구분하라

전문 투자자들이 단기 실적 측정에서 겪는 가장 큰 좌절 중 하나는, 실적이 양호한 나쁜 결정이 아마추어 투자자들에게 종종 잘 받아들여지는 반면에 일시적으로 부진한 실적을 거둔 좋은 결정은 잘못된 시기에 자신감을 잃도록 만들 수 있다는 것이다. 특히 유리한 시장 환경의 수혜자가 된 직후에 뮤추얼 펀드를 선택하는 투자자들은 그처럼 유리한 시장 환경이 바뀌고 나면 또다시 그런 실적을 내기가 불가능한 특별한 실력과 천재성이 펀드 매니저의 역할이라고 여긴다.

실적 측정의 마지막 문제는 투자자의 관심과 주의를 장기적인 투자 정책에서 단기적인 운용 실적으로 돌아가도록 하여 비생산적인 사고와 행동을 자극하는 왜곡된 경향이다. 물리학자 베르너 하이젠베르크(Werner Heisenberg)가 수년 전 자신의 '불확정성 원리'에서 설명한 바처럼, 측정 과정은 측정되는 현상에 거의 확실하게 영향을 미친다.

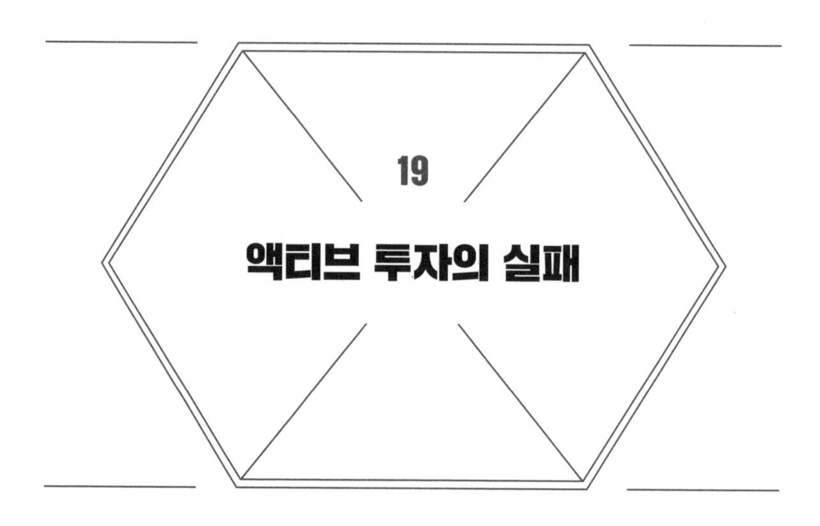

19
액티브 투자의 실패

어두운 힘이 액티브 투자운용을 따라다니며 괴롭혀 왔다. 지난 15년 동안 미국에서 액티브하게 운용되는 모든 뮤추얼 펀드의 90%가 경쟁 대상으로 삼고 이기려고 했던 지수를 따라잡지 못했다(〈19-1〉에서 볼 수 있듯이, 모든 펀드 항목에서 비슷한 실패율이 나타났다). 또한 통계 전문가들은 향후 15년 동안 상위 10% 중 대략 90%가 부진한 실적을 낼 것으로 예상할 것이다.

잘 이해할 수 없지만 대다수 투자운용업계 내부자들은 이러한 '어두운' 힘의 진짜 의미를 인식하거나 논의하기를 꺼린다. 그 이유를 추측하건대, 액티브 매니저들의 잦은 실패의 이유를 어두운 힘으로 설명할 수 있기 때문일 것이다. 대부분의 고객들은 아직 모르고 있다. 그처럼 강력한, 어두운 힘 때문에 액티브 매니저들이 각자 애쓰는 임무인 '시장 이기기'를 성공적으로 해내기가 점점 더 어려워지고 있다는 것을 말이다. 이 장의 목표는 투자 매니저와 종목 선별 컨설턴트가 공시했고 고객들이 믿도록 유도되었던 내용 이상으로 실망스러운 투자 실적이 얼마나 많았는지를 설명하려는 데에 있다.

액티브 투자는 인덱스 투자를 못 이긴다

물론 일부 액티브 매니저들은 10년 이상 성공할 것이다. 그보다 더 적은 수의 매니저들은 더 오래 운용할수록 성공할 것이다. 이 음울한 현실은 두 가지 힘에서 비롯된다. 첫째, 챕터 23에서 확인할 수 있듯 정확히 계산하면 깜짝 놀랄 정도로 수수료가 높은 수준으로 올랐다는 점, 둘째, 최고의 IT 장비나 매우 광범위한 정보에 즉시 동등 접근이 가능한 숙련되고 열정적으로 일하는 전문가들의 엄청난 유입이 승자의 수와 승리의 규모를 계속 감소시켰다는 점이다(그리고 수수료와 운영 비용을 극복할 수 없는 매니저 숫자는 증가했다). 그 결과 오늘날 평균적인 전문직 종사자들은 평균적인 선배들보다 훨씬 더 준비가 잘 되어 있고 능력도 더 출중하다. 하지만 오늘날의 수많은 경쟁자도 마찬가지다. 또한 평균을 둘러싼 분포는 점점 더 집중도가 높아지고 있다. 그래서 어느 매니저 한 명이 집단에서 벗어나 장기간에 걸쳐 엄청 더 높은 실적을 거두기란 훨씬 더 어려운 일이 되었다.

중요한 현실은 각 항목마다 가장 액티브하게 운용되는 뮤추얼 펀드가 동일한 목표로 운용되는 인덱스 펀드를 계속 못 따라간다는 것이다. 이 중대한 현실은 스피바(SPIVA)의 데이터를 바탕으로 한 〈19-1〉에 잘 드러난다. 스피바는 가장 신뢰받는 독립형 뮤추얼 펀드 실적 평가기관이다. 〈19-1〉의 정보는 모든 펀드의 수수료 공제 후 수치를 보여준다. 특히 15년 동안 '수익률'이 얼마나 저조했는지에 주목하라. 15년 동안 전체 뮤추얼 펀드 중 11%만이 그들이 고른 인덱스에 뒤지지 않았다. 달리 말해서 확실한 근거가 보여주듯이, 액티브하게 운용된 뮤추얼 펀드의 89%가 그들이 고른 시장과 대등한 경쟁을 하지 못했다.

19-1 지난 15년 간 기준치보다 뒤쳐진 미국 주식형 펀드 비율

펀드 항목	비교 지수	5년 후
전체 대형주 펀드	S&P 500 지수	92%
전체 중형주 펀드	S&P MidCap 400 지수	93%
전체 소형주 펀드	S&P Small Cap 600 지수	97%
전체 혼합형 펀드	S&P Composite 1500 지수	91%
대형 성장주 펀드	S&P 500 Growth 500 지수	95%
대형 핵심주 펀드	S&P 500 지수	92%
대형 가치주 펀드	S&P 500 Value 지수	79%
중형 성장주 펀드	S&P MidCap 400 Growth 지수	91%
중형 핵심주 펀드	S&P MidCap 400 지수	95%
중형 가치주 펀드	S&P MidCap 400 Value 지수	92%
소형 성장주 펀드	S&P SmallCap 600 Growth 지수	98%
소형 핵심주 펀드	S&P SmallCap 600 지수	97%
소형 가치주 펀드	S&P SmallCap 600 Value 지수	94%
혼합형 성장주 펀드	S&P Composite 1500 Growth 지수	91%
혼합형 핵심주 펀드	S&P Composite 1500 지수	92%
혼합형 가치주 펀드	S&P Composite 1500 Value 지수	87%
부동산 펀드	S&P United States REIT 지수	86%

출처: S&P 다우존스 지수 LLC, 2019년 12월 31일 기준 자료, 모닝스타 2019년 12월 31일 기준 자료 및 계산

하다못해 높은 실패율도 심각하다. 확인 결과 뮤추얼 펀드의 대략 절반은 10년 동안 살아남지도 못했다. 거의 항상 저조한 실적 탓에 그렇게 폐쇄된 펀드(또는 수익률이 더 나은 펀드에 통합된 펀드)는 다음과 같았다.

- 전체 대형주 펀드의 44%
- 전체 소형주 펀드의 43%
- 전체 대형 가치 펀드의 37%
- 전체 소형 가치 펀드의 29%

이처럼 버려진 고아 신세가 된 펀드들은 모든 투자자가 알고 있어야 할 진실의 핵심이다. 한편 〈19-2〉는 폐쇄되어 다시 공시되지도 않고 심지어 인정받지도 못하는 펀드의 고통스러운 '씁쓸한 뒷모습'을 보여준

19-2 폐쇄된 펀드 감소 추이

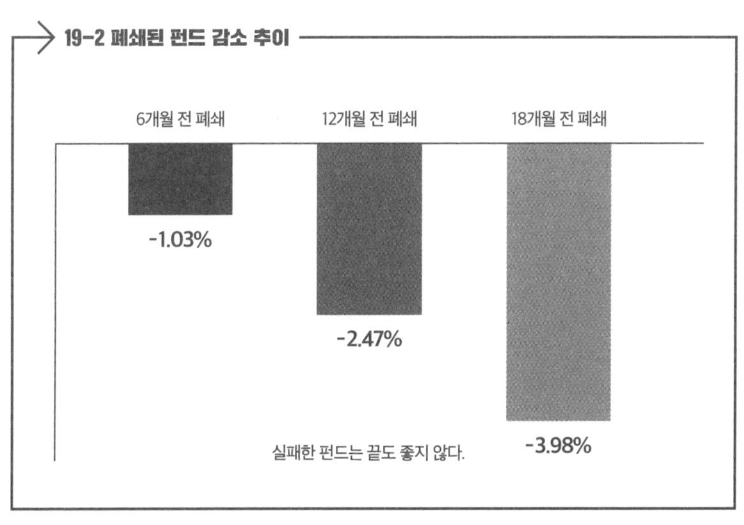

출처: 모닝스타 데이터로 계산한 뱅가드 자료

다. 그들은 일반적으로 지난 12개월에서 18개월 동안 급격히 감소했다.

물론 대부분의 투자자가 이런 데이터를 알지 못한다. 대부분이 "내가 본 실적 수치는 이 데이터보다 훨씬 좋았어. 뭔가 잘못된 게 분명해!"라고 말할 것이다.

잘못된 것이란 다음과 같다. 광고나 홍보 자료에서 숫자를 선별적으로 고지하는 방식이 투자자들에게 액티브 매니저들의 실적에 대해 잘못된 — 그리고 그 잘못을 상당히 강화시킨 — 인상을 준다는 점이다.

조용히 사라지는 정보들

어떤 법이나 규정도 뮤추얼 펀드 운용사가 더 이상 운용하지 않는 펀드의 정보를 계속 제공하라고 요구하지 않는다. 또 자사가 운용하는 전체 펀드 내에서 얼마나 많이 폐쇄됐는지 또는 자사 펀드 내에서 더 강한 펀드로 얼마나 많이 통합됐는지도 알릴 필요가 없다. 또한 폐쇄나 통합을 하기 전에 부진한 실적을 계속 고지해야 한다는 요구도 전혀 없다. 그 결과 많은 뮤추얼 펀드 운용사들은 경쟁자들이 다음과 같이 하는 일을 한다. 그들은 실적이 부진하고 평범한 수익률을 보이는 펀드를 마치 존재한 적이 없었다는 듯 조용히 삭제한다. 삭제된 실패를 기록에 복원할 경우, 수월하고 선별적이며 '유망하다'고 주장했던 것들이 유망하지 못한 증거로 바뀌어 '액티브는 대체로 잘 운용된다'라는 결론에서 '액티브는 대체로 잘 운용되지 않는다'라는 결과로 확 뒤집힌다.

마찬가지로, 기관 투자자나 투자 매니저의 선택을 돕는 컨설턴트가 '추천' 목록에서 어느 매니저를 제외하면, 컨설턴트는 그 매니저에 대한 과거 데이터를 전부 삭제한다. 그들이 더 이상 추천하지 않는 매니저에 대해 왜 계속 정보를 제공해야 하나? 그리고 그들이 새로운 추천 매니저를 추가할 때, 그들은 과거 몇 년 동안 매니저가 거둔 양호한 실적을 소급해 추가한다. 그 결과물은 컨설턴트가 선정한 매니저들이 시장보다 더 높은 수익률을 올렸음을 보여주는 취지의 차트다. 데이터가 정확할 수도 있지만, 컨설턴트의 선정 실력이나 기록에 대한 정확한 측정치는 아니다.

증권시장을 이루는 수많은 주요 변동성을 고려할 때, 대부분의 액티브 투자 매니저들이 자신이 선택한 벤치마크를 능가하기는커녕 그와 대등해지기란 점점 더 어려워진다는 것을 투자자들은 알아야 한다.

〈19-3〉은 통합 또는 폐쇄된 펀드의 실적을 담고 있는데, 이러한 비관적 평가가 확인되었다. 거의 모든 항목과 거의 매년, 액티브 매니저라는 하나의 집단은 직접 선택한 벤치마크보다 높은 수익률을 거두지 못한다. 시간 경과에 따른 추이는 점점 더 많은 비율의 액티브 매니저가 벤치마크보다 낮은 수익률을 기록한다는 것이다.

〈19-4〉는 미국 뮤추얼 펀드의 거의 40%가 설정 15년 이내에 폐쇄되었음을 보여준다.

구체적 근거에 따르면 액티브한 주식 운용이 제대로 효과를 보지 못하고 놀랍게도 액티브 운용 펀드의 90%가 그들이 선택한 벤치마크에 미치지 못한다는 점이 확실하지만, 논쟁은 계속되고 있다. 왜 그럴까? 특정한 신념에 의존하는 사람에게 — 특히 재정적 보상(그리고 비재정적 보상)이 클 때 — 그 믿음을 부인하고 살아가는 것은 여간 어려운 일이 아니다. 이런 경향에 관해 우리는 빅타바코(Big Tabacco)와 빅오일(Big Oil)을 통해 확인했으며(전자는 담배가 암을 유발하는 사실을 부인했고, 후자는

19-3 비교 대상 벤치마크보다 저조한 뮤추얼 펀드 수익률

펀드 항목	벤치마크 지수	2000	2001	2002	2003	2004	2005	2006	2007	2008	2009	2010	2011	2012	2013	2014	2015
전체 미국펀드	S&P 컴포지트 1500	40.5	54.5	59.0	47.7	51.4	44.0	67.8	48.8	64.2	41.7	57.6	84.1	66.1	46.1	87.2	74.8
전체 대형주	S&P 500	36.9	57.6	61.0	64.6	61.6	44.5	69.1	44.8	54.3	50.8	61.8	81.3	63.3	55.8	86.4	66.1
전체 중형주	S&P 미드캡 400	78.9	67.3	70.3	56.4	61.8	76.0	46.7	46.4	74.7	57.6	78.2	67.4	80.5	39.0	66.2	56.8
전체 소형주	S&P 스몰캡 600	70.7	66.4	73.6	38.8	85.0	60.5	63.6	45.0	83.8	32.2	36.0	85.8	66.5	68.1	72.9	72.2
대형 성장주	S&P 500그로스	16.0	87.5	71.8	44.7	39.5	31.6	76.1	31.6	90.0	39.1	82.0	96.0	46.1	42.7	96.0	49.3
대형 가치주	S&P 500밸류	54.5	20.8	39.4	78.5	8.32	58.8	87.7	46.3	22.1	46.2	34.7	54.3	85.0	66.6	78.6	59.1
중형 성장주	S&P 미드캡 400	78.4	79.0	87.0	31.7	59.7	78.6	34.9	39.3	89.0	59.7	82.1	75.4	87.2	36.7	56.2	79.9
중형 가치주	S&P 미드캡 400 밸류	94.8	55.8	74.3	81.9	63.6	71.8	38.4	56.1	67.1	47.8	71.8	64.9	76.2	45.3	73.6	32.4
소형 성장주	S&P 스몰캡 600 그로스	73.0	81.3	94.2	35.3	93.6	72.2	52.1	39.4	95.5	33.5	72.7	93.8	63.7	55.6	64.5	88.4
소형 가치주	S&P 스몰캡 600 밸류	74.4	48.7	37.5	49.3	77.5	46.0	77.0	39.9	72.5	26.3	51.8	83.0	61.8	79.0	94.3	46.6

출처: S&P 다우존스 지수 LLC, CRSP. 2015년 12월 31일 현재 동일가중 펀드 수 기준

기후 변화를 부인했다), 우리 선조들은 남부연합(Confederacy)이 노예제도를 완강히 옹호했던 모습에서 확인했다.

액티브 운용 옹호자들에게는 유감스럽지만, 아래에 간단히 정리한 바와 같이 그들의 주장은 설득력이 없다. 아래와 같이 그들의 주장을 살펴보자.

19-4 자체 벤치마크에 대등하지 못한 뮤추얼 펀드의 비율

펀드 항목	펀드 설정 초기	존속	스타일 유지
전체 미국 펀드	2,680개	61%	48%
전체 대형주 펀드	972개	59%	60%
전체 중형주 펀드	431개	59%	39%
전체 소형주 펀드	588개	64%	56%
전체 혼합형 펀드	692개	60%	30%
대형 성장주 펀드	332개	56%	65%
대형 핵심주 펀드	344개	59%	58%
대형 가치주 펀드	296개	63%	58%
중형 성장주 펀드	198개	56%	52%
중형 핵심주 펀드	139개	58%	33%
중형 가치주 펀드	94개	68%	19%
소형 성장주 펀드	221개	57%	71%
소형 핵심주 펀드	244개	66%	54%
소형 가치주 펀드	124개	71%	33%
혼합형 성장주 펀드	205개	57%	37%
혼합형 핵심주 펀드	349개	62%	39%

출처: S&P 다우존스 지수 LLC, CRSP, 2019년 12월 31일 현재 동일가중 펀드 수 기준

1. 패시브한 태도로는 어떤 경쟁 상황에서도 성공하지 못하는데 왜 액티브 투자를 시도조차 하지 않을까? → 액티브한 운용으로 이기려고 하는 것은 효과가 없고 비용도 많이 들기 때문이다. 오히려 모든 투자자가 단지 주가 지수를 추종함으로써 장기간에 걸쳐 상위 25% 실적에 대한 확신을 가질 수 있다.
2. 시장 수익률을 따라가기 때문에 투자자들은 15년 전 GE처럼 고평가된 주식을 매수하고 나서 그 가격이 계속 떨어지더라도 해당 종목을 보유해야 한다 → 시장 수익률을 추종함으로써 투자자들은 아마존, 페이스북, 마이크로소프트, 구글 같은 종목들을 매수하고 보유하게 되며 그 가격이 계속 오를 때 해당 종목들을 보유하게 된다.
3. 시장 수익률을 추종한다는 것은 당신이 잘 모르는 소규모 집단이 당신의 종목을 선정한다는 의미다 → 종목 선정자들은 당신이 선택한 지수에 대등해야 한다는 원칙을 신중히 고수한다. 이들의 일은 흥미롭거나 창의적인 것이 아니라 세심하고 일관된 규칙을 추종하는 것이다.
4. 인덱스 투자는 패자를 위한 것이다! → 실제로 인덱스 투자는 상위 25%의 실적, 또는 그보다 나은 실적을 달성하는 확실한 방법이다!
5. 내년에 액티브 펀드가 주가 지수를 이길 것이다! 액티브 펀드가 돌아오고 있다! → 진중한 투자는 1년 이상을 기준으로 한다. 그리고 액티브 투자로 여기저기서 10년 넘게 좋은 시절을 보낼 것이다. 하지만 불황기가 호황기보다 수적으로 더 많을 것이다. 또한 10년 또는 그 이상의 기간 동안 액티브 투자는 현저히 부진한 실적을 낼 것이다.

지금까지 솔직히 말해 액티브 투자를 옹호하는 입장에 대한 지지부진한 논쟁을 지켜봤다. 이에 더해 다음과 같이 인덱스 투자를 옹호하는 주장과 비교하여 생각해보자.

1. 지난 반세기 동안, 투자시장, 그 시장에서 투자를 운용하는 투자자들, 그리고 그들이 다루는 자원이 너무도 많이 변했다. 그래서 시장 지수를 이기려고 애쓰는 사람은 날이 갈수록 엄청난 도전에 직면한다. 행운을 얻는 경우를 제외하고 그런 도전은 실제로 극복할 수 없는 수준이다.
2. 인덱스 투자의 운용 비용은 액티브 투자의 총비용보다 훨씬 낮다. 여기서 핵심은 포트폴리오 거래량, 당신의 액티브 매니저가 매도 또는 매수하려고 할 때 다른 액티브 매니저도 그렇게 할 가능성이 있다는 점이다. 그래서 그들이 매수하려고 할 때만 가격이 올라가고, 그들이 매도하려고 할 때만 가격이 내려간다. 물론, 매일 그렇지는 않지만, 그런 일이 일어나면 가격이 꽤 크게 움직일 수 있다. 1년 동안의 거래 비용을 모두 합해서 운용하는 자산의 백분율로 환산하는 경우, 그 수치는 자산의 1% 또는 정상 수익의 15%에 가깝다.
3. 인덱스 투자는 포트폴리오 회전율이 매우 낮기 때문에 세금 부담이 적다. 40% 이상의 세금을 내는 액티브 펀드에 비해 인덱스 펀드는 대략 5%의 세금을 낸다.
4. 인덱스 투자는 수수료가 매우 낮다. 액티브 펀드의 수수료가 1% 이상인 반면 인덱스 펀드의 수수료는 0.1% 미만이다[대개 액티브하게 운용되는 펀드는 현재 브로커들을 독려하여 투자자들이 다른 펀드로 갈아타지 않도록 하려고 추가로 0.2%의 '12(b)-1' 수수료(마케팅, 홍보 비용으로 펀드 자산에 부과하는 수수료-옮긴이)를 부과한다].
5. 인덱스 투자를 하면 더 수월히 계획을 지킬 수 있다(계획 유지는 투자자들 대부분이 장기간의 성공을 위해 가장 중요하게 지켜야 할 수칙이다). 당신의 포트폴리오에

500개 또는 600개에 이르는 다양한 주식과 펀드를 보유하면, 평온을 유지하고 계속 장기적 전략에 초점을 맞출 수 있다. 소수의 주식만 소유했는데 미스터 마켓이 살금살금 다가와 당신이 불안하고 흥분해서 장기 계획에 집중하지 못하도록 당신 앞에서 펄쩍 뛸 때와는 사정이 다르다.

6. 인덱스 투자를 하면, 매니저가 인수를 당한다거나 뛰어난 리더를 잃는다거나 규모가 너무 방대해지는 일에 대해 전혀 걱정하지 않아도 된다. 10년 동안 액티브 매니저의 절반이 아마도 큰 혼란을 겪을 것이다. 20년 동안은 거의 모두가 그럴 것이다. 그 결과, 인덱스 투자를 하면 비용을 줄일 수 있으며, 실적이 저조한 매니저가 떠나고 새로운 매니저를 선정하는 일을 고민하거나 이에 관한 실행여부나 시기에 대해 걱정하지 않아도 된다.
7. 투자 전문가들 — 워런 버핏(Warren Buffet), 버턴 말킬(Burton Malkiel), 데이비드 스웬슨(David Swensen), 대니얼 카너먼(Daniel Kahneman), 여러 노벨상 수상자들 — 은 하나같이 인덱스 투자가 개인과 대부분의 기관에게 가장 적합한 투자 방식이라는 점에 동의한다.
8. 당신은 더 나은 것, 훨씬 더 좋은 투자 운용 수단을 가지고 당신의 시간과 재능을 활용할 수 있다. 시장을 이기려 들거나 시장을 이길 수 있고 능가할 매니저를 찾아 나서지 않아도 된다.

피할 수 없는 변화의 흐름

투자자들은 저마다 다른 개별적 존재다. 또한 오랫동안 주가지수를 이길 매니저를 찾고 싶은 바람에 헛수고를 하는 일보다 개별 투자자에게 주어지는 가장 중요한 책무가 훨씬 더 중요하고 훨씬 더 할 만한 일이다. 그 책무는 장기적인 미래에 대비해 충분히 저축하고 현실적이며 개별적으로 적합한 장기투자 계획을 세우고 그 계획을 유지하는 일이다. 간단한가? 그렇다, 하지만 이를 실행하기가 여간 어려운 일이 아니다. 그래서 당연히 누릴 휴식을 취하고 당신이 이룰 수 있는 일에만 시간과 능력을 집중해야 한다.

우리 대부분은 지난 60년간 주식시장과 채권시장이 얼마나 변했는지 알지 못한다. 변화는 엄청났고 많은 부분에서 일어났으며 같은 맥락에서 일어났다. 액티브 매니저가 좋은 성과를 내기가 더더욱 어려워졌다. 가장 중요한 변화는 다음과 같다.

- 60년 전만 해도 뉴욕시 주요 증권 업체에는 애널리스트 십여 명 정도가 있었을 것이다. 애널리스트들은 회사의 파트너들을 위해 소규모이지만 '흥미로운' 주식을 찾았지만, 그들 자신의 포트폴리오를 구성하기 위해 주식을 매수했지 분명히 회사의 의뢰인들을 위한 매수는 아니었다. 오늘날 대규모 증권업체라면 기업 및 산업 분야 애널리스트, 이코노미스트, 상품 전문가, 정치 분야 애널리스트, 포트폴리오 전략가, 회계 전문가 등 수백 명의 전문가 — 세계 각지에 소재한 사무실에서 일하며 모든 주요 경제와 시장, 기업에 관련한 주제를 다루는 사람들 — 를 거느리고 있을 것이다. 이들은 저마다 세계 각지의 투자자들에게 전달할 정보와 전문적 식견을 내놓는다.
- 위성이 쇼핑몰의 자동차 수, 전 세계 항구를 오가는 대형 선박의 수를 추적하고 투자에 영향을 미칠만한 모든 유형의 데이터를 수집한다.
- 과거에는 존재하지 않았던 블룸버그 터미널(Bloomberg Terminal)이 온갖 유형의 정보나 사용자가 필요로 하는 역사적 트렌드나 상관관계를 모든 구독자에게 제공한다. 블룸버그 터미널의 구독자는 현재 34만 5천 명에 이른다!

- 사람들이 이메일을 사용하는 것은 물론 늘 인터넷상에 있어서 정보가 24시간 내내 실시간으로 전 세계에 유통된다.
- 50~60년 전 기업 경영진은 액티브 매니저들을 선정하여 화려한 개인 클럽에서 그들을 정기적으로 만났다. 거기서 그들과 간단히 점심 식사나 저녁 식사를 하면서 분기 및 연간 운용 현황과 수익에 관한 '내부자 브리핑'을 받았다. 지금은 이런 행위가 법에 위반된다! 미국증권거래위원회(SEC) 규정('완전 공개')에 따라 상장된 기업은 투자 결정에 도움이 될만한 정보가 어느 투자자에게라고 공개되어야 할 때 동일한 정보를 동시에 다른 모든 투자자가 이용할 수 있도록 해야 하며, 이를 준수하기 위해 성실히 노력해야 한다.
- 과거에는 대부분 계산자(slide rule, 로그를 기본원리로 곱셈과 나눗셈을 수행하는 도구)로 계산을 했다(나는 여전히 자랑거리로 삼지만, 어디에 두었는지 생각이 나지 않는다). 당시에는 컴퓨터가 흔치 않았다. 지금은 누구나 휴대폰을 가지고 다니며 IBM 360 메인 프레임 컴퓨터보다 훨씬 많은 기능을 활용하고 있다.
- 수년 전만 해도 거의 모든 투자자가 자국 기업의 주식과 채권에 투자를 한정시켰다. 지금은 전 세계에서 투자자들이 전 세계 기업의 주식과 채권에 투자한다. 글로벌 투자자가 점점 더 늘어나고 있으며, 외국인 투자자들은 모든 시장에서 중요한 역할을 수행한다.

이 모든 현상이 교차 연결된 결과로 거의 모든 전문 투자자들이 모든 경쟁자들과 거의 동시에 대부분의 정보를 공유하는 현상이 현실이 되었다. 이런 현실로 인해 오늘날 주식시장과 채권시장의 지형에 큰 변화가 일어나고 있다. — 이 변화가 다른 모든 변화를 매우 강력하게 이끈다.

1960년대만 해도 개인 투자자들이 주식시장의 90% 이상을 지배했다. 당시 개인 투자자들은 보너스를 받거나 유산을 물려받았을 때 주식에 돈을 투자했다가 주택을 구입하거나 자녀가 대학을 들어갈 때 주식을 팔았다. 그들은 몇 년에 한 번 주식을 사거나 팔았으며, 주로 단주(odd lot: 10주 미만 수량의 주식-옮긴이) 거래를 했다. 주식 분석을 접할 기회가 없었던 그들은 거의 언제자 AT&T에 투자했다. 그 당시 기관들의 거래량은 뉴욕증권거래소 거래량의 9%밖에 차지하지 않았다. 이 9%의 절반은 지역 은행의 신탁 부서들이 수행했다(은행 지점의 영업은 단일 주나 한 주의 지역으로 제한되었으며, 중간 규모의 도시에는 신탁 부서가 있는 3~5개 은행이 있었을 것이다. 신탁 부서의 상급자 회의체에서 배당 수익률이 높고 비과세로 장기간 보유할만한 대표 우량주 위주의 투자 적격 종목군에서 주식을 선정했다).

오늘날 증권거래소 거래와 장외거래는 매우 다르다. 먼저 거래량이 하루 대략 3백만 주에서 2,000배 이상 늘어나 60억 주를 넘어섰다. 눈여겨볼 점은 장외 파생상품 거래의 가치가 거래소 거래와 비등하거나 그보다 더 높다는 사실이다.

거래량보다 더 중요하게 바라봐야 할 사실은 그 모든 거래를 하는 사람들의 구성에 변화가 있다는 점이다. 투자 전문가와 컴퓨터가 거래를 수행하는 비율이 1960년대 초반 9%에서 계속 상승해 20%, 30%, 50%에 도달했고 70%, 이후 80%까지 상승했다가 지금은 90%를 넘어섰다!

이런 현상이 의미하는 바에 주목할 만하다. 기관 투자자에 속한 전문가들은 대부분 매수를 하고 매도를 한다. 그 때문에 이들은 강력한 컴퓨터를 보유했을 뿐 아니라 모든 정보를 공유하는 다른 기관의 전문가들과 항상 거래를 할 수 있다. 이제 이것도 숫자에 포함해야 한다! 수익률이 7%인 시장에서 운용에 소요되는 비용과 수수료를 적당히 잡아

19-5 벤치마크보다 수익률이 낮은 고정 수익 펀드의 높은 비율

펀드 항목	비교 지수	10년 이상	15년 이상
장기 거버먼트 펀드	바클레이즈 미국 장기 국채 지수	99%	98%
중기 거버먼트 펀드	바클레이즈 미국 중기 국채 지수	80%	89
단기 거버먼트 펀드	바클레이즈 미국 단기 국채 지수 (1~3년)	70%	83%
투자적격 장기 펀드	바클레이즈 미국 장기 국채/회사채 지수	98%	97%
투자적격 중기 펀드	바클레이즈 미국 중기 국채/회사채 지수	53%	69%
투자적격 단기 펀드	바클레이즈 미국 단기 국채/회사채 지수 (1~3년)	45%	71%
하이일드 펀드	바클레이즈 미국 하이일드 회사채 지수	97%	99%
모기지 담보 증권 펀드	바클레이즈 미국 MBS 지수	79%	94%
신흥시장 부채 펀드	바클레이즈 신흥시장 지수	100%	93%

출처: S&P 다우존스 지수 LLC, 블룸버그, 2019년 12월 31일 기준 자료
S&P 다우존수 지수 LLC, CRSP, 2019년 12월 31일 기준 자료

1~2%로 한다면, 액티브 매니저는 전문가들의 마켓 컨센서스보다 15%는 뛰어난 실적을 올려야 할 것이다.

증권 투자에 관한 기록이 암울한 현실을 반영했는데, 〈19-5〉에서 볼 수 있듯 액티브한 채권 운용에 관한 기록은 그보다 더 심각한 현실을 보여준다.

"시장의 패닉에 절대로 즉각 행동하지 마라.
팔아야 할 시점은 시장이 추락하기 이전이지, 추락한 이후가 아니다.
오히려 숨을 깊게 들이쉬고, 조용히 자신의 포트폴리오를 분석하라."

· 존 템플턴(John Templeton) ·

PART IV

도박이 아닌,
투자에 집중하라

태초 이후, 인간은 여러 가지 지적 수단을 발전시켜왔다. 그러나 태초부터 우리 내면에 자리 잡은 감정이나 심리라는 본질은 쉽게 변하지 않는다. 탐욕에서 벗어나 이성적인 투자 판단력을 갖추는 일이야말로 투자 성공의 열쇠다. 각종 투자 공식이나 컴퓨터 프로그램, 시장 가격이 보내는 신호에 갈팡질팡하지 마라. 전염성 강한 시장의 감정에 휘둘리지 않는 투자자가 돼라.

투자자들은 자연스럽게 향후 몇 년 동안 어디에 투자해야 좋을지 알고 싶어 한다. 향후 며칠이나 몇 주 동안의 전망을 알기는 쉽다. J. P. 모건의 말처럼 "시장은 변동할 것"이다. 미래 수익률을 현실적으로 보는 한 가지 좋은 방법이 있다. 미래 주가수익비율(PER) 배수와 기업 이익의 범위가 시장에서 늘 그랬듯이 상한과 하한 범위 내에 있고, 장기 평균에 점점 더 가까운 값으로 더욱 자주 나타날 거라고 가정하는 것이다.

시장 전망의 바로미터, PER & 이익

경제는 세부적 수준에서는 매우 복잡하지만(주식시장은 국내외 모든 산업, 수천 군데의 기업, 전체 경제에서 온갖 종류의 요소를 반영한다), 투자자들의 현실을 좌우하는 것은 두 가지 요소다. 기업 이익(그리고 기업이 제공하는 배당금)과 이러한 이익을 자본화하는 PER이다. 시장의 PER은 금리, 이익 전망, 기대 인플레이션, 주식 투자의 불확실성을 반영한 '주식 프리미엄'에 따라 결정되는데, 여기에 현재 투자자들이 얼마나 낙관적이거나 비관적인지를 반영하는 투자 관련 요소를 추가하거나 덜어낸다.

미래 전망에 대한 공부를 시작하는 좋은 방법은 과거를 공부하는 것이다. 1901~1921년 미국 주식시장의 인플레이션 반영 연평균 수익률은 0.2%에 그쳤다. 1929~1949년에는 0.4%에 머물렀고, 1966~1986년에는 1.9%에 불과했다. 다시 말해 20세기의 60% 이상을 차지한 기간 동안, 세계 3대 주식시장에서 기록한 실제 연간 수익률은 2.0% 미만이었다(그리고 21세기의 첫 10년은 더 시원치 않았다). 1964년 말과 1981년 말에 다우존스 산업평균지수(Dow Jones industrial average)는 875를 기록했다. 이는 17년이라는 긴 기간 동안의 인플레이션만 반영하고 다른 것에는 전혀 손대지 않은 수치다. 기업 이익이 양호하게 상승했음에도 불구하고 금리가 4%에서 15%로 급등하면서 시장의 PER 배수가 상당히 축소되었다. 투자자들은 몹시 비관적인 상태였다.

저렇게 낮은 수준에서 시장은 어디로 향했을까? 1988년 배당 수익률은 3.5%를 기록했고, 이후 11년간 이익은 연평균 7.1%씩 높아졌다. 배당 수익률과 이익 증가율을 합산한 기본 수익률이 연간 10.6%였다는 것은 투자자들에게 좋은 소식이었다. 하지만 그 정도가 아니다. 투자자들은 훨씬 더 많이 벌었다. 기본 수익률은 10.6%였지만, 총 투자 수익률은 놀랍게도 18.9%였다. 이 차이는 2000년에 PER이 12배에서 29배로 두 배 이상 증가하는 등 PER이 상승한 데 따른 것으로, 투자 수익률에 연 8.3%가 더해졌다.

이것은 지속되었을까? 물론 아니다. 평균으로의 회귀는 확실히 다시 돌아왔다. 12배라는 PER이 너무 낮았듯이, 29배라는 PER은 너무 높았기에 결국 하락할 것이 틀림없었다.

역사적인 시각은 언제나 도움이 된다.[39] 1982년부터 1999년까지 이익과 PER, 이 두 가지 주요 요소는 미국의 사상 최고 강세장을 어떻게 설명할까? 다음과 같은 방법이 있다. 첫째, 1982년 기업 이익은 국내총생산(GDP)의 3.5%에 불과해 정상 범위인 4~6%에 한참 미달이었다. 1990년대 후반까지 기업의 이익은 거의 6%였는데, 이는 정상 범위 내에서도 높은 쪽이었다. 이는 큰 변화다. 다음으로, 미국 장기 국채 금리는 해당 기간에 14%에서 5%로 뚝 떨어졌다(이 변화는 그 채권의 시장 가치를 8배, 즉 연 13% 상승을 견인했다). 시장 밸류에이션에 대한 모든 장기적 변화와 마찬가지로 핵심 영향력은 펀더멘털과 객관성이었다. 또한 투자자들이 어떻게 느끼는지에 따라 좌우되는 추가적이고 주관적인 요소도 있었다. 즉, 1970년대 약세장 후반에는 매우 비관적이었고 거꾸로 1990년대 후반에는 아주 낙관적이었다. — 부분적으로는 금리의 대폭 인하에 따른 이익 성장의 결과로 — 인플레이션 기대치가 크게 낮아짐에 따라 그해 다우 지수는 20배쯤 치솟았는데, 이는 연복합 수익률 19%에 해당하는 것이었다.

---

39 《비이성적 과열(Irrational Exuberance)》(프린스턴 대학 출판부, 2000년)은 로버트 쉴러(Robert Shiller)가 '신경제'의 정점에 미국 증시에 대해 감명 깊게 사실적으로 논평한 책으로, 합리적인 평가가 무엇인지를 보여주는 훌륭한 예시다.

종종 예상에서 벗어나는 전망들

투자자들은 거의 항상 지나간 시장과 경제 행위로 미래를 예측하며, 여하튼 같은 일이 반복되기를 기대한다. 1970년대 초 투자자들은 인플레이션이 계속 치솟자, 이익도 지속적으로 낮아지거나 더 악화될 거라고 확신했다. 아울러 대부분의 신문과 잡지에서도 기분 나쁜 전망을 보도했다. 2000년의 투자자들은 같은 조합으로 예측하면서 — 거의 뻔한 이야기이지만 — 지나치게 낙관적이었다. 특히 인터넷 주식에 홀린 투자자들은 모든 주식시장 거품의 주문과도 같은 "이번에는 다르다!"는 구호를 외치고 있었다(과거 불운한 투자자들이 열광했던 대상은 1820년대 — 영국 운하, 1850년대 — 유럽과 미국 철도, 1920년대 — 자동차, 1980년대 — 일본 부동산 등이다).

2007년경 닷컴 붕괴가 잊히자 투자자들은 다시 평균 이상의 PER에 만족감을 느꼈다. 그 후 신용시장이 얼어붙고, 유명한 은행과 증권사가 갑자기 폐업하고, 심각한 경기 침체에 대한 공포가 확산되면서 서브프라임 모기지 붕괴는 시장을 뒤흔든 '퍼펙트 스톰(perfect storm, 둘 이상의 악재가 동시에 발생해 경제위기가 일어나는 상황-옮긴이)'으로 이어졌다. 투자자들은 단기 시장을 예측하는 일이 얼마나 어려운지 다시금 깨달았다.

우선 배당 수익률이 1.5%, 기업 이익이 4.5%(정상적인 장기 성장 범위 평균)로 증가한다면 그 합계인 6%는 기본 예상 수익률의 합리적인 시작점이다(인플레이션은 미반영). 다음으로, 만약 밸류에이션에 변화가 있다면 무엇이 바뀌어야 할까? 출발점을 보자면 최근 수십 년 동안의 평균 PER은 약 15.5배다.

벤저민 그레이엄은 그의 명저 《증권분석(Security Analysis)》 도입부에서 "장기 투자자들은 최근의 경험에서 너무 많은 것을 배우지 않도록 주의해야 한다"고 현명하게 경고했다.[40] 그는 1929년의 시장 붕괴와 그 이후의 무시무시한 수개월 및 수년에 대해 이야기했다. 인터넷 시장이나 2008~2009년의 금융위기, 또는 주식시장 전체나 일부가 최근 사건에 — 때로는 긍정적이지만 때로는 부정적으로 — 과민 반응하고 단기적인 희망이나 공포가 장기적인 밸류에이션을 압도한 일련의 장기적 사건들에 대해서도 그레이엄은 아마 반드시 이야기했을 것이다.

증시를 대충 예측하기는 어렵지 않다. 그러나 정확하게 예측하는 일은 불가능하다.[41] 마찬가지로 주식시장이 장기적으로는 어디에 있을지 대략 예측하기가 어렵지 않지만, 향후 몇 달 동안 어떻게 움직일지는 누구도 알 수 없으며, 설령 예측할 수 있다고 해도 무의미한 일이다.

---

40 《증권분석》, 뉴욕: 맥그로힐, 1934년판(벤저민 그레이엄 · 데이비드 도드 공저).

41 미래를 예측하는 것은 어려울 뿐만 아니라, 요기 베라가 언젠가 이야기했듯이 '미래는 예전의 미래가 아니다'. 본인의 전문 분야에서 과거 변화율에 대한 변동성을 예측한 전문가들의 예상을 다룬 8만 건 이상의 연구에 따르면, 당신은 다음과 같은 사항들 때문에 전문가들을 이길 수 있다. 전문가 가운데 3분의 1은 변화가 증가할 거라고 했고, 또 다른 3분의 1은 변화가 감소할 거라고, 나머지 3분의 1은 그 변화율에 엄청난 변화가 없을 것으로 전망했다.

21 개인 투자자의 결정

개인 투자자는 연금 기금 및 기부금을 운영하는 기관 투자자와 상당히 다르다. 단지 개인 투자자들의 돈이 적다는 이야기가 아니다. 한 가지 큰 차이는 세금이다. 일반적으로 연간 회전율이 40%를 넘는 액티브 매니저는 해당 펀드 투자자가 지불해야 하는 조세 의무를 유발한다. 따라서 발표된 투자 실적은 세전 기준임을 유의하라. 또 다른 차이도 있다. 사람은 누구나 죽는다는 것! 그리고 우리는 개인으로나 투자자로나 '인생이 짧다'는 것을 잘 안다. 정확한 시기를 알 수 없지만, 죽음은 개인 투자자 모두에게 닥칠 현실이다.

돈을 벌어들이는 사람들은 저마다 은퇴 후 생활을 보장하기 위한 저축 기간이 제한적임을 잘 안다. 그리고 더 이상 돈을 못 벌어 저축할 수 없는 사람들은 유한한 재정 자원을 갖고 있을 텐데, 그 재정 자원은 언제 끝날지 모를 생애에 따라 좌우될 것이다.

개인 투자자들의 현실

투자 성공의 열쇠는 합리성이지만, 대부분의 투자자는 자신의 감정이 개입해도 어찌하지 못하고, 특정 시장 상황에서는 심지어 감정이 우위를 점하기도 한다. 개인 투자자의 돈은 종종 거대한 상징적 의미를 지니고 있어서 투자자의 감정과 강하게 연결되곤 한다. 그것도 너무 자주, 아주 강하게 말이다. 많은 투자자가 자신의 돈이 본인과 본인 인생의 가치를 나타낸다고 여긴다(기업가가 종종 자신이 세운 기업과 자신의 자존감을 동일시하는 것처럼). 이러한 '내 돈이 바로 나야' 증후군은 노인들 사이에서 흔하고, 화를 내도록 만들거나 심지어 비열한 짓을 하도록 만들기도 한다(가족 중 누군가가 이런 모습을 보이더라도 너그럽게 대하라. 아마 죽음에 대한 두려움을 나타내는 또 다른 방식일 것이다).

그러나 또 하나 중요한 현실은 개인 투자자가 타인에게 경제적으로든 정서적으로든 큰 영향을 미치는 힘을 지녔다는 사실이다. 즉, 선물과 유산을 주거나 주지 않고, 기대한 것보다 많거나 적게 주고, 공평하거나 불공평하게 여기도록 말이다. 가족 내에서 돈의 감정적 힘과 상징성은 종종 돈의 경제적 능력보다 더 중요하다. 현명한 개인 투자자라면 이 두 가지를 조심스럽게 다루어야 한다.

알다시피 개인 투자자는 대체로 주식시장 이외의 이유로 주식을 매수한다. 돈을 상속받거나, 보너스를 받거나, 집을 팔았거나 등등 주식시장과 직접 관련 없는 어떤 일의 결과로 투자금이 생기면 주식을 산다. 마찬가지로 개인 투자자는 자녀가 대학에 진학하거나 집을 사거나 등

등 거의 항상 주식시장 이외의 이유로 주식을 매도한다.

오늘날 주식시장을 완전히 좌우하는 정규직 전문가와 달리, 개인 투자자는 주식시장 내의 많은 대안을 두루 살피고 광범위하고 꼼꼼히 비교하며 쇼핑하지 않는다. 대부분의 개인 투자자는 몇몇 기업에 대해서도 전문가가 아니다. 개인 투자자는 투자에 도움이 되는 중요한 정보를 자신이 안다고 생각한다. 그러나 그들이 알고 있는 것은 거의 항상 사실이 아니거나 사실과 무관하거나 중요한 정보가 아니다. 아마추어의 '나만 아는 정보'는 대개 시장에서 늘 활동하는 전문가들에게 이미 잘 알려져 있어서 시장 가격에 반영된다. 그래서 시장 분석가들은 대다수 개인 투자자의 활동을 '정보 없는' 거래 또는 '소음'이라고 말한다(이 말은 무례함을 뜻하는 게 아니다. 이런 단어는 그저 서술에 불과하다. 혹 단어 때문에 불쾌함을 느꼈다면 너무 예민한 것이다).

오래전, 1960년대 전문적인 투자의 개척자들이 시장 내부에서 일할 당시 그들은 최신 정보를 받을 수 있는 수백 개의 다양한 주식에 두루 나타난 가격들을 철저하면서도 전문적으로 비교했다. 따라서 거래의 90%를 차지하는 아마추어 개인 투자자들보다 자기들이 높은 수익률을 올릴 수 있다고 확신했고 이는 그다지 놀랄 일이 아니다. 그 당시, 전문가들은 아마추어의 시장을 능가할 수 있었으며 실제로 능가했다. 그러나 이는 반세기 전의 일이다.

이제 상황이 크게 달라졌다. 50년 동안 뮤추얼 펀드, 연금 기금, 헤지펀드가 어마어마하게 성장하고 이들 기관의 포트폴리오 매출이 증가하면서 — 개인 대 기관의 — 오랜 90 대 10 비율이 완전히 바뀌었다. 오늘날 뉴욕증권거래소(NYSE) 거래의 90%를 — 뉴욕증권거래소 안팎에서 — 투자 전문가들이 담당한다. 사실 전체 거래의 70%는 100대 기관 및 대다수 액티브 기관의 전문가들이 맡고 있으며, 전체 NYSE 거래의 절반은 50대 기관 투자자와 대다수 액티브 기관 투자자가 담당한다. 결국 어느 한 개인 투자자가 세상에서 가장 경험이 풍부하고 정보력이 뛰어난 투자자 100명 중 한 사람과 매수나 매도 거래를 하는 데 시간의 70%를 사용한다는 말이다.

100대 기관을 이기기가 얼마나 어려울까? 다음과 같은 몇 가지 현실이 있다. 가장 큰 기관들이 각자 선도적인 증권사에 각각 1억 달러씩 지불한다. 증권사들은 최고의 시장을 조성하고 그들이 제공할 수 있는 최고의 리서치 서비스를 제공함으로써 그 돈을 벌어들인다. 이런 기관들에는 광범위한 정보 서비스, 정교한 모델 및 프로그램을 탑재한 고성능 컴퓨터가 있다. 이들은 모두 평균 20년 이상 투자 경험을 지닌 사내 애널리스트와 고참급 포트폴리오 매니저로 구성된 팀을 보유하고 있으며, 늘 최고의 정보를 얻기 위해 사람들과 연락하고 컴퓨터 네트워크를 운영한다. 당신은 개인 투자자와 비교해 기관 투자자가 모든 면에서 우위에 있다는 상황을 알고 있다.

모든 투자자는 인플레이션이라는 너무 과소평가된 리스크를 공유한다. 이 적(敵)은 1970년대에도 그랬듯이 개인 투자자들에게(그리고 특히 은퇴한 사람들에게) 위험하다. 이제는 인플레이션이 거의 없기 때문에, 사람들은 인플레이션이 다시 일어나지 않을 거라고 가정한다. 연방준비제도이사회(FRB, 미국의 중앙은행 역할을 하는 기관-옮긴이)의 인플레이션 목표치는 현재 2%인데, 완벽히 통제하기 어려워도 3~4%의 인플레이션은 확실히 가능하다.

장기적으로 볼 때 인플레이션은 투자자에게 중요한 문제가 되는데, 대부분의 투자자가 마음 졸이는 일일 또는 주기적인 증권 가격 변동보다 훨씬 더 심각하기 때문이다. 인플레이션의 수익률 침식력은 실제로 위압적일 수 있다. 〈21-1〉에서 보듯이 '정상적인' 2%의 물가상승률일 때 화폐 구매력은 36년 동안 절반으로 뚝 떨어진다. 5% 물가상승률일 경우 당신 자금의 구매력이 단 14년 만에 절반으로 위축되고, 여기서 14년이 더 지나면 다시 구매력이 절반으로 감소하여 초기 구매 능력의 4분의 1로 축소된다. 오늘날 우리의 평균 수명은 약 86세라고 알려져 있다. 은퇴한 당신이 인플레이션으로 인한 구매력의 무시무시한 침식을 상쇄할 방도가 없다면, 이는 분명히 심각한 문제다.

무엇을 어떻게 준비해야 할까?

개인 투자자에게는 아래 나열한 것처럼 개인적으로 도맡아야 할 책임이 있다. 자녀 교육, 가족을 위한 좋은 보금자리 마련, 은퇴 후 생활 보장, 재난 또는 예상보다 오래 살아서 의료 서비스가 더 많이 필요해

21-1 인플레이션이 구매력에 미치는 영향

물가 상승률(%)	자금의 구매력을 절반으로 줄이는 기간(년)
2%	36
3%	24
4%	18
5%	14
6%	12

지는 리스크에 대한 대비, 고령자 친인척에 의료비 지원, 학교 및 사람들이 혜택 받거나 지역사회가 혜택 받기를 희망하는 여러 기관에 기부하기 등이다.

마지막으로 대부분의 개인은 자신의 삶을 개선하기 위해 자녀나 손주에게 무언가 남겨주기를 원한다(대부분의 사람에게 부모나 조부모보다 더 나은 삶을 사는 아이들이 진정한 의미의 진보다). 특히 노년기에는 건강관리에 꽤 큰돈이 필요하다는 면에서 볼 때, 여기에 드는 돈의 규모가 얼마나 될지 정확하게 알 수 없지만, 특히 가용 예금액과 비교해서 매우 클 수도 있다.

'전체 재무 상태' 대차대조표의 책임 측면을 고려해 계획을 짤 때, 당신은 누가 당신의 '우리'에 포함되는지 그리고 어떤 목적을 위해 포함되는지 판단하고 싶을 것이다. 그러한 행위는 유용하고 유익하다. 자녀 교육에는 어느 정도로 책임질 계획인가? 대학 교육은 큰 비용이 든다. 대학원은 점점 더 바람직한 일로 여겨지고 있으나 이 또한 큰돈이 들어간다. 당신에게는 교육을 마친 자녀가 우선적으로 가족을 돕는 일이 중요한가? 창업이나 치과 진료에 도움이 되는가? 당신의 부모, 형제, 자매, 또는 인척들은 어떠한가? 그들이 당신의 경제적 도움을 필요로 하는 경우는 어떤 상황인가? 당신이 얼마나 관여할 수 있으며, 시기는 언제인가? 당신은 전체 계획서에 무엇이 추가될지, 그 자금이 언제 필요할지 확실히 알아야 한다. 그래야 미리 계획을 세울 수 있다.

투자의 기본, 현명한 저축 비결

투자는 항상 저축에서 시작되어야 한다. 저축이 없으면 투자도 없다.

저축이 너무 적으면, 투자도 너무 적다. 그래서 현명한 투자자들의 성공 비결을 간략히 살펴보면서 가장 좋은 투자법, 그리고 필수불가결한 저축을 관리하는 방법에 관한 논의로 마무리할 것이다.

첫째, 저축은 쉬운 일이 아니다. 저축은 매우 어렵다. 우리가 포기하는 부분이나 자제하는 부분, 혹은 다른 부정적인 부분을 두고 저축 계획을 세울 때가 특히 어렵다. 그런데 저축을 잘하는 사람들은 저축을 전혀 그런 식으로 생각하지 않는다. 그들은 저축을 긍정적이고 성공적인 과정으로 여겨서 다른 사람들이 거듭 저지르는 실수를 피하며 미래에 이익을 얻는 방향으로 현명하게 행동한다. 그들은 자신과 자신의 결정에 만족하며 자신의 올바른 저축 습관에 자부심을 가진다.

그다음 성공 비결은 당신의 저축 목표를 명확히 세우는 것이다. 추상적인 저축 목표는 동기부여 요소로서 별로 자극을 불러일으키지 않는다. 당신이 달성할 수 있다고 생각하는 명확하고 신뢰할 수 있는 목표가 필요하다. 저축 목표를 예로 들면, 10살짜리 아이에게는 자전거, 십대에게는 대학 등록금, 젊은 부부에게는 주택 구입이 동기부여 요소가 된다. 저축 목표는 구체적일수록 더 좋다.

그렇게 하면 계획이 나온다. 100달러짜리 자전거를 사기 위해 일주일에 5달러를 저축하고 대학 등록금을 마련하기 위해 한 달에 100달러씩 모은다거나 주택 매입 계약금으로 쓰려고 1년에 1만 달러를 모아두는 식이다. 그렇다면 저축할 돈은 어디에서 나올까? 돈을 얼마나 저축할까? 누가 저축하며, 언제 저축해야 할까? 올바른 방향으로 가고 있다는 것을 어떻게 알 수 있을까? 계획보다 늦으면 어떻게 해야 할까? 저축을 해나가는 과정에서 자신에게 긍정적 피드백과 확언을 해야 한다.

성공을 일궈내는 측면에서 늘 생각하고 자신을 위해 진정한 승리를 만들어가는 과정을 즐겨야 한다!(저축을 잘하는 사람들은 여러 면에서 혹독하게 훈련하며 '고통 없이는 얻는 것도 없다!'고 유쾌하게 말하는 운동선수처럼 행동한다) 현재의 즐거움에 초점을 두는 사람은 자신이 하고 싶은 대로 하고 살겠지만, 저축에 성공하는 사람은 그보다 더 중요하고 바람직한 장기적 성과에 초점을 유지한다. 우리는 여러 전술적 방법이나 전략적 방법, 또는 정책에 따라 저축을 할 수 있다.

이를테면, 저축을 하는 전술적 방법에는 외식을 할 때 세 가지 주 요리 중 가장 저렴한 하나를 선택하거나 비싼 요리 대신에 두 가지 전채 요리를 선택하거나, 혹은 식당에 갈 때 택시 대신 지하철을 타거나 집에서 나가기 전에 와인을 한 잔 먹는 등의 방법이 포함된다. 아니면 외식하는 것을 다시 생각해서 집에서 식사를 하는 방법도 있을 것이다. 또는 휴가를 가야 하는 경우 뉴욕시나 파리에 가지 않는 대신에 가족 캠핑을 선택해도 될 것이다.

다시 말해, 의사결정을 명확한 말로 표현하는 것이 핵심이다. 그러면 저축을 많이 하든 적게 하든지 간에 저축한 돈으로 무엇을 할 것인지, 지금 저축하고 있는 돈을 나중에 쓸 때 어떻게 즐기면서 할 것인지에 대한 긍정적 목표가 뒤따른다.

저축을 하는 구조적 또는 정책적 방법에는 훨씬 더 많은 금액이 들어가며, 대체로 좀 더 수월하게 긍정적 방식으로 목표를 설정할 수 있다. 이를테면, 넓고 비싼 주택보다는 좁더라도 무엇보다 마음에 드는 집을 선택하라. 혹은 중고차를 구매해도 좋다. 아니면 현재 소득이 2년 전과 같다고 생각하고 그 차액을 저축하라. 지출을 줄이고 저축을 늘리는 방법에는 물건을 구매하는 일도 포함된다. 가령, 배우자와 함께 물건을 구매할 때 두 사람이 모두 원하는 물품만 구매하거나 구매할 물건을 미리 목록으로 정리해서 충동구매를 자제해라.

당신이 현명하게 선택한 방법으로 저축을 진행해나가면서 정기적으로 그 과정과 결과를 평가해야 한다. 그 과정이 당신에게 적합한가? 문제없이 지속하거나 유지할 수 있는 점 외에 어떤 장점이 있었는가? 어느 정도 경험을 해보니 저축 비율을 늘리고 싶은가?(아니면 줄이고 싶은가?) 어떻게 조정해야 과정과 결과라는 두 측면에서 몇 년이든 즐겁게 성공적인 저축을 이어나갈 수 있을까?

여기서 핵심은 저축에는 다양한 방법이 있다는 것이다. 그러니 당신에게 가장 적합하고 당신이 계획을 유지하기에 좋은 방법을 찾으면 된다. 그러면 저축 목표를 성공적으로 달성하는 것은 물론 가장 경험하고 싶거나 갖고 싶은 것을 살 수 있어 — 첫 선택지의 수를 늘려서 — 두 배의 만족을 얻을 것이다.

저축의 목적이 삶의 경험을 개선하는 데 있다는 점을 기억해야 한다. 저축으로 더 나은 기대, 더 나은 경험, 더 나은 추억을 만들 수 있다. 저축을 안 한다면, 당신 자신, 당신이 돌보는 사람과 조직을 위해 더 괜찮은 경험을 만드는 것이 어렵다.

물론 투자에서는 운용 내역을 항목별로 정리해서 지출을 줄일 수 있는 부분을 찾는 것이 비용을 줄이는 가장 쉬운 방법이다. 높은 수수료, 높은 운용 비용, 많은 세금, 자신감을 잃은 매니저를 강인한 매니저로 교체하기까지 들어가는 상당한 비용 등 지출할 건이 한 두 개가 아니다. 거듭 확인했듯이, 이와 같은 비용들이 누적되면 엄청난 액수로 불어난다. 잭 보글(Jack Bogle)이 "투자 경비가 적을수록 그만큼 수익이 된다"고 자주 말했던 것도 다 그런 이유 때문이다.

저축의 첫 번째 목적은 문제가 생겼을 때 소화기처럼 쓸 수 있는 방어용 예비 자금을 모은다는 데에 있다. 불난 곳에 소화기를 사용하듯 예비 자금은 필요할 때마다 대담하게 전부 사용해야 한다. 예비 자금을 쓰일 곳이 분명 나타날 것이다. 만약 당신이 예비 자금을 신중하게 또는 부분적으로만 사용한다면, 당신은 그에 비례해 더 큰 예비 자금이 필요해질 수도 있다.

이 책의 핵심 개념은 장기 투자에 이용 가능한 자금이 주식에 투자되어 오랫동안 주식으로 유지될 때 투자자에게 가장 좋다는 것이다. 이 지침이 일하는 젊은 투자자에게 특히 중요한 두 가지 이유가 있다. 첫째, 7%의 수익률이라 해도 저축으로 투자한 달러는 전부 72의 법칙(the Rule of 72)에 따라 10년 후 2달러, 20년 후 4달러, 30년 후에는 8달러로 바뀌어 있을 것이다.[42] 둘째, 당신의 재정 상황을 종합해보면 당신의 가장 큰 '자산'은 아마도 매년 늘어나는 금액으로 소득을 올리는 능력이다. 이러한 소득 창출 능력의 현재 가치는 그 사람이 30대, 40대, 혹은 50대일 때 자산 — 장래 채권 — 으로 볼 수 있다. 그 자산의 현재 가치는 전체 재정 상황에서 큰 비중을 차지할 것이다(챕터 14 참조).

하지만 대체로 '장기간'이라 할 수 있는 10년보다 기대 수명이 짧은 노인 투자자라면 어떨까? 통념대로 하자면, 노인 투자자는 자본을 지키

42 '72의 법칙'이란 특정 수익률일 때 원금이 두 배가 되는 데 걸리는 시간(또는 그 반대)을 말한다. 예를 들어 10%의 수익률인 경우 원금은 7.2년이면 두 배가 되고, 15%인 경우 4.8년이 걸린다. 3%라면 24년이 걸린다.

기 위해 주로 채권에 투자해야 하지 않을까? 대개 그렇듯 통념은 틀릴 수도 있다(특히 오늘날의 낮은 금리를 보면 그렇다). 은퇴한 투자자는 마음의 평화를 위해 상대적으로 소득이 높으면서 비교적 안정적인 증권에 투자하기를 더 선호한다고 볼 수도 있다. 이는 감정적 이익이 경제적 이익을 좌우하도록 내버려 두는 것이다.

노인 투자자들이 오래 살 거라고 예상되지 않을 수도 있지만, 후예들이 그의 유산을 물려받은 이후에도 노인 투자자의 투자는 아주 오랫동안 사명을 이어갈 수도 있다. 자녀, 손주, 모교에 남긴 그 투자자의 참된 목표가 한층 더 기나긴 시계(視界)를 지니는데, 투자에 대해 생각하는 시간의 범위를 왜 해당 투자자의 생애로만 한정하는가? 더욱이 길고도 행복한 삶에 대한 비결 중 하나는 '미래와 손을 잡으라'는 디즈레일리의 절묘한 조언과 더불어 계속 나아가면서 인내하는 것이다. 주식 투자는 우리가 계속 젊게 생각할 수 있도록 돕기도 한다.

성공한 인생을 이루는 투자자가 되기 위한 핵심은 당신의 개인적 재정 목표와 참된 성공이 무엇인지 알 수 있도록 자신을 아는 일이다. 재테크 작가 애덤 스미스의 현명한 조언을 기억하라. "만약 당신이 어떤 사람인지 모른다면 주식시장은 이를 알아내기에는 비용이 많이 드는 장소다." 부동산, 원자재, 옵션 시장도 마찬가지다. 투자자들은 시간을 두고 자신에 대해 되도록 많이 배우는 것이 현명하다.

때때로 직관에서 벗어난 베팅을 하라

우리는 자신의 참된 자아를 알아야 자신의 감정을 통제하고 가장 이성적으로 사고할 수 있다. 다음과 같은 반전이 포함된 간단한 질문에 대답해보라.

질문: 당신을 이롭게 만들어줄 상황은 둘 중 어떤 것일까?

답변 A: 주식이 상당히 많이 올라 몇 년 동안 계속 상승세를 이어간다.

답변 B: 주식이 꽤 많이 하락해 몇 년 동안 하락세를 지속한다.

다음 단락을 보기에 앞서 선택하라. 결과를 모르는 상태에서 어느 쪽을 택했는가? 만약 당신이 A를 골랐다면, 이 테스트를 치른 개인 및 전문가 등 전체 투자자의 90% 안에 당신이 포함될 것이다. 대부분의 투자자가 당신 의견에 동의한다는 것을 알았을 때 마음이 편해졌는가? 그러면 안 된다. 당신이 주식 매도자가 아니었는데 A를 선택했다면, 당신은 본인의 이익에 반대되는 선택을 한 것이다.

그 이유는 다음과 같다. 첫째, 당신이 주식(보통주)을 매수할 때 실제로 산 것은 그 주식에 지급되는 배당금을 받을 권리임을 명심하라.[43] 우유를 얻으려고 젖소를 사고, 달걀을 얻으려고 암탉을 사듯, 우리는 현재와 미래의 이익과 배당금을 받기 위해 주식을 매수한다. 만약 당신이 낙농업자라면, 암소 투자로 더 많은 양의 우유를 얻을 수 있도록 암소 가격이 낮을 때 매수하려고 할 것이다.

---

43 그렇다. 감사인 선정, 이사 선출 등에 대한 투표권도 얻는다. 그리고 향후 인수되는 일이 생기면 더 높은 가격에 주식을 넘길 권리도 얻는다. 그러나 현실적으로 경영진의 권고에 반하는 주주들의 투표는 거의 없으며, 예상치 못한 인수가 극소수 기업에서 일어난다. 그래서 이러한 주주 권리는 대체로 배당금에 비해 그다지 중요하지 않다. 물론 다른 투자자에게 주식을 더 높은 가격에 팔 수 있는 권리도 있다. 그러나 다음 투자자가 기꺼이 지불할 가격을 결정하는 것은 무엇인가? 바로 기대 미래 수익과 배당금의 현재 가치다.

매입할 때 주가가 낮을수록 당신이 투자한 1,000달러당 더 많은 주식을 취득할 수 있고 투자 비율만큼 미래의 배당금으로 받게 될 액수도 커진다. 그러므로 대다수 투자자가 지금도 그렇고 앞으로도 계속 그렇듯이, 당신이 만약 저축해서 주식을 매수하는 사람이라면 당신의 진짜 장기적 관심사항은 신기하게도 주가가 꽤 하락해 계속 낮은 상태를 지속하는 것이다. 그런 식으로 낮은 가격으로 주식을 더 많이 모아두면 투자한 자금으로 미래의 배당금을 더 많이 받을 수 있다. 따라서 장기적으로 올바른 선택은 직관과 반대되는 선택 B다!

당신은 투자를 계속하면서 피할 수 없는 약세장 기간에도 이런 통찰 덕분에 당신이 투자자로서 더 큰 성공과 마음의 평화를 누릴 수 있다(당신은 심지어 약세장에서도 이익을 내는 방법을 배울 수도 있다. 당신이 정말로 이성적이라면 그럴 것이다).

대부분의 투자자는 너무나 인간적이어서 상승하는 주식시장을 더 좋아하고, 주가가 이미 높은 상태일 때 주식을 더 많이 매입하는 일에 열정적이다. 그런 주식은 배당금의 미래 수익률이 낮고 시장 하락에 대한 리스크도 높다. 마찬가지로 대다수 투자자는 주가가 하락한 후에는 주식을 상당히 부정적으로 여기며, 정말 잘못된 시기에 이미 낮아진 가격으로 대부분 매도한다. 그렇지만 매도한 가격의 미래 배당 수익률은 높을 것이다. 〈21-2〉에 나타나 있듯 1972년에 투자한 1달러는 72년 동안 가격이 상승해 106달러로 불어났다.

절대로 잃지 마라

당연히 시장은 늘 출렁이기 때문에 적은 규모의 잠정 손실을 감수하

21-2 배당금 재투자의 중요성

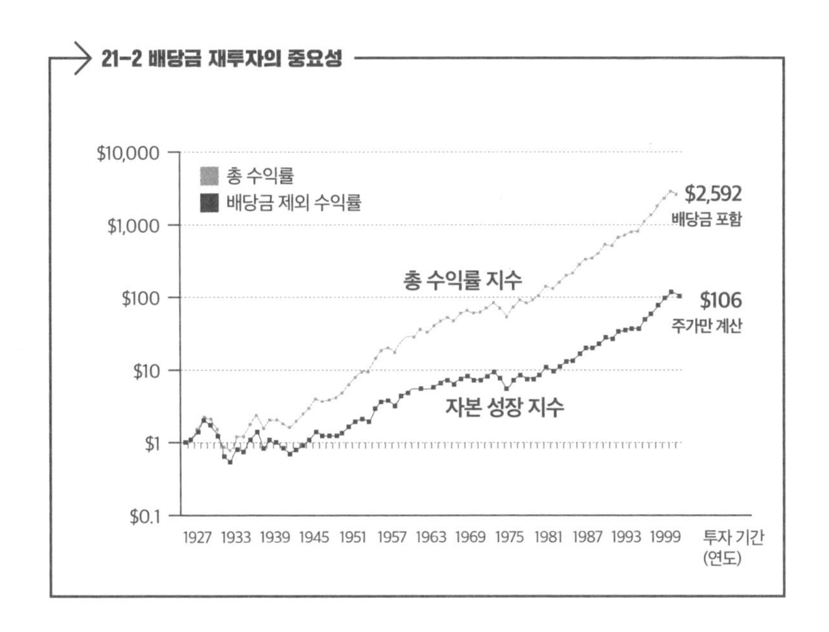

지 않고 투자할 수 없다. 그러나 심각하고 돌이킬 수 없는 손실을 각오하지 않고 투자할 수도 없다. 무엇보다 빌린 돈으로는 절대 투자하지 마라. 앞서 언급했듯이, 나이 먹고도 대담한 조종사는 없다.

상승세 시장에 덩달아 흥분하거나 하락하는 시장 때문에 괴로운 자신을 발견했다면 투자를 중단하라. 산책하러 나간 후 마음을 진정시켜라. 그렇지 않으면 당신은 곧 군중의 일부가 되어 무언가를 하고 싶어질 것이다. 그러다가 실수를 하기 시작하고 아마 훗날 크게 후회할 심각한 실수를 저지르고 말 것이다. 점잖은 무시야말로 대부분의 투자자가 장기 투자에 성공하는 비결이다.

당신이 선택한 모든 책임과 의무에 들어갈 충분한 자금을 마련할 정도로 성공적으로 저축하고 투자했다면, 당신은 실제로 머니 게임에서 승리한 것이다. 브라보! 이는 충분히 전율을 느낄 수 있을 만한 성취다.

그러나 승자는 엄청난 승리를 거두려다가 자신의 승리를 리스크에 빠뜨리지 않도록 주의해야 한다. 특히 불필요하게 돈을 빌리고, 단일 투자에 너무 많은 금액을 투자하고, 책임과 약속을 지나치게 늘리는 일을 삼가야 한다.

또한 승자는 투기도 한다. 엄청난 패자, 즉 진짜 호구가 되는 리스크는 감수할 만한 가치가 없다. 승자는 과도한 몸 사리기 또한 마찬가지로 유의해야 한다.

개인 투자자가 참고할 만한 투자 10계명

1. 저축하라. 저축액은 미래의 행복과 안전, 자녀 교육, 바라던 경제적 자유를 위해 필요하다.
2. 무엇인가 하고 싶다는 감정적 욕구를 충족하기 위해 '시장놀이'를 해야겠다면, 당신이 당신의 능력을 걸고 전문가들을 이기겠다며 도박하는 것임을 알아두라. 따라서 라스베이거스에서 전문가들과 도박을 하기 위해 남겨둘 금액과 같은 정도의 금액으로 판돈을 아주 적게 제한하라. 당신의 실적을 계속 정확히 기록해둔다면, 곧 스스로 그만두어야겠다는 생각이 들 것이다!
3. 무엇보다 세금을 이유로 투자에 나서지 마라. 절세 혜택 상품은 대체로 매력 없는 투자 대상이다. 유가증권처분손실[Tax loss selling, 미국은 종합소득세 계산 시 유가증권처분손익을 포함하여 계산함(반면 한국은 포함하지 않음, 2020년 7월 기준-옮긴이)]은 증권사들이 수수료를 인상하는 주된 방법이다. 예외가 있다. 당신의 재정 상태와 끊임없이 바뀌는 세법을 살피면서 당신이 시류에 맞는 기민한 부동산 계획을 세우고 있는지 확인하라. 가치 있는 저렴한 주식을 자선 베풀기용 선물로 만드는 셈이기는 해도, 어차피 주식을 매도하려던 거였다면 있을 수 있는 일이다. 가능하면 개인형 퇴직연금(IRA)에 가입하고, 매년 절세 혜택이 있는 401(k) 퇴직연금이나 수익 배분 제도에 대한 납입금을 최대한 입금하라. 401(k) 외의 투자를 한다면 당신의 전체 상황에 기초해 다음과 같이 투자를 결정하라. 즉, 소득세를 최소화하기 위해 모든 채권이나 채권 펀드는 세제 혜택을 받는 퇴직 펀드로 보유하라.

4. 주택은 투자 대상으로 여기지 마라. 주택은 가치 저장소이면서 당신이 가족을 이루고 있는 동안에는 가족과 함께 살기 위한 멋진 곳이라고 생각하라. 주택은 좋은 금융 투자처가 아니며 그런 적도 없었다. 그러나 주택은 가족의 행복에는 분명히 좋은 투자처가 될 수 있다. 주택 가격은 언제나 기존 주택을 신규 주택으로 갈아탈 때 드는 비용에 집중될 것이다. 건설 효율이 높아진 덕분에 신규 주택 건설 비용은 인플레이션을 감안한 수치 기준으로 보면 50년 전과 거의 동일하다.
5. 원자재에는 손대지 마라.[44] 원자재 거래는 진짜 가격 투기에 불과하다. 경제적 생산성이나 부가가치가 없으므로 원자재 거래는 투자가 아니다.
6. 주식 거래 중개인과 뮤추얼 펀드 판매 직원들에 대해 헷갈리지 마라. 그들 대부분은 매우 좋은 사람들이지만, 그들의 업무는 당신을 위해 돈을 벌어주는 게 아니다. 그들의 일은 당신한테서 돈을 버는 것이다. 몇몇 주식 거래 중개인은 그들이 함께 일하는 고객을 위해 수년 동안 헌신하며 사려 깊게 일하는 놀라울 정도로 양심적인 사람이지만, 당신의 주식 거래 중개인이 당신을 위해 그런 식으로 일한다고 가정해선 안 된다. 일부는 그렇지만, 대다수는 그저 그럴 만한 여유가 없다. 현실적으로 생각하라. 일반적인 주식 거래 중개인은 총 투자 자산이 500만 달러인 고객 200명과 '이야기'한다. 연간 10만 달러를 벌기 위해서는 총 수수료로 약 30만 달러를 내야 하는데, 이는 그가 이야기하는 자금의 6%에 해당한다. 중개인이 이 정도 수수료(투자자에게 들어가는 엄청난 비용)를 벌어들이려면 '올바른' 게 무엇인지 배울 만한 시간적 여유가 없다. 중개인은 자금(즉, 당신의 돈)을 계속 굴려야 한다.

7. 새롭거나 흔치 않은 종류의 투자 대상에 투자하지 말라. 그런 것들은 죄다 투자자에게 잘 팔리도록 너무 빈번하게 설계된다. 투자자가 보유하라고 설계된 게 아니다(초보 낚시꾼이 낚시용품 상점에서 파는 화려한 미끼를 물고기가 정말로 좋아하느냐고 물으면, 상점 주인은 간결하게 말한다. "우리는 낚시용 미끼를 파는 게 아닙니다!").
8. 채권이 보수적이거나 안전하다는 이야기를 들었다는 이유만으로 채권에 투자하지 마라. 채권 가격도 출렁이게 마련이며, 채권은 장기 투자의 주요 리스크인 인플레이션에 대한 방어 능력이 시원찮다.
9. 당신의 장기 목표, 장기적인 투자 계획, 부동산 계획 등을 작성한 후 그것을 유지하라. 매년 당신의 투자에 대한 재검토를 권고하지만, 부동산 계획은 최소한 10년에 한 번 재검토하라.
10. 자신의 감정을 믿지 마라. 행복하다고 느낄 때, 당신은 아마 부상을 입게 될 것이다. 우울할 때에는 새벽이 오기 직전이 가장 어둡다는 것을 명심하라. 그러니 아무 행동도 하지 마라. 투자 관련 활동은 거의 언제나 공급 과잉 상태다. 부족한 게 낫다.

---

44 존 트레인, 《대가들의 주식투자법(The Money Masters)》(뉴욕: 하퍼 & 로운, 1987년)에서 전말을 다룬다. 10년 이상 동안 거의 1,000명의 고객에게 원자재에 대해 조언한 한 원자재 중개인의 경험을 생각해보자. 돈을 번 사람이 얼마나 되나? 단 한 명도 없었다. 하지만 중개인은 벌었다. 수수료 덕분이었다.

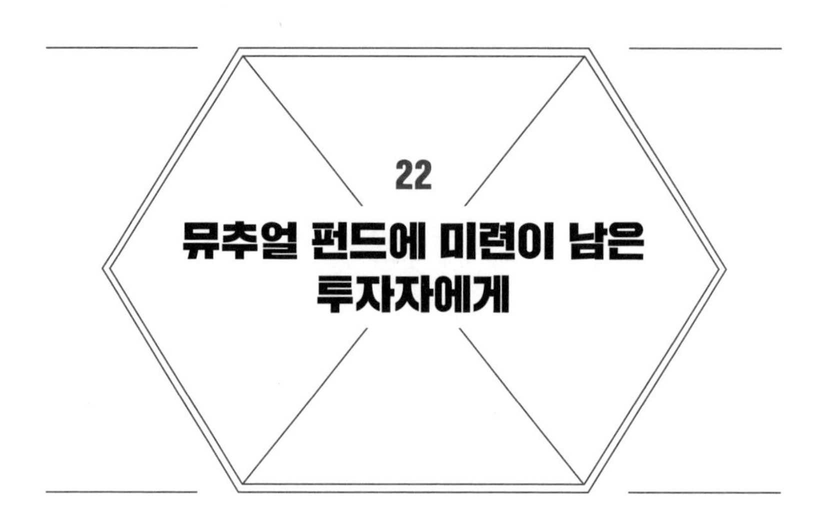

만약 당신이 동의할 수 없거나 동의하기 싫다면, 당신에게 다음과 같은 두 가지 선택지가 있다. 직접 투자 결정을 내리든지 아니면 액티브 운용 뮤추얼 펀드에 투자하는 것이다. 만약 이 책을 읽은 뒤에도 여전히 본인이 직접 투자할 주식을 고르기로 결정했다면, 부디 본인에게 유리한 것을 잘 선택하고, 주식을 고를 때마다 당신이 무엇을 기대했고 그것들이 어떻게 움직이는지, 비용이 얼마나 들었는지 등을 꾸준히 신경 써서 기록하기 바란다.

진짜 투자 목표를 파악하라

증권사들은 자사의 투자 조언, 리서치, 또는 당신이 받는 모든 서비스에 대해 당신이 전혀 돈을 지불하지 않아도 된다고 말할 수도 있다.

그러나 계속 모든 비용을 기록하다 보면, 1년이라는 시간 동안 당신이 지불하는 주식 중개 수수료는 필시 당신의 자산 규모에 비례해 뮤추얼 펀드 수수료보다 훨씬 비싼 전체 비용으로 쉽게 추가될 수 있음을 알게 될 것이다.

투자는 취미가 아니다. 여러 중요한 연구에 따르면 본인 판단만으로 투자하는 개인 투자자의 평균 실적이 시원찮다고 알려져 있다. 게다가 그 평균의 높낮이를 나타내는 실적 분포도가 상당히 광범위해서 아주 많은 투자자가 매우 형편없는 실적으로 혹평을 들었다. 그래서 증권사들은 일반적으로 해마다 고객의 20% 이상을 잃는데, 그 고객들 거의 모두가 결코 다시 되돌릴 수 없는 진짜 돈을 잃었다.

자신의 투자 목표가 무엇이고 투자를 진짜로 유지토록 하는 힘이 무엇인지부터 파악하라. 당신의 투자를 유지하는 힘을 파악하는 일은 당신이 살아남을 수 있고 또 앞으로도 살아남게 될 시장 리스크 수준을 설정하는 데 도움이 된다. 무리하지 마라. 시장 리스크에 대한 당신의 내적 민감도를 파악해 자신의 한계를 벗어나지 마라. 나의 아버지는 한 가지 현명한 조언을 들려주셨다. "네가 감수할 수 있다고 파악한 손실 이상으로 리스크를 감수하면 안 된다." 1970년대 중반, 나는 존 네프(John Neff)의 제미니 펀드를 대량으로 매입했다. 일반적인 투자자들은 실제 리스크와 인식을 신중하게 식별하지 않았지만, 나는 존이 리스크를 통제하고 제한하는 데 이례적으로 신경 쓴다는 것을 잘 알고 있었다. 주식시장은 주요 약세장의 깊숙한 바닥에 있었으며 존이 선호했던 가치주에 대해서는 특히 부정적이었다. 폐쇄형 이중 목적 펀드(한 종류의 주식은 배당 소득을 전부 얻고 다른 한 종류의 주식은 자본 이득을 모두 얻을 수 있음)라고 볼 수 있던 제미니 캐피털 주식은 주식시장의 대폭락으로 다년간 부정적인 레버리지 영향을 받아서 순자산가치에서 크게 할인된 가격에 팔리고 있었다. 나는 주가가 20%나 더 떨어진 후에도 마진콜(선물계약의 예치 증거금 또는 펀드의 투자 원금에 손실이 발생할 경우 추가로 증거금을 납부하라는 요구-옮긴이)을 받지 않는 선에서 증권사로부터 돈을 빌려서 얼마나 매입할 수 있는지 계산한 다음, 최대한도로 매입했다. 시장이 반등하면서 나는 다음과 같은 여섯 가지 이득을 누렸다. 나의 투자 매니저로 존 네프를 두게 된 것, 시장의 회복, 가치주의 우수한 수익률, 제미니 캐피털 주식이 '할인'에서 '프리미엄'으로 전환한 것, 이중 목적 펀드의 레버리지 효과, 엄청난 마진에 대한 레버리지 효과 등이 그것이었다. 명백한 레버리지 리스크에도 불구하고, 다음과 같은 한 가지 중요한 이유로 인해 나는 상당한 확신과 안전함을 느꼈다. 나는 존이 철저하게 리스크는 피하고 절제력이 있으며 합리적인 투자자라는 것을 알고 있었다. 그 후 10년 동안 전문 투자자가 가장 선호하는 투자 전문가다운 존의 위대한 업적 덕분에 나는 꽤 괜찮은 보상을 받았다.

당신이 투자자로서 얼마나 실적을 잘 내는지 알고 싶다면 수년간의 본인의 의사결정 기록을 연구하라. 또한 그 밖의 시간에는 당신의 능력이 시장 위기를 견딜 수 있는지 알아보라. 그게 분기별 변동을 처리하는 당신의 능력을 파악하는 방법 가운데 하나다. 분기별 변동은 보통 비교적 무난하다가도 이내 반전된다. 온전한 약세장을 받아들이는 것은 또 다른 문제로, 약세장은 특히 정상적인 시장보다 더 오래가고 급락하는 장이다. 예컨대 다음과 같은 질문을 해보라. 2008년 당시 주가가 45% 이상 떨어졌을 때 기분이 어떠했는가? 시장이 연일 하락을 거듭함에 따라 지독한 압박감 아래에서 무슨 느낌이 들었고 어떻게 행동했는가?

뮤추얼 펀드 투자 시 고려사항

당신이 여전히 뮤추얼 펀드를 직접 선택해 투자하고 싶어 한다는 걸 잘 알기에 다음을 권해본다. 〈머니〉, 〈포브스〉, 〈블룸버그〉, 〈비즈니스위크〉 등에서 401(k) 퇴직연금이나 다른 확정기여형으로 선도적인 퇴직연금 목록을 받아 살펴보는 데 힘써보라. 그런 다음 이런 펀드 중 어떤 것이 지속적으로 사람들에게 인기가 있고 매우 장기적으로 좋은 실적을 달성할 가능성이 큰지 — 이 분야에 대해 — 가장 잘 아는 지인에게 물어보라. 당신의 목록은 이내 — 캐피털 그룹 컴퍼니가 운용하는 — 아메리칸 펀드, T. 로우 프라이스, 웰링턴, 뱅가드 같은 뛰어난 기관들의 펀드로 가득할 것이다.[45] 전문가들이 낮은 수수료를 부과하고 본인의 일터에서 운용하는 펀드에 본인의 순자산을 대부분 투자하는 기관을 찾아라.

액티브 운용 뮤추얼 펀드를 고를 때에는 남들과 다른 방법으로 신중히 선택하라. 펀드 하나를 택하면 안 된다. 대신 '어림짐작에 가까운' 판단으로 시작하라. 바로 그 최고의 뮤추얼 펀드를 찾으려고 노력하기보다 각종 뮤추얼 펀드를 종합적으로 제공하는 우수한 투자기관을 찾아라. 여기저기 물어보라. 그 기관은 최고의 인재들을 계속 끌어들이고 인재 이탈이 거의 없는 훌륭한 일터로 보이는가? 그 기관은 영업 조직보다 주로 전문가 조직에서 운영하는가? 투자 성공의 열쇠는 최근 몇 년

45 다음 사항을 모두 공개한다. 나는 캐피털 그룹을 좋게 평가하는 책을 저술했고 수년 동안 뱅가드의 이사였으며, T. 로우 프라이스 및 웰링턴과 수십 년 동안 전략을 논의했다.

동안의 실적 수치가 아닌 해당 조직의 오랜 전문가 문화에서 찾을 수 있다.

주식과 투자 아이디어는 불안정하고 펀드 매니저들도 이직을 곧잘 한다. 하지만 어떤 사람의 성격이나 어떤 조직의 문화는 좋든 나쁘든 변하기 어렵다. 그러니 30~40년이라는 업력 내내 우수한 사람들을 채용해 잘 보듬고 있는 문화를 지닌 운용사를 찾아라. "우리는 이런 식으로 일한다"는 이야기에 일관성이 있는지도 잘 살펴보라. 그리고 당신의 진정한 관심사가 모두 장기적인 경우라면 최근 실적에 중점을 두려는 기관에 대해 조심하면서 의문을 품어라. 궁극적으로는 성격이나 조직 문화가 틀림없이 좌우할 것이다. 그러니 장기적인 기록이 좋고 잘 확립된 기관, 존경받는 기관을 찾아라. 현명한 투자자들의 칭송을 들으면서 오랫동안 편안히 살 수 있을 것이다.

'편안하게 산다'는 생각이야말로 뮤추얼 펀드에 투자하는 대다수 개인이 장기 투자에 성공하는 열쇠다. 당신은 펀드를 갈아타고 싶지 않기 때문이다. 펀드 갈아타기는 두 가지 측면에서 투자자의 적이다. 첫째, 뮤추얼 펀드 교체 비용은 자산의 '단 몇 % 비용만 들면 되는' 미미한 규모처럼 보일 수 있지만, 펀드를 갈아타는 사람들 중 상당수가 몇 년에 한 번씩은 갈아타고 있어서 갈아타는 비용이 계속 늘어난다. 둘째, 펀드를 갈아타는 대부분의 투자자는 보이지 않는 훨씬 더 큰 금액을 지불한다. 최악의 손실을 기록한 후 매도하고 최고로 이익을 기록한 후 매수하기 때문이다. 다음과 같은 전체 산업의 자금 흐름을 잘 들여다보라. 대부분의 매도는 펀드 수익률이 이미 시장 평균보다 부진해진 이후에 이루어지고, 대부분의 매수는 펀드 수익률이 이미 시장 평균보다 높아진

다음에 진행된다. 그리고 유입과 유출은 가장 극적인 흥망성쇠를 겪은 펀드에서 가장 많이 나타난다. 그래서 스스로 자초한 고통이 더욱 크다.

영업 주도형 뮤추얼 펀드 회사들은 자사가 얼마나 모험적인 사업으로 성장해왔는지 이해할 만한 긍지를 안고 과거를 회고할 수도 있다. 그러나 뮤추얼 펀드 회사들이 미국의 1억 명 이상 개인과 가족 중 절반 이상의 신뢰를 얻었고, 사업 성공을 위한 싸움에서 승리했을 뿐만 아니라, 대중의 신뢰를 받은 덕분에 장사꾼 조직에서 대규모 수탁 책임을 지닌 기관으로 변화했음을 아는 사람은 드물다. 그래서 뮤추얼 펀드 회사들이 인정하든 안 하든 이제는 기준이 크게 달라졌다.

뮤추얼 펀드는 얼마나 많은 종류를 이용해야 할까? 그리 많지 않다! 뮤추얼 펀드의 경우, 투자자는 대체로 어느 한 주요 펀드 계열에서 제공하는 여러 다른 스타일이나 유형을 찾을 수 있다. 즉, 종류가 다른 인덱스 펀드, 성장주 펀드 대 가치주 펀드, 대형주 대 소형주, 머니마켓펀드(MMF), 부동산투자신탁, 인터내셔널 펀드(일반적으로 말하는 해외 펀드. 해외 특정 지역에 투자함-옮긴이) 대 글로벌 펀드(해외 여러 지역에 분산투자하는 해외 투자 펀드-옮긴이), 그 외에도 여러 가지 펀드가 있다. 잘 운용된 펀드 계열에서 제공하는 모든 펀드는 전문성, 합리적 수수료, 투자자 서비스에 대한 동일한 기준으로 조직적으로 책임을 진다. 그러므로 장기적인 투자 실적, 사업 가치, 당신이 존중하는 관행을 지닌 펀드 계열 한 곳을 신중히 선택해 뮤추얼 펀드 투자에 집중하는 것이 좋다.

암울한 뮤추얼 투자 세계에서 살아남기

현명한 투자자들은 뮤추얼 펀드를 신중히 선택한 후 그 과정을 유지한다. 말은 쉬워도 대부분의 투자자가 따르기 매우 어려운 훌륭한 규칙은 다음과 같다. 만약 해당 펀드의 실적이 2~3년 동안 시장보다 상당히 뒤져 있었다면 자신 있게 다른 이에게 권하지 않을 그 펀드를 절대 선택하지 말라고 하는데, 그런 펀드의 매니저는 왜인지는 몰라도 해당 펀드에 관심을 끊었다고 사람들은 생각한다. ― 그런데 ― 우수한 장기 실적을 거둔 대부분의 뮤추얼 펀드는 장기 실적에서 3년 연속으로 시장 평균 이하의 실적을 기록한 적이 있다. 대개 펀드의 장기투자 규칙이 그런 특정 기간에 시장에서 통하지 않았기 때문이다.

당신은 삶의 경험을 통해 티켓 판매소나 공항 심사대에서 일반적으로 어떤 줄에 줄을 섰다가 다른 줄로 바꾸려 할 때 돈을 내지 않아도 된다는 것을 알고 있다.[46] 투자 매니저를 갈아타면 생산성이 훨씬 낮아지고, 펀드 갈아타기 역시 비용이 꽤 든다. 자신의 약속을 지키는 유능한 뮤추얼 펀드 매니저와 같이 가는 것은, 특히 현재 시장 환경과 매니저의 철학이 충돌할 때라면 이는 투자할 때 진정한 '고객의 현명함'을 보여주는 일이며, 결국 보상을 받게 될 것이다. 물론, 쉬운 답은 인덱스 펀드를 이용하는 것이다.

리스크를 반영한 후 상당히 우수한 장기 실적을 거둔 뮤추얼 펀드는 드물다. 이 데이터는 1913년 프랑스 육군사관학교 생시르(Saint-Cyr)의 졸업사진, 즉 제1차 세계대전 당시 곧 전쟁터로 떠날 운명이었던 젊은이들의 사진 속 모습만큼이나 암울하다. 50년 동안 전체적으로 뮤추얼 펀드는 S&P 500 지수보다 180bp(1.8%)가 저조했는데, 뮤추얼 펀드

46 이런 현상을 에토레의 법칙(Ettore's Law)이라고 한다.

가 11.8% 오를 동안 그 벤치마크인 S&P 500 지수는 13.6% 상승했다.[47] 지난 20년 동안 인덱스 펀드 수익률은 미국 뮤추얼 펀드의 거의 90%가 달성했던 실적보다 높았다. 수년간의 신중한 연구 끝에, 프린스턴 대학의 인기 교수 버턴 말킬(Burton Malkiel)은 다른 뮤추얼 펀드와 비교한 뮤추얼 펀드 미래 실적의 최고 추정치가 포트폴리오 회전율과 비용이라는 두 가지 요소에 좌우된다는 것을 알아냈다. 회전율과 비용은 둘 다 낮을수록 좋다. 그리고 두 경우에 '비결'은 수수료가 적은 인덱스 펀드다.

47 1999년 2월 3일 플로리다 주 올랜도 머니쇼에서 존 C. 보글이 들려준 '투자의 문화 충돌: 복잡성 대 단순성' 연설.

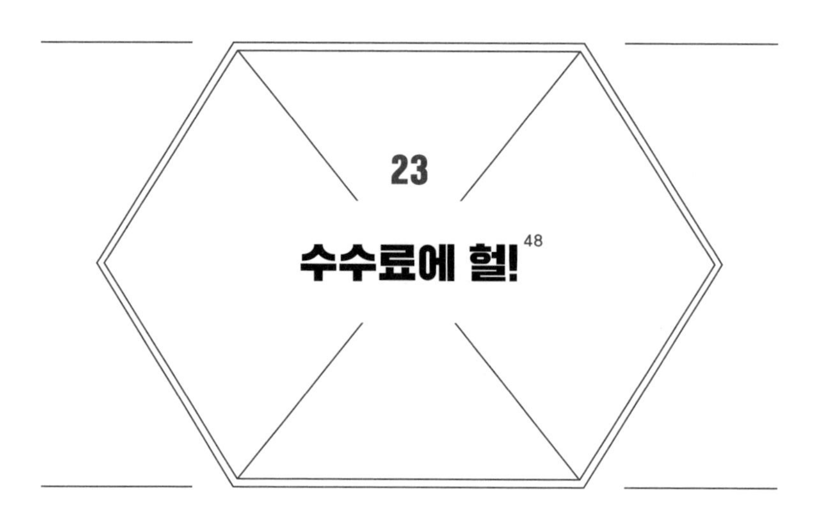

23 수수료에 헐![48]

투자운용 서비스 가격은 지난 50년 동안 신성한 경제법칙의 예외였다. 마침내 이 예외가 오늘날 상당한 혼란을 일으킬 수도 있다.

이에 대해 일부에서는 불만을 표시하지만, 대부분의 투자자는 투자운용 수수료가 '낮다(low)'라는 말이나 '1%밖에 안 된다'는 말로 가장 잘 설명할 수 있다고 오랫동안 생각해왔다. 특히 수수료는 투자 매니저를 선택할 때 거의 고려하지 않을 정도로 매우 낮아 보인다.[49]

---

48 챕터 23의 영문 제목(PHOOEY ON PHEES!)은 샬롯 베이어(Charlotte Beyer)의 훌륭한 저서《자산 운용 뜯어보기(Wealth Management Unwrapped)》에서 따왔다(이 책 내용 중 저자 샬롯 베이어가 자기 자신과 잘 맞는 투자 컨설턴트를 고르는 5P 기준을 제시하는 부분에서 수수료를 뜻하는 fee를 P 발음에 맞추어 'phee'라고 바꿔서 표기한 부분을 따옴-옮긴이).

높은 수수료의 역습

위와 같은 수수료에 대한 관점은 투자자들의 망상이며 투자 매니저들의 순수하지 못한 속임수다. 우리가 무언가를 묘사하고 바라보는 방식인 프레임은 중요한 차이를 만들 수 있다. 그리고 이는 투자운용 수수료에도 적용되어 왔다. 그게 진짜 무엇인지를 정확히 파악하고 나면 액티브 운용에 대한 수수료가 매우 높음을 알 수 있다. 대부분의 불평론자가 인식하는 수수료보다도 훨씬 더 높다.

자산 대비 비율로 언급될 때에는 평균 수수료가 꽤 낮아 보인다. 개인자산에 대해서는 1%를 약간 넘고 기관 투자자 자산에 대해서는 1%의 2분의 1에 약간 못 미치기 때문이다. 하지만 이것이 수수료를 측정하거나 설명하는 올바른 방법일까? 아니다! 올바른 것 근처에도 못 간다!

이유는 이렇다. 투자자들은 이미 본인 자산을 소유하고 있으므로, 투자운용 수수료는 진짜로 투자자들이 무엇을 얻고 있으며 투자 매니저들이 어떤 부가가치를 올려주는가, 즉 높은 수익률을 올려주는가를 바탕으로 삼아야 한다.

수익률로 정확히 계산해보면 수수료는 낮아서 보이지도 않는다. 계산해보라. 대다수 독자의 예상처럼 평균 미래 주식 수익률이 연 7%라

---

49 뮤추얼 펀드 내에서도 수수료는 펀드마다, 그리고 펀드 종류에 따라 많이 다르다. 비교 가능한 인덱스 펀드 사이에서도 그렇다. 18개 나라의 4만 6,799개 펀드를 대상으로 한 조사에 따르면 일부 뮤추얼 펀드의 연간 총 비용률은 펀드 자산의 1%보다 크게 높은 것으로 나타났다. 호주 1.60%, 캐나다 2.68%, 프랑스 1.13% 독일 1.22%, 스위스 1.42%, 영국 1.32%, 미국 1.4%였다. 비용률 외에도 일반적으로 미국 뮤추얼 펀드에는 25bp(0.25%)의 추가 요금이 판매보수(통상적으로 '12b-1'이라고 불림-옮긴이)로 부과되는 경우가 많다. 에이제이 코라나(Ajay Khorana), 헨리 세르바스(Henri Servaes), 피터 투파노(Peter Tufano), 〈전 세계 뮤추얼 펀드 수수료〉 하버드경영대학원(HBS) 금융 연구 보고서 No.901023(2007년).

면, 이 경우 수수료는 1%도 0.5%도 아니다. 그보다 훨씬 높다. 즉, 개인에게는 14% 이상(수익의 7분의 1), 기관에는 7% 이상이다.

그러나 이런 재계산마저도 액티브 투자운용의 실제 비용을 상당히 과소평가하고 있다. 인덱스 펀드는 그냥 시장 리스크 수준의 시장 수익률을 안정적으로 전달하는 '상품'을 만들어내기 때문이다. 인덱스 펀드는 현재 대단히 적은 수수료로 이용할 수 있는데, 개인은 0.10% 이하, 기관은 0.03% 이하다.

상품은 모든 투자자가 이용할 수 있으므로, 우리는 경제학개론에서 배운 다음 내용을 적용해야 한다. 신뢰성 있는 상품이 두루 이용될 때, 선택 대상에 대한 실제 비용이란 늘어난 가치의 비율에 해당하는 증가 비용이다. 따라서 합리적 투자자는 액티브 매니저가 적용하는 수수료의 실제 비용을 총 수익률이 아니라 시장 인덱스 이상으로 올린 리스크 감안 후 증가 수익률로 고려해야 한다. 인덱스 투자에 대한 수수료 대비 증가하는 수수료를 기준으로 증가 수익률을 따지는 것이 정확한 계산이기 때문이다. 요컨대 정확히 말하자면 액티브 운용 수수료가 매우 높다는 이야기다.[50]

단 1%'의 영향이라도 시간이 지나면 엄청나게 큰 수치로 쌓일 수 있다. 한 예로, 두 명의 투자자가 각각 10만 달러로 시작해서 25년 동안

50 옛날에는 의뢰인용 신탁을 조성했던 변호사들이 종종 배당금 및 이자 수령, 만기 시 채권 상환, 세금 환급 신청 등 신탁 관리를 제공했다. 변호사들은 이런 서비스 요금을 시간 단위로 청구했기 때문에 투자운용도 시간 단위로 청구했다. 지난 세기의 전반기(1901~1950년)에 몇몇 투자 자문 회사가 법률회사 외부에 설립되었다. 대형 신탁은 공정성 문제로 소형 신탁보다 요금을 더 많이 청구해야 한다는 것을 깨닫고는, 자산 규모를 바탕으로 하는 수수료 부과로 전환했다. 이는 과거 수익성이 낮았던 이 업계를 세계에서 수익성이 가장 높은 서비스 산업으로 변모시켰다. 수수료가 자산 대비 0.10%에서 1.0% 인상된 후에는 특히 더 그러했다.

매년 1만 4,000달러를 추가한다고 하자. 한 투자자는 1.10%의 수수료를 받는 매니저를 택하고, 다른 투자자는 '0.1%만' 내기로 한다. 차이는 딱 1%p다. 25년 후, 둘 다 100만 달러 이상을 벌었지만, 둘 사이에는 놀랍게도 25만 5,423달러(약 3억 원)의 격차가 있었다. 그러니까, 140만 666달러와 114만 5,243달러 간의 차이가 그 결과다.

수수료 수준은 펀드 주주가 얻는 실제 이익에 비례해야 한다고 생각한다면, 대다수 뮤추얼 펀드가 부과하는 수수료가 리스크 감안 후 증가 수익률에 비해 100% 이상이라는 사실을 알고 놀랄 것이다. 그렇다. 지수 상품(+약간의 무엇)에 덧붙여진 모든 가치는 펀드 매니저에게 넘어간다. 그러나 돈을 전부 걸고 리스크를 감수한 투자자에겐 남는 것이 하나도 없다. 생각해볼 만한 재미있는 사업이다. 그 어떤 서비스가 이렇게 높은 비율로 가격을 책정해 고객에게 가치를 제공할까? 손쉽게 구할 수 있는 인덱스 펀드라는 대안에 비해 액티브 운용 수수료가 놀라울 정도로 높다는 현실을 고객이 파악하지 못할 것이라는 가정 아래에서 액티브 투자 매니저들은 얼마나 오래 번영할 수 있을까?

액티브 운용 수수료의 역사

액티브 운용 수수료에는 길고도 흥미로운 역사가 깃들어 있다. 옛날에는(75년 전) 투자운용이 손실을 주도하는 것으로 여겨졌다. 제2차 세계대전 후 임금과 물가가 동결되었던 시절에 연금 기금이 '복리후생'으로 확산되었을 때, 주요 은행들은 연금 기금 자산에 수수료를 거의 또는 전혀 명확히 하지 않고 '고객과 합의해서' 운용하기로 의견을 모아 이 신규 사업 대부분을 관리했다.

그러나 은행들은 자기들의 활동을 '돈벌이로 만들 수 있는' 뒷구멍을 발견했다. 그 당시 은행들은 높은 고정금리 중개 수수료를 적용해 소매 고객 계좌에서 발생하는 거액 현금 잔고와 신탁업계 중개 수수료를 맞교환했다. 이러한 계약 조건에 따라 증권사들은 '상부상조하는' 수수료 사업에 나섰고, 그 대가로 은행들은 무수한 고객들의 계좌에서 — 총 수백만 달러에 달했다 — 시중 금리 수준으로 대출할 수 있는 거액의 여유자금 잔고를 얻었다. 증권사와 은행 둘 다에 이득이었으나 증권사 고객에게는 아니었다. 고객의 돈은 이 소리 없는 협정의 '밑바탕'이었다.

1960년대에 기관과 거래하는 도널드슨, 루프킨 & 젠레트, 미첼 허친스, 베이커 위크스 등 몇몇 증권사는 명목상으로 수수료가 일괄 부과되었지만(보통 1%) 자사의 액티브 운용으로 발생하는 중개 수수료는 공제받아서 명목상 수수료를 완전히 상쇄하는 투자운용 부서를 운영하고 있었다. 따라서 실제 수수료는 사실상 제로(0)였다.

1960년대와 1970년대에 조직된 이 새로운 업체들은 은행과 보험사보다 훨씬 더 많은 수수료를 쉽게 부과할 수 있음을 알았다. 높은 수수료는 우수한 예상 실적의 증거로 여겨졌기 때문이다. 우수한 예상 실적의 규모와 비교하면, 액티브 투자에 대한 수수료는 전혀 문제가 되지 않는 듯했다. 수수료에 대해 시시콜콜 따지는 일은 "자녀가 치료받는 뇌신경외과를 가격에 따라 선택하지는 않겠지요?"와 같은 말로 쉽게 묵살되었다.[51]

---

51 가격에 따라 와인을 선택하는 젊은 헤지펀드 매니저들이 자주 찾는 고급 레스토랑의 와인 목록에서 또 다른 예외를 찾을 수 있다. 냉소적인 소믈리에(와인 담당 직원)들은 몇몇 비싼 와인의 가격을 인상하는 것으로 알려져 있다. 그런 와인에는 의도적으로 가격을 매겨두는데, 이는 본인이 최고라고 여겨지는 것을 살 수 있음을 남들에게 증명할 필요가 있는 욕구를 지닌 고객의 주의를 끌기 위한 것이다.

모건 은행이 1960년대 후반에 기관 수수료로 1%를 부과하겠다고 발표하며 선도했을 때,[52] 월스트리트의 고정관념은 모건 은행에서 엄청난 사업비가 들 거라고 보았다. '고객들은 결코 그렇게 높은 요금을 내지 않을 거야!' 사실, 모건은 그저 작은 계좌 하나만 잃었을 뿐이었다. 그래서 증권사들은 수수료가 인상될 수 있다는 것을 깨닫고 수수료를 인상했다.

이에 따라 적절한 매니저를 선택한다면 수수료는 늘어나는 수익률로 문제없이 해결될 거라는 고객 인식이 이루어지면서 거의 반세기 동안 수수료 인상이 시작되었다. 오늘날에도 이와 반대되는 폭넓은 증거에도 불구하고, 왜 그런지 모르겠지만 개인과 기관 투자자 모두 자기들이 선택한 매니저들이 시장보다 훨씬 더 높은 수익률을 올릴 거라고 기대한다. 수수료가 낮아 보여서 그랬을 게 분명하다.

10년이 흘러 뮤추얼 펀드와 연금 기금의 자산이 늘어나자, 그와 동시에 액티브 투자운용에 대한 수수료 명세서는 예상했던 것처럼 하락하는 대신 세 배 또는 네 배나 증가했다. 이러한 조합으로 투자 사업은 수익성이 갈수록 높아졌다. 높은 급여와 흥미로운 업무는 애널리스트 또는 포트폴리오 매니저가 되려는 유능한 경영학석사(MBA), 의학박사

---

52 증권사의 고객 현금 잔고에 있는 안정적인 요구불 예금(수시입출금이 가능한 예금-옮긴이)의 경제적 가치를 인지하고는 상업 대출 이익의 일부를 신탁업계에 맡겼다. 신탁업계는 증권 중개인들이 그들의 은행에 유치한 요구불 예금의 5%(주당 40센트)를 중개 업무에 부과했다. 은행들은 고객과 논의하지 않은 이 기업가적 이익을 합당하다고 보았다. 머니마켓펀드(MMF)가 은행에서 이러한 현금 잔고를 끌어들이면서, 그 영향을 받아 수입은 위덴앤코 증권(Weeden & Co.)의 장외 주식시장 거래 수수료에 '뉴욕증권거래소(NYSE)와 비슷한 수준'의 수수료를 합산한 것으로 대체되었다. 협상된 요율로 인해 나중에 이 수입원이 사라지자, J. P. 모건은 투자운용 수수료 부과를 시작하기로 결정했다.

(MD), 철학박사(PhD)의 수를 증가시켰고, 전체적으로 서로 간의 경쟁도 더욱 치열해졌다.

전 세계적으로 고도로 훈련된 전문가(모두가 어떤 경쟁 우위를 얻어내고자 맹렬히 일한다) 숫자가 증가하고 있다는 점이다. '가격 발견'의 다양한 측면에 종사하는 전문가 수의 추정치는 50년 전만 해도 5,000명이었으나 지금은 50만에서 100만 명이나 된다. 한편, 특히 20세기 마지막 4분기에 엄청난 강세장 덕분에 높은 수익률이 나타났을 때에도 투자자들은 수수료를 계속 무시했다. 거의 모두가 수수료가 중요하지 않다고 가정했기 때문이다. 투자운용 수수료는 많은 측면에서 놀라움을 준다. 수표에 명확한 금액을 기입해서 수수료를 지불하는 사람이 아무도 없어서다. 대신에 수수료는 조용히 자동으로 투자 매니저가 공제해가며 관행적으로 금액이 아닌 자산에 대한 비율로 기재된다.

현재 수익률 경험과 수익률 기대치가 모두 낮아지면서, 과거에는 간과했던 현실이 다음과 같은 이유로 점점 주목받고 있다. 자산 연동형 수수료는 지난 50년 동안 기관과 개인 투자자 모두에게 4배 이상 증가한 반면, 시장과 비교한 투자 실적은 개선되지 않았다. 전 세계 주식시장의 중요한 여러 가지 복합적인 변화 탓이었는데, 특히나 실력 있는 경쟁자들이 대거 유입된 영향 때문에 액티브 매니저들 대부분이 운용 비용과 수수료만큼 제 역할을 할 수 없다.

수수료는 확실히 전부가 아니다. 그러나 분명히 확인한 바와 같이 수수료는 전혀 의미가 없는 것이 아니다. 늘어난 수익률에 대한 늘어난 수수료로 분석했을 때 투자운용 수수료는 현재 대단히 높다. 개인 및 기관 투자자 수가 증가함에 따라 인덱스 펀드와 상장지수펀드(ETF)의 도움을 받고 둘 중 하나 또는 둘 다에 투자해본 경험자들이 꾸준히 그것의 활용을 늘려나가는 것은 크게 놀랄 일이 아니다.

한 가지는 분명하다. 인덱스 투자를 액티브 운용으로 전환하는 것을 고려하는 인덱스 투자자는 거의 없다. 왜 더 불확실하고 장기 수익률은 더 낮은 데다 심각한 리스크도 있고 실망스러운 매니저 비용까지 드는데 10배 이상의 수수료(세금 포함)를 내는가? 한편, 액티브 투자운용의 복잡성에 매료된 성실하고 행복한 영혼들은 다음과 같은 궁금증이 생길 것이다. 액티브 운용 보수는 산업 전반적으로 이제 스스로 생성한 세계적인 거품 속에 있을까? 수수료 인하라는 불안이 이 업계의 미래를 괴롭힐까?

24 올바른 투자 계획

죽음은 모든 사람이 마지막에 경험하는 현실이다. 그러나 투자자인 당신은 이를 너무 과대평가하고 있는지도 모른다. 만약 당신이 대부분의 자본을 자녀나 손주들에게 유산으로 남길 계획이라면, '고령자는 채권에 더 많이 투자해 안전성을 높여야 한다'라는 투자 관행이나 '주식 투자에서 보유 자산의 비율을 결정할 때에는 100에서 본인 나이를 뺀다'와 같은 금언이나, 혹은 '채권에 당신의 나이를 투자하라'는 말을 무시하는 게 옳다. 가족까지 포함시켜 구상한 투자 정책의 적정 시계(視界)가 아주 길기 때문이다. 당신이 80대나 90대라도 말이다.

투자 계획을 재점검하라

당신과 당신 가족에게 더 현명하고 더 나은 결정은 주식에 100% 투자하는 일일 수 있다(내가 83세의 나이에 하듯이 말이다). 당신의 투자 시계가 '생존 시계'보다 훨씬 길 수 있기 때문이다. 만약 당신이 사랑하는 사람들(가족과 상속자들)이나 심지어 당신이 아끼는 단체들(당신이 가장 좋아하는 자선단체)이 당신보다 더 오래 생존할 것 같다면(거의 틀림없이 그럴 것이다), 아마도 본인의 생애뿐만 아니라 그들의 생존 기간까지 적용될 수 있도록 당신의 투자 계획 시계를 확장해야 한다. 예를 들어보자. 만약 당신이 현재 마흔 살이고 다섯 살짜리 아들이 있다면, 당신의 진짜 투자 시계는 40년이나 50년(당신의 미래 기대 수명)이 아니라 아들의 생존 기간까지 감안한 80년에 더 가까울 수 있다. 특히 당신이 아들에게 남기려고 계획하는 어떤 펀드든지 그렇다. 당신이 75세일지라도 어린 손주나 아끼는 자선단체가 있다면 당신의 투자 시계는 마찬가지로 길어질 수 있다.

투자자들은 언젠가 죽음을 맞이하지만, 우리의 투자는 이를 모르며 솔직히 관심도 없다. 재테크 작가 애덤 스미스가 남긴 또 하나의 경고를 떠올려보라. "주식은 당신이 그걸 보유하고 있는지 모른다." 이런 시각은 주식, 채권, 건물 등 모든 투자에 적용된다. 모든 것에는 현재 가치가 있으며 그것들을 누가 소유하는지와 무관한 미래 가치가 존재한다. 따라서 투자는 나이와 같은 개인적 사유가 아니라 투자할 만한 근거에 따라 이루어져야 한다.

따라서 나이가 들었다거나 은퇴했다는 이유로 투자에 변화를 주지 마라. 만약 당신이 좋은 그림을 살 만큼 여유가 있다면, 은퇴기에 이르거나 70~80세 생일을 기념하여 가장 아끼는 그림을 바꾸지 않을 것이다. 투자도 마찬가지다. 장기간의 목표 지향적 전략을 유지해야 한다.

복리는 강력하다. 특히 장기 투자의 복리 효과는 엄청나다. 술탄의 제국을 구해낸 대신에게 후하게 보답하겠다며 감사의 뜻을 표한 술탄을 떠올려보라. 영웅이 된 대신은 겸손하게 장기판 첫째 칸에는 밀 한 알, 다음 칸에는 두 알, 셋째 칸에는 네 알, 넷째 칸에는 여덟 알 하는 식으로만 해달라고 술탄에게 요청했다. 영리한 대신은 큰 상 대신 이처럼 상징성 있는 복리 하사품이면 자기 마음이 기쁘겠다고 아뢰었다. 술탄은 매우 기뻐하며 언뜻 간단해 보이는 이 방식을 수락해 대신의 소원을 들어주기로 했다. 그러나 술탄은 복리의 어마어마한 위력을 전혀 예상하지 못했다. 64번 연속으로 두 배씩 늘어나면 놀랄 만큼 부풀어 오른다. 이 이야기에서 밀 알갱이 몇 알은 계속 더해진 끝에 제국의 전체 자산보다 더 커다란 값어치가 되었다. 술탄은 알라 앞에서 맹세한 자신의 명예를 지키기 위해 제국 전체를 대신에게 넘기고 말았다.

모든 투자자는 '시장 리스크'와 '인플레이션 리스크'라는 두 종류 리스크로 인해 발생하는 해당 리스크와 그 투자의 영향을 이해할 필요가 있다. 〈24-1〉은 이처럼 피할 수 없는 두 가지 리스크가 80년 동안 어떻

24-1 시장 리스크와 인플레이션 리스크 사이의 균형

	명목 수익률			실질 수익률		
1926~2006년 전체 수익률	연평균 수익률	손실을 냈던 해	최악의 연간 수익률	연평균 수익률	손실을 냈던 해	최악의 연간 수익률
미 재무부 채권	3.8%	0%	0.0%	0.8%	35%	-15.0%
채권	5.2%	9%	-2.3%	2.1%	38%	-14.5%
주식	10.5%	30%	-43.1%	7.2%	35%	-37.3%

출처: 뱅가드 투자 자문 & 리서치 자료에서 일부 수정

게 균형을 이루는지 나타낸다. 앞쪽 세 칸은 주식이 미국 재무부채권(TB) 수익률의 약 3배 수익률을 올린다는 것, 그리고 TB는 손실을 전혀 내지 않는다는 것을 명목 수익률(물가상승률을 반영하지 않은 수익률-옮긴이)로 보여준다. 뒤쪽 세 칸은 인플레이션을 반영한 것으로, 상당히 다른 내용을 나타낸다. 실질 주식 수익률은 TB 수익률의 9배에 이른다.

마이너스 수익률을 기록한 연도의 비율을 주목하자. 인플레이션을 반영하기 전에는 TB에서 전혀 손실이 없지만 주식은 30%의 기간에 손실이 났다. 그러나 인플레이션을 반영한 후에는 TB와 주식 모두 35% 기간에 마이너스 수익률을 기록하고 있다(채권은 약간 더 좋지 않다).

여기서 교훈은 단지 복리가 실제로 자산을 얼마나 훌륭하게 증가시키느냐가 아니다. 교훈은 하나 더 있다. 두 번째 교훈은, 인플레이션은 구매력을 가차 없이 소멸시킨다는 것이다.

경이로운 미래의 부(富)를 속삭이는 로렐라이(아름다운 노래로 뱃사람을 유혹해 침몰시켰다는 독일의 전설 속 마녀-옮긴이)의 약속으로 투자자들을 현혹하는 홍보와 광고에 주의하라. 인정사정없이 잔혹하게 자본을 파괴하는 인플레이션의 무서울 정도로 부정적인 영향을 설명하지 않기 때문이다. 1960년에 100달러였던 물건을 지금 사려면 850달러가 넘는 비용이 든다.

인플레이션이 수익의 적이 될 수도 있다

인플레이션 반영 이후의 다우존스 산업평균지수를 살펴보면 투자에 실제로 해를 입힐 수 있는 인플레이션의 능력을 알 수 있다. 특히 다음 사항에 주의하라.

- 1977년부터 1982년까지 5년간 인플레이션을 반영한 다우 지수는 5년 동안 63%의 손실을 기록했다.
- 합리적이고 장기적인 투자자들은 1960년대 후반부터 1980년대 초반까지 15년 동안 인플레이션만 반영해 계산한 주식시장이 약 80% 폭락했음을 알아야 한다. 그 결과 1970년대의 10년은 투자자들에게는 사실상 1930년대의 10년보다 더 나빴다.
- 1993년 다우 지수는 투기성이 심했던 1929년 '버블' 장세가 정점에 이르렀을 때의 인플레이션 반영 수준과 마침내 어깨를 나란히 하게 되었다. 64년은 기다리며 따라잡기에는 기나긴 세월이다.

투자자들은 괜찮은 재무계획을 수립할 때, 다음 세 가지 중요한 질문에 대한 좋은 답변으로 시작하고 싶을 것이다.

- 나의 계획은 은퇴 기간 동안 적당한 생활비를 감당할 수 있는 인플레이션 반영 수치 기준의 충분한 소득 확보를 보장하는가? 대다수 사람에게 이렇게 '넉넉한 소득'은 은퇴 전 지출액의 75%나 80%에 2~3%를 덧붙인 액수로 계산한다. 매년 인플레이션을 상쇄하기 위해 합산하는 것이다.
- 노후 시 예상하지 못한 응급 상황(대체로 건강문제)을 처리하기에 충분한가? 주의하라! 일반인 평생 의료비 지출의 80%는 막바지 6개월 동안에 이루어진다. 여성이 남성보다 오래 사는데, 아내가 남편보다 나이가 적은 경우가 꽤 많으므로 대부분의 부부는 아내가 홀로 지낼 몇 년 동안을 적절히 지원하는 데 특히 관심을 기울이고 싶을 것이다.
- 남은 자본이 상속자와 자선단체에 대한 우리의 목표, 의도와 일치하는가?

만약 위의 질문을 보고 충분하면서도 긍정적으로 답이 나오지 않는다면, 당신의 계획은 다시 고민하고 변경할 필요가 있다. 변화가 필요하다면 당신 입장에서 가능한 한 오래 작용할 수 있도록 당장 바꾸어라. 당신의 목표를 당신이 달성하고 싶은 목표 날짜와 함께 적어보라. 그래야 당신의 계획과 실제 진행 과정을 비교할 수 있다. 시간은 모든 투자 문제의 핵심 요소가 된다. 투자 결정은 자녀의 대학 입학 시기, 상속금 수령, 퇴직일 등 투자와 무관한 사건에 따라 추진하면 안 된다. 따라서 당신이 언제 투자하고 싶은지와 어떻게 투자하느냐는 별개 문제다. 당신의 투자는 당신의 소망이나 의도를 모른다. 투자 시장은 당신에게 맞추어주지 않는다. 투자자인 당신이 시장에 맞추어야 한다.

당신이 투자자로 살아가는 동안, 당신에게 알맞은 투자 프로그램은 계속 바뀌고 또 바뀔 것이다. 부분적으로는 당신의 환경과 자원이 달라지고, 부분적으로는 당신의 목표와 우선순위가 바뀌기 때문이다. 그러나 더 신중하고 철저하게 계획을 세울수록, 그리고 미리 계획을 세울수록 시간이 지나더라도 계획을 변경할 필요가 줄어들 것이다. 철저한 장기 투자 프로그램 수립은 보통 10년 단위로 계획하면 좋다. 이런 방식이 도움이 된다. 건실한 투자란 본질적으로 장기라는 점을 수십 년 동안의 작업을 통해 우리에게 상기시켜 준다. 물론 계획은 아래에 나오는 실제 실행 사례 정도로도 유용하다.

투자자의 어깨를 짓누르는 부채

계획의 첫걸음은 명확하다. 부채를 갚아라. 학자금 대출과 첫 가정을 꾸리느라 짊어지게 된 빚을 상환하는 첫 승리를 이루면, 이는 훌륭하고 승리할 자격을 갖춘 것으로 볼 수 있다. 부채에서 벗어나는 열쇠는 명확하다. 저축하라!

쓸 수 있는 돈보다 적게 쓰고 지출은 미루는 등 절약 습관을 바탕에 둔 삶에서는 저축이 필수다. 수입이 어쨌든 소비보다 많을 거라고 가정하거나 바라는 사람들은 마법을 믿는 건지도 모르겠는데, 하지만 이들은 종종 슬프게도 실망할 운명이다. 정기적으로 저축계좌에 입금해서 '당신 자신에게 먼저 지불하라'. 정액 정기 매수법(매달 일정한 금액을 매수하는 것)은 자신에게 먼저 지불하는 좋은 방법이다. 그리고 만약 당신의 고용주가 확정기여형 퇴직연금을 제공한다면, 반드시 적당한 금액을 퇴직연금에 입금하라. 왜 공짜 돈을 그냥 내버려 두는가? 그처럼 조건이 맞는 직장에서 퇴직연금에 최대 허용 수준으로 가입하도록 노력하라.

의도적으로 신중하게 받는 대출과 그냥 부채를 얻는 것에는 큰 차이가 존재한다. 합리적인 차입자는 편안하다. 상환 능력이 충분하고, 가장 중요한 것은 상환 시기를 결정하거나 통제하기 때문이다. 채무자는 대출기관이 빌려주기로 결정한 만큼만 빌려서 대출기관이 선택한 시기에 상환해야 한다. 그래서 모기지는 '그냥 부채'와 크게 다르다(차입이 부채와는 다르듯 은퇴는 노년기와 다르다. 은퇴하고 나면 여행, 독서, 스포츠, 기타 관심사에 더 많은 시간을 보낼 수 있다. 나이를 먹으면 몸이 매일 다른 방식으로 아프다. 매일 밤마다 그렇다).

100만 달러의 여러 가지 얼굴

〈24-2〉은 인플레이션에 관한 중요한 이야기를 알려준다. '가장 중요

24-2 현재부터 90세까지 필요한 자금

당신의 현재 연령	30	35	40	45	50	55	60
저축 목표	300만$	250만$	210만$	170만$	140만$	110만$	94만$
당신의 현재 저축	**매년 저축해야 할 금액**						
$0	$6,890	$9,248	$12,524	$17,217	$24,300	$36,004	$58,995
$10,000	$5,868	$8,211	$11,463	$16,116	$23,215	$34,689	$57,367
$25,000	$4,334	$6,656	$9,872	$14,463	$21,363	$32,717	$54,926
$50,000	$1,777	$4,064	$7,220	$11,709	$18,427	$29,430	$50,857
$100,000	$0	$0	$1,916	$6,201	$12,554	$22,856	$42,720
$250,000	$0	$0	$0	$0	$0	$3,315	$18,308

한 목표'라는 이름이 붙은 두 번째 줄의 수치는 70세까지 저축해야 할 금액으로, 연간 지출액 3만 5,000달러에 해당하는 인플레이션 반영 후 금액이다(1년에 7만 달러의 생활비를 유지하려면 두 번째 줄에 있는 수치에 2를 곱하라. 10만 5,000달러를 원하면 3을 곱하라). 표를 읽는 방법은 다음과 같다.

- 맨 위 줄에서 자신의 나이를 찾는다.
- 저축 목표는 65세부터 매년 지출할 3만 5,000달러에다 인플레이션을 감안하여 모아야 하는 금액이다.
- -0에서 25만 달러까지 분포한-왼쪽 세로줄의 현재 저축액은 70세가 될 때까지 연간 10%의 수익률로 세금 없이 투자되는 금액이다(註: 10%가 계산하기는 편하지만, 너무 높다는 것이 거의 확실하다).

• 표의 나머지 부분은 저축 목표액을 달성하기 위해 당신이 저축하고 투자해야 할 금액을 나타낸다.

• 70세에 은퇴하면 평균 수익률을 7%라고 가정한다. 더 나아가 90세에는 당신이 모은 저축이 전부 소진될 것으로 가정한다(註: 우리 중 다수가 90세를 넘길 것이다).

〈24-2〉을 다시 살펴보자. 당신의 나이가 35세(두 번째 세로축)라면 70세가 될 때까지 250만 달러를 모아야 1년에 3만 5,000달러를 사용할 수 있는 지출 금액이 만들어진다. 세로축은 당신이 이미 모았어야 할 연령별 저축 수준인데, 이 목표를 달성하려면 해마다 얼마나 저축해야 하는지 알려준다.

다음과 같은 다소 낙관적인 가정에 유의하라. 당신의 저축은 전부 401(k) 퇴직연금 같은 과세 이연 계좌로 들어가는데, 저축액은 매년 10%씩 더 입금될 것으로 가정한다. 70세에 은퇴할 때까지 현재의 경제 전망을 고려하면 이는 확실히 과도한 예상치가 되겠다. 현재 시장 수준에서 시작한다면 가능할 수도 있는데, 당신이 전적으로 주식에 투자하더라도 분명 만만치 않을 것이다. 채권으로는 도저히 안 된다.

미지수가 두 개인 방정식과 대수학을 기억하는가? 당신의 투자 과정에서는 미지수가 3개였는가? 투자자로서 우리는 훨씬 더 복잡한 도전 과제와 마주하고 있다. 즉, 다섯 가지 주요 미지수가 들어 있는 문제를 풀거나 적어도 합리적이고도 이성적으로 운용한다는 것인데, 각각의 미지수들은 계속 변하고 있다. 다섯 가지 미지수는 다음과 같다.

1. 투자 수익률
2. 인플레이션
3. 지출
4. 세금
5. 시간

가상의 35년 투자 계획에 대한 한 분석은 1964년 어느 투자자가 멋진 100만 달러로 시작했다는 행복한 가정에서 시작한다.[53] 이후 다양한 투자 프로그램의 결과물이 시험되었다. 해당 기간 동안 명목 수익률은 이례적으로 양호했다. 주식 11.8%, 채권 7.9%, TB 6.8% 등이었다. 아주 만족스러운 — 그러나 곧 알게 되겠지만 꽤 사기 가능성이 높은 — 처음 100만 달러로부터 만들어진 이론적인 최종 포트폴리오 가치는 다음과 같다.

주식 5,500만 달러

채권 1,550만 달러

TB 1,070만 달러

모두가 승자였다! 적어도 그렇게 보였을 것이다. 그러나 세금 납부 후의 결과는 아래와 같다.

---

53 얼라이언스 번스타인, 1964~2000년.

주식 3,020만 달러

채권 660만 달러

TB 440만 달러

세금이 채권과 TB에 대체 얼마나 큰 격차를 만들었는가. 가정한 세금은 최소액이라는 점에 유의하라. 투자자는 연방세만 내고[주(州)세나 지방세 없음], 다른 과세 소득원도 없으며, 부부 소득세 합산 신고서를 제출하는 것으로 가정했다. 100만 달러를 투자할 수 있는 대다수 투자자에게 실제 세금은 더 많을 것이 확실하다.[54]

인플레이션의 영향에 대비하라. 그것이 우리가 명목(즉, 외견상의) 가치를 실제 돈으로 바꾸는 방법이기 때문이다. 결과는 냉정하다. 같은 35년 동안 인플레이션 반영 이후 결과는 다음과 같다.

주식 540만 달러

채권 120만 달러

TB 80만 달러

결과로 알 수 있듯이 세금보다 인플레이션이 훨씬 더 큰 문제였다. 실질구매력으로 볼 때, 채권은 전체 해당 기간으로 보면 초기 투자 당

54 주식 유효세율은 채권 유효세율보다 훨씬 낮다. 주식 수익률의 일부는 매매 차익이기 때문이다. 매매 차익 세율이 더 낮은 데다 흔히 당신이 매각하기로 마음먹을 때까지 대금 지불은 수년 동안 연기된다. 주식 수익률에 대한 실제 또는 유효 연방세율의 합리적인 추정치는 15% 미만인데, 이는 채권이나 어음에 대한 소득세율의 대략 절반이다.

시보다 단 20% 앞섰다.[55] 그리고 TB는 사실상 출발선보다 20%나 뒤처졌다. 그런 까닭에 세금과 인플레이션을 두고 무시무시한 '재무의 해적'이라고 말하는 것이다.

뮤추얼 펀드 비용, 거래 비용 등 현실적인 보유 비용을 포함한다면 더욱 처참한 결과가 나올 게 뻔하다. 일반적인 머니마켓펀드(MMF)는 연 0.5%의 비용을 부담하는 반면, 채권 펀드는 최대 1%, 주식 펀드는 최대 1.5%까지 수수료를 부과할 수 있다. 이 비율을 반영할 경우 당신은 보유 비용을 공제한 후 100만 달러에 대해 아래의 성적표를 받아볼 수 있다.

주식 180만 달러

채권 75만 5,000달러

TB 58만 9,000달러

마지막으로, 모든 투자자가 고통스럽게 — 장기적인 '평균' 수익률을 올렸던 — 2008~2009년을 회고했던 것과 마찬가지로, 당신의 포트폴리오와 투자 과정을 고수하려는 결심이 민낯을 드러내는 시장 급락 시기에는 온전히 투자를 유지할 수 있다는 굳건한 의지가 꼭 필요하다.

그다음 핵심 요소가 지출이다. 다시 말하지만, 시간이 모든 차이를 만들어낸다. 일반적으로 이용되는 두 가지 지출 규칙의 결과물을 고려

55 당신이 비과세 지방채에 투자해 20년간 보유하며 재투자했다면, 1950년 이래로 단 1년만 빼고 손해보았을 것임에 유의하라. 양호했던 그 초기 투자연도에는 인플레이션 반영 후 연 0.01%의 수익이 났지만, 이는 운용 수수료를 지급하기 이전의 금액이었다.

해보라. 한 가지 규칙은 '자산의 5% 등 적당한 비율로 은퇴 후 지출 규모를 제한'하는 것이다. 만약 당신이 이 지출 규칙을 따랐는데 전적으로 채권에만 투자한 상태였다면, 당신의 100만 달러는 실제 구매력이 겨우 20만 달러에 불과할 것이다. 물론 주식 포트폴리오라는 대안이 더 낫기는 하지만, 많이 나은 건 아니다. 연간 30% 정도 높거나 1% 미만 정도가 될 것이다.

또 다른 지출 규칙은 '배당금 및 수령한 이자 금액으로 지출 규모를 제한'하는 것이다. 이 규칙을 따른 투자자는 자산의 5%만 지출하는 사람보다 훨씬 적은 규모의 지출로 시작한다. 하지만 배당금이 기업 이익과 함께 증가하기 때문에 그는 5%만 쓰는 사람을 이내 따라잡으며 더 많이 지출할 수 있게 된다. 복리가 다시 작동하는 것이다.

교묘한 위험을 조심하라. 투자자인 당신은 거의 언제나 배당 수익률이 높은 채권이나 이른바 채산주(income stocks, 採算株. 배당 수익률이 높지만 주가가 저렴한 주식-옮긴이)에 더 많이 투자해 포트폴리오에 더 많은 수입을 올릴 수 있다. 그러나 다른 투자자들이 합리적이고, 이들이 내일 더 많이 벌어들일 거라고 기대할 경우에나 오늘 당신이 더 많이 벌 수 있도록 해줄 것이다.[56] 따라서 높은 경상소득으로 보이는 것은 부분적으로 자본 수익이다. 예를 들어 고수익 채권은 8~10%의 이자를 주는 것처럼 보일 수 있지만, 그 지급액의 일부는 사실상 가끔 일어나는 채무불이행 리스크를 상쇄하는 데 필요한 자본 수익이다. 그리고 이따금 고수익 채권 중 하나에서는 채무불이행이 일어난다.

---

56 당신이 다른 참여자들에게 그들이 원하는 것을 더 많이 얻을 수 있도록 해준다면, 다른 참여자들도 당신이 투자자로서 원하는 것을 더 많이 가질 수 있게 해주는 곳이 바로 시장이다.

무엇을 해야 할까? 은퇴 후에는 보수적으로 움직여라. 후회하는 것보다 안전한 것이 낫다. 이상적으로 잡자면, 연간 인출 금액을 포트폴리오 3년 수익률 변동치 평균의 4%로 제한하라. 이것이 당신의 포트폴리오를 인플레이션과 과소비로부터 지켜줄 것이다. 만약 매년 5%씩 인출해야 한다면 포트폴리오 안정성이 더 필요할 것이다. 5년 치 지출 자금은 중기 채권에 넣고 나머지는 은퇴하는 해에 주식에 투입하라. 시장이 꽤 오른 상태이고 세간의 전망과 평가가 부정적이라면, 해마다 1년 이상의 지출용 자금을 주식에서 채권으로 전환하라. 이 경우에는 2년 치 이상을 전환하는 것이 현명할 수 있다. 그렇다. 이는 적당한 투자 시점 가늠하기의 한 형태다. 그러나 강풍을 피해 몸을 숙이는 건 결코 나쁜 생각이 아니다.

만약 당신이 안락한 노후를 위해 은퇴 자금의 6%를 인출해야 한다면, 시간이 갈수록 인플레이션이 반영되어 자산 가치가 점점 줄어들 것이며 결국 자금이 바닥날 수 있음을 알 필요가 있다. 6%로 당신의 지출 수준이 충족되지 않는다면, 당신에게는 유지할 수 있는 수준으로 지출을 줄여야 할 책임이 있다. 본인의 자원을 다 써버린 후에도 살아 있기를 바라는 사람은 없다.

돈은 축적된 가치의 매개체로서 과거와 현재, 현재와 미래를 연결한다. 당신은 매년 지출하고자 하는 금액(4% 등의 지출 비율)으로, 그 지출 수준을 충족하기 위한 수입을 창출하는 데 필요한 총 자산을 추정할 수 있다. 먼저 당신이 현재 무엇을 보유했는지 파악하고 매년 무엇을 저축할지 결정하라. 그런 다음 합리적인 투자 프로그램을 통해 자산 모으기 목표를 달성할 수 있는지 살펴보라. 만약 당신이 구상한 첫 번째 계획이 효과가 없다면, 당신은 되돌아갈 필요가 있다. 매년 더 많이 저축하거나 더 많이 일하는 계획, 또는 더 오래 저축하거나 더 짧게 생존하는 계획을 세우는 것이다. 주의하라. 낙관적인 태도는 도움이 안 된다. 저축률, 수익률, 지출률을 가정할 때에는 신중하고 보수적인 태도를 취하라.

투자에서 나오는 연간 수입에 의존하는 투자자에게 좋은 소식이 있다. 미국 재무부채권(TB) 이자는 매년 변동하며 가끔은 큰 규모로 변동하지만, 주식 포트폴리오 배당금은 거의 하락하지 않고 일반적으로 인플레이션율보다 약간 더 상승한다는 사실이다.

저축 및 자산 목표를 실제 수익률 예상치와 이용 가능한 시계(視界)와 결합하라. 그러면 매년 장기 투자 포트폴리오에 자금을 얼마만큼 투입할 때 은퇴 후 실제 지출 자금 목표치를 달성할 수 있는지 살펴볼 수 있는 투자자의 세모꼴 구도를 계산할 수 있다(회계사나 투자 컨설턴트가 당신의 계산을 도울 수 있다).

은퇴 후 지출 목표를 달성하려면 매년 얼마나 저축하고 투자해야 하는지를 알고 놀랐는가? 그렇다면 당신 혼자만 그런 게 아니니 소소하게 위안을 삼아도 좋다. 은퇴 후에는 돈이 많이 든다. 부분적으로는 우리가 부모나 조부모보다 더 오래 살 가능성이 크기 때문이다(아울러 더 값비싼 의료 기술에 접근할 수 있다 보니 말년에 의료비가 훨씬 많이 들어갈 가능성도 있기 때문이다).

투자자는 죽음에 대한 상반된 역설을 깊이 생각해볼 만하다. 만약 죽음이 예상한 시기보다 빨리 찾아온다면, 수년 동안 저축한 재원 중 적어도 일부는 저축한 본인이 쓰지 못할 수도 있다. 만약 죽음이 예상보다 훨씬 늦어지면, 저축한 재원이 너무 부족해서 무시무시한 빈곤을 경험할 수도 있다. 신중하되, 지나치게 신중하면 안 된다. 당신이 저축을 아주 많이 할 수는 있지만, 당신을 사랑하는 사람들은 당신이 허리띠를 졸라매며 힘들게 살기를 바라지 않는다. 그 덕분에 당신이 사망한 후 그들이 남겨진 돈을 쓸 수 있게 되더라도 말이다.

1년 중 하루를 할애해 투자 목표를 점검하라

장기 투자자로서 당신이 살 수 있는 최고의 상품은 믿을 만한 투자 컨설팅이다. 이런 상담은 당신 특유의 재정적 자원과 책임, 그리고 당신 특유의 리스크 감수 수준, 투자 능력, 자선에 대한 포부에 가장 적당한 합리적 장기 투자 프로그램으로 이어진다. 역설적이지만 대다수 투자자가 최적화된 장기 투자 프로그램 개발에 실질적인 도움을 받기 위해 돈을 지출하지 않는다. 이러한 '컨설팅 안 받는 죄'는 큰 기회비용, 즉 분명 얻을 수 있었던 것을 놓치는 기회비용을 유발한다.

대부분의 투자자는 일 단위로 계산되는 5,000달러 미만의 수수료(10년마다 한 번, 아마도 당신이 부동산 계획을 재수립했을 때 지불했을 것이다)로 매우 괜찮은 투자 컨설팅을 받을 수 있었다. 대다수 투자자는 중개 수수료, 컨설팅 수수료 등 투자 관리비 및 양육비로 매년 1만 달러 이상 정기적으로 부담할 것이다. 또 하나의 역설은 투자자들이 순진하게도 가치가 더 낮은 곳에 돈을 더 많이 낸다는 사실이다.

다음을 제안한다. 1년에 하루(예: 생일, 설날, 추석)를 '투자의 날'로 골라서 매년 그날이면 몇 시간 정도 차분히 질서 정연하게 다음 질문에 글로 답할 것을 서약해보자(첫해에 검토할 때는 몇 시간 걸릴 수 있겠지만, 이후에는 전년에 작성한 계획을 업데이트하면 되기에 1시간도 채 안 걸릴 것이다. 투자의 날 1주일 전이나 '날이 저물기' 전에 전년 계획을 다시 읽어보면 그 내용이 당신의 잠재의식에 남아 있을 것이므로 효과적인 시간 사용이 가능해진다. 무엇보다 당신의 잠재의식 속에서 좋은 생각을 많이 하게 될 것이다). 아래 질문은 당신의 목표를 정의하고 확고히 하는 데에 도움을 줄 것이다.

- 은퇴 후 사회보장 및 고용주가 제공하는 퇴직연금 외에 매년 수입을 얼마나 얻고 싶은가?[57]
- 은퇴 후 기간은 몇 년인가? (여기서 핵심은 당신의 잔여 수명을 추정하는 것이다. 당신의 '유전적 수명 한도'를 합리적으로 정할 수 있도록 당신의 부모나 조부모의 평균 수명을 어떻게 적용하면 좋을지 의사에게 물어보라. 현대 의약품과 건강한 개인 생활 방식으로 적당히 조절할 수 있다.)
- 살면서 지키고 싶은 지출 규칙은 무엇인가?
- 은퇴 후 매년 충분히 제공되어야 할 자산은 얼마인가?
- 나와 배우자가 양질의 의료 서비스를 받으려면(인플레이션 반영 후 금액 기준) 저축과 보험이 얼마나 필요할까?
- 가족 구성원이나 특별한 친구들에게 얼마의 자산을 물려주고 싶은가?
- 나의 자산을 기부금 등의 자선금액에 얼마나 투입하고 싶은가?

다음은 대부분의 투자자가 그 문제에서 정말 어려운 부분으로 여기는 것에 대한 쓸 만한 해결책이다. 즉, 당신의 투자에 대한 연평균 장기

57 당신이 최대한 빨리 62세에 청구하지 않고 가능한 한 70.5세까지 기다리면 사회보장 혜택이 놀랄 만큼 변한다는 것을 당신이 아는 모든 이에게 알려라. 7.5년을 기다리면 연간 혜택이 76%(인플레이션에서 보호됨)쯤 평생 증가한다.

수익률을 추정하는 것이다. 한 가지 방법은 이렇다.

첫째, 장기간에 걸친 각 투자 유형별 평균 수익률(인플레이션 반영 기준)은 대략 다음과 같음을 기억하라.

주식 4.5%

채권 1.5%

TB 1.25%

둘째, 진짜 장기간에 걸친 가장 중요한 투자 결정은 거의 명확해 보인다는 것을 기억하고 행동하라. 가장 중요한 두 가지 의사결정 규칙은 다음과 같다. 10년 이상 투자할 펀드는 대개 주식 펀드여야 한다. 장기적인 채권 투자는 시장이 심하게 출렁일 때 시장에 대응하려는 용도가 아니라, 당신이 시장을 상대로 시행할 가능성이 가장 높은 반응을 방지하는 수단이다. 투자 기간이 2~3년 미만인 자금은 MMF와 같은 단기성 금융상품에 담아야 한다.

셋째, 주식과 채권, 주택, 퇴직연금 적립액 등 전체 투자자산 목록을 준비하라(여전히 일하고 있다면, 미래 예금잔고를 추정하라). 이어 은퇴 후 수입을 살펴보라(여러분의 직장 인사부나 회계사의 도움을 받아도 된다). 연금 혜택, 사회보장, 투자를 통해 들어오는 수입 등이 있을 것이다.

마지막으로, 가족 구성원(그리고 다른 사람들)에게 남기고 싶은 유산과 자선단체에 기부하고자 하는 금액을 검토하라.

장기간에 걸쳐 투자할 경우, 점잖은 무시가 실적으로 이어진다. 장기 투자 정책에 대한 기본적인 결정을 신중하고 엄격하게 내린 후 이를 그대로 유지하라. “걱정을 안고 있는 돈은 결코 이기지 못한다”는 것이 포커 플레이어들의 이야기다. 그리고 사람들은 알아야 한다. 콜로라도주 베일에 있는 킨더하임이라는 어린이 돌봄 시설에는 ‘일일 자녀 돌봄 10달러’라는 간판이 붙어 있는데, 스키를 타러 온 사람들에게 나름 괜찮은 서비스를 제공한다. 킨더하임에서는 지나치게 걱정하는 부모들을 겪어본 경험을 감안하여 다음과 같은 두 가지 가격을 제시했다.

‘그냥 두고 볼 때: 15달러’

‘당신이 도와줄 때: 25달러’

끝으로 다음 한 가지를 더 생각해보자. 전 재산의 상당 부분을 걸고 철회 불가한 최종 서약을 하기 전, 《리어왕(King Lear)》(셰익스피어의 4대 비극 중 하나. 주인공 리어왕은 딸들에게 전 재산을 물려준 후 버림받고 비참한 최후를 맞이함-옮긴이)을 다시 읽어보라.

25
반복되는 재앙들

2020년 3월, 전 세계 투자자들은 자신들이 참여한 주식시장이 갑자기 30%나 폭락하는 모습을 충격적으로 지켜봤다. 노동자들, 특히 서비스 업종의 종사자들이 해고를 당했다. 전 세계적으로 신종 바이러스 — 코로나 19(Covid-19) — 가 전파되어 수백만 명이 감염되고 사망했다. 제대로 대비하지 못했기에 상황이 더욱 악화되었다. 정확한 정보를 파악하지 못한 정부가 미숙하게 대처한 탓에 사태는 걷잡을 수 없이 커졌다. 경제는 침체를 겪었고 실업률이 상승했다. 그리고 불확실성이 확대되었다.

투자자를 기만한 메이도프의 사기극

2008년 12월 11일, — 이전까지는 연줄 든든한 친구들이 남몰래 끼

워준 은밀한 '시장 내부' 운용으로 자기들이 매년 10% 이상의 수익률을 올린다는 소식을 받고 좋아하던 — 투자자 8,000명은 자신들이 버나드 L. 메이도프(Bernard L. Madoff)가 꾸민 대규모 폰지 사기(신규 투자자의 돈으로 기존 투자자에게 이자나 배당금을 지급하는 방식의 다단계 금융 사기-옮긴이) 사건의 피해자였음을 알게 되었다. 500억 달러는 메이도프가 처음에 자금을 얼마나 날렸는지를 유추할 수 있는 금액이었다. 메이도프의 피해자들에게는 재앙이었다.

메이도프는 고객들에게 자신이 리스크를 최소화하기 위해 파생상품을 이용한 '분할 태환 기법(split-strike conversion)' 전략으로 전문화했다고 말했다. 그가 잘 안다던 이 전략은 너무 독점적이어서 다른 사람들이 그의 기법을 따라 하면 모든 사람 전부를 망칠까 봐 우려되어 그 전략에 대해 그 어떤 상세한 논의도 하지 않겠다고 했다. 메이도프는 주식을 매수하면서 그 주식에 대한 풋옵션(팔 권리) 매수와 콜옵션(살 권리) 매도를 한다고 주장했다(콜 매도란 특정 금액 이상으로 가격이 오른다는 것에 동의하지 않음을 의미하고, 풋 매수는 특정 금액만큼 가격이 하락하는 것에 대한 보호 장치다). 나스닥 위원장뿐 아니라 증권거래위원회(SEC)의 전문 자문위원도 수차례 역임했고 여러 자선위원회에서 활동해온 메이도프는 자신의 은밀한 과정을 보호하기 위해 폐쇄적인 내부 조직을 두었다. 회계 감사는 3명으로 이루어진 소형 회계법인에 맡기고, 모든 거래는 자신의 내부 대리점을 통해 처리했다.

1920년대 찰스 폰지와 마찬가지로, 메이도프는 수익을 적립하지 않고 새로운 투자자로부터 들어오는 신규 현금으로 기존 투자자에게 돈을 지불해왔다. — 원금이 7년 만에 두 배가 되고, 그다음 7년이 지나면 또 다시 두 배로, 이런 방법으로 계속 두 배씩 늘어나 — 매년 10% 정도를 받는다는 투자 내용은 그들의 자산이 얼마나 꾸준히 복리로 불어나는지 홍보하는 월간 보고서를 통해 투자자들을 안심시켰다. 사람들은 꾸준히 자산을 늘려주는 메이도프에게 돈 맡기기를 선호했고, 지속성이 대단했다. 1992년부터 2008년까지 손실을 낸 달은 불과 11개월뿐이었다.

모두를 위한 교훈은 다음과 같다. 만약 그게 진짜인 데다 '이번엔 다르다'고 하기에는 너무 좋아 보인다면, 너무 좋으니 진짜일 리가 없다는 것이다. 그러니 덥석 물지 마라. 물론 메이도프는 매력적이고 겸손하며 영리했다. 당연히 그건 가족회사였다. 확실하게 친구의 친구를 통해 소개를 받았다. 많은 이들이 그를 믿을 수 있다고 확신했다. 모두가 신뢰했다. 10%는 투자자들을 끌어들일 수 있을 정도로 아주 훌륭했지만, 그럴싸한 수준을 넘지는 않았다. SEC에 여러 차례 '제보'되었지만, 어떤 잘못도 발견되지 않았다. 메이도프 주변에는 다양한 자선단체와 기타 고위층 친구들도 있었다.

전대미문의 아이슬란드 파산 사건

2008년 10월 6일, 아이슬란드는 갑자기 금융 충격의 진앙지가 되었다. 북극권 인근에 자리하여 지리적으로 멀리 떨어져 있고 역사적으로도 다른 세계와 거리를 둔 단 32만 명의 강건한 인구로 이루어진 그 나라 말이다. 전통적으로 절약하는 민족이자 연이은 고난을 견뎌내면서도 고집 세기로도 유명한 아이슬란드인들은 모든 노인에게 노후의 안정을 보장하기에 충분한 국민연금제도를 운영하고 있었다. 게이르 하르데(Geir Haarde) 총리가 두 가지 놀라운 발표를 하기 위해 TV에 나왔을 때 갑작스럽게 모든 것이 바뀌었다. 즉, 나라가 파산 상태에 놓였고, 정부가 은행 세 곳을 모두 인수하는 중이라는 충격적인 내용이었다.

하르데 총리의 고통스러운 방송이 송출되기 이전 몇 년 동안, 자신을 '바이킹 레이더스(Viking Raiders)'라고 부르던 대담하고 자부심 강한 젊은 아이슬란드 사업가들은 무엇인가를 사들이기 위해 많은 돈을 빌렸다. 그러나 갑자기 모든 대출이 중단되면서 환전마저 불가능해졌다. 많은 아이슬란드 가정과 기업들처럼 아이슬란드가 부도를 맞고 은행 세 곳이 파산했다. 아이슬란드 통화 크로나는 세계 자본시장에서 동결되었다. 대출에 대한 손쉬운 접근과 100% 모기지(외화로 갚을 수 있기는 했으나 연간 20%까지 치솟은 아이슬란드 인플레이션 지수에서 불길한 조짐이 보이기는 했다)는 젊은이들이 대출을 안고 주택, 자동차, 가구를 살 수 있도록 부추겼다. 전체 아이슬란드인의 노후 안정을 보장하기에 충분했던 퇴직연금은 갑자기 절반으로 깎였고 나중에는 더 많이 삭감되었다.

국영 은행이 민영화된 후 7년 동안 아이슬란드 금융기관들은 750억 달러를 해외에서 빌려왔다. 이는 국내총생산(GDP)보다 몇 배 많으며 아이슬란드 전체 국민 1인당 25만 달러를 빌린 셈이었다. 어떤 사람들은 바이킹 레이더스들을 비난했고, 또 다른 이들은 느슨한 규제 당국을 질책했다. 어느 나라 국민이든 이 같은 대재앙을 만나 해외로부터 큰 빚을 지게 된 냉혹한 현실에 갇혀 있었던 적은 없었다.

그런 까닭에 하르데 총리는 TV에 출연하여 국민에게 다음과 같이 연설했다. "국민 여러분… 아이슬란드가 역경에 직면하면 함께 맞서 불굴의 의지를 드러내야 할 시절이 있었습니다. 지금이 바로 그 순간입니다. 여러분 모두가 우리 삶에서 가장 소중한 것을 지켜주시기 바랍니다. 이제 시작된 폭풍에서도 생존해야 하는 가치들을 보호하기 위한 것입니다. 여러 가지 면에서 전망이 암울하지만, 가족들이 함께 대화하며 불안이 삶을 좌우하지 못하도록 해주시기 바랍니다. 자녀들에게 세상이 벼랑 끝에 있는 것이 아니라고 설명해주십시오. 우리 모두 미래를 내다보는 용기를 찾아야 합니다… 그런 후에는 아이슬란드식 낙관주의, 불굴의 의지, 단결을 무기로 이 폭풍을 이겨낼 것입니다. 신이시여, 아이슬란드를 돌보아주소서." 아이슬란드 전역에 암울한 현실이 알려지자 침묵이 이어졌다.

영국과 대륙의 50만 명에 이르는 예금 고객(개인, 자선단체, 지방정부)들은 자신들이 1인당 평균 3만 달러, 150억 달러의 손실을 입었음을 깨닫자 아이슬란드와 그 나라 은행들에 대한 동정심은 자취를 감추었다. 그 손실을 회복하려면 대다수 투자자의 평생보다도 더 오랜 시간이 걸리게 마련이었다.

두 가지 재앙이 남긴 교훈

메이도프와 아이슬란드의 경험은 둘 다 2008년 참혹했던 세계시장 붕괴나 2020년 주가 대폭락과는 한 가지 중요한 면에서 차이가 있다. 아이슬란드 국민들이 재앙을 겪었듯이, 메이도프의 사업에 투자한 투자자들의 상당수가 투자금을 영구히 상실했다.

반면에 시장은 회복한다. 그래서 개인 투자자들에게 대형 리스크란 — 과거에도 그랬고 앞으로도 계속 그럴 테지만 — 시장이 폭락할 수 있다는 것이 아니라, 시장 저점이나 저점 가까이에서 겁에 질려 투자 대상을 팔아치워 회복을 놓치는 것이다. 이에 따라 투자자는 일시적인 시장 손실을 영구적인 자본 손실로 바꾸어버린다. 이런 일은 무시무시한 시장이 올 때마다 너무나 많은 투자자에게서 일어난다.

주지하다시피 시장 가격은 매수와 매도로 결정된다. 가격을 최고 수준으로 올리는 유일한 방법은 돈(차입금 포함) 많은 투자자 최대 다수가 주식을 꼭 '매수해야겠다'는 확신을 마음속에 강력하게 품도록 만드는 것이다. 그리고 가격을 최저 수준으로 낮추는 유일한 방법은 지속적으로 집중 매도할 수 있는 물량을 가장 많이 보유하는 것이다. 이것이 2008년 가을과 2020년 봄에 전 세계적으로 벌어진 일이다.

2008년, 그것은 모두 경제 전망, 기업 이익에 대한 높은 수준의 신뢰, 그리고 리스크가 낮다는 확신에 찬 견해에서 출발했다. 세월이 흐른 후 전 세계 증시를 돌아보니, 당시 가격은 '할인된 부분이 없는 딱 제값' 수준과 '비싼' 수준 중간에 있었다. 저평가된 주식은 거의 없었다. 기초적인 경제와 기업 이익이 계속 증가했더라면 그런 가격이 괜찮을 수도 있었다. 그러나 예상에 대한 사상 최고의 급격한 반전 중 하나로, 부채로 자금 조달 규모를 늘리던 투자자, 은행, 개인, 정부들은 정반대 상황에 부딪혔다.

신용으로 거래했지만 신뢰가 사라졌다. 특히 미국의 경우 핵심 장본인은 점점 늘어나는 레버리지 이용이었다. 손쉬운 신용 조건, 고평가된 부동산, 저금리, 파생상품, 레버리지를 활용해 덩치를 키운 헤지펀드들, 그리고 증권거래위원회(SEC)가 월스트리트 증권사들에 부채 활용 확대를 허용한 것 등이 저금리 대출 혼합상품의 주요소였다. 경제 규제를 철폐하기로 결정한 공화당 의원들은 더 많은 가구들이 모기지를 받을 수 있도록 지원하는 데 관심이 높았던 민주당 의원들과 힘을 모았다.

이들은 모기지 규제를 변경해 패니 매(Fannie Mae)와 프레디 맥(Freddie Mac)의 대출 규모를 늘리기로 합의했다. 이는 결국 소득도, 일자리도, 자산도 없는 대출자들에 대한 '닌자 대출(ninja loan, 수입 · 직업 · 자산 없는 고위험 채무자 대상 대출-옮긴이)'로 이어졌는데, 이들은 집값이 상승세이기에 수익성 있는 투자를 할 수 있을 것으로 여겼다. 부적절한 모기지 상품은 증권화되어 전 세계에 걸쳐 과도하게 높이 평가한 부동산 가치나 감정 평가, 신용부도보험(credit default insurance) 등을 근거로 아주 유리한 신용등급이 매겨진 채 팔렸는데, 이는 인수 가격을 형편없이 산정한 것으로 드러났다. 모기지 증권의 가치가 폭락하자 고통은 사방으로 퍼져나갔다.

경제, 시장, 심리적 도미노가 서로를 밀어 쓰러뜨렸다. 신용등급에 결함이 드러나자 증권 가치가 깎였다. 확신이 사라졌고, 신용시장도 얼어붙었다. 헤지펀드에서 레버리지가 떨어져 나갔고, 증권사들은 매각될 상황에 놓였다. 이러한 펀드에 대한 투자자 환매는 매도 압력을 더욱 가중시켰다. 은행들의 끈질긴 요구와 추가적인 주가 급락 전망에 따라 헤지펀드 등이 현금을 마련하려고 주식을 내던지면서 대규모 긴급 매도가 시장을 휩쓸었다. 신용시장은 계속 동결 상태였다. 유명한 금융기관들이 파산했고, 정부의 구제책은 정치권에 가로막혔다. 강제 매각 및 더욱 힘겨운 매각 전망이 경기 침체에 대한 공포 때문에 이미 하락하고 있는 시장을 지배했다. 미국 증시는 14개월 만에 그 가치의 절반을 잃었는데, 무려 7조 달러가 넘었다.[58]

---

58 끔찍한 일이었다. 하지만 그 고통은 1970년대의 끊임없는 주식시장 붕괴 당시만큼 대단한 것(인플레이션 반영)은 아니었다.

신용평가사들은 그동안 신용평가사들이 AAA로 평가해 판매한 서브프라임 모기지 대출 상품의 진짜 신용도를 파악하지 못한 탓에 큰 비난을 받았다. GE와 같은 대기업들은 단기 기업어음(CP)마저 재융자(refinance, 기존 채무를 갚는 용도로 신규 자금을 빌리는 것)를 받지 못했고, 리먼 브러더스는 파산했다. 와코비아(Wachovia)와 워싱턴 뮤추얼(Washington Mutual)은 강제 합병을 추진했다. 미국 최대 보험사 AIG는 정부에 인수되었다. 비슷한 곤경이 상업은행(commercial banks, 예·적금과 대출을 취급하는 일반적인 은행. 이와 상대적인 개념은 '투자은행'-옮긴이), 중앙은행, 정부에까지 줄줄이 덮쳐왔다.

위기를 겪으며 모든 투자자가 품었던 "도대체 뭐지?"라는 의문은 리스크의 진짜 의미를 새로 명확하게 해야 한다는 과제를 안겨주었다. 리스크에 대한 고전적이고 가장 강력한 정의에 따르면, 리스크란 받아들일 수 없는 영구적인 손실에 대한 함수다. 메이도프와 아이슬란드는 그런 종류의 리스크에 대한 예시였다. 리먼 브러더스 등의 파산도 마찬가지였다. 그리고 '안전 비행' 차원에서 주식을 매도한 개인 투자자들도 개인적인 시장 재난을 영구적으로 확정지었다는 점에서 매한가지였다. 늘 그렇듯 장기 투자자들에게 최악의 실수는 가축들이 달아난 다음에야 헛간 문을 잠그는 일이었다. 월스트리트 전문용어로, 이것은 대형 '블랙 스완(black swan)' 사건이었다. 검은 백조는 드물기는 해도 가끔 나타나는 생물이다.

"투자란 철저한 분석을 통해 원금을 안전하게 지키면서도
만족스러운 수익을 확보하는 것이다. 그렇지 않으면 투기다."

· 벤저민 그레이엄(Benjamin Graham) ·

PART V

완벽한 성공을 위해 챙겨야 할 이야기

언제까지 잭팟 터트린 사람을 부러워만 할 것인가? 당신도 충분히 잭팟을 터트릴 수 있다. 뜬구름 같고 추상적인 성공을 현실로 만들고 싶다면, 우선 자기 자신부터 파악하고 있어야 한다. 당신은 어떤 투자 계획을 갖고 있는가? 시장 분위기에 쉽게 휩쓸리지는 않는가? 신뢰할 만한 투자 매니저를 곁에 두었는가? 각종 소문과 풍문에 꿈쩍 않는, 남다른 절제력과 인내력을 갖추었는가?

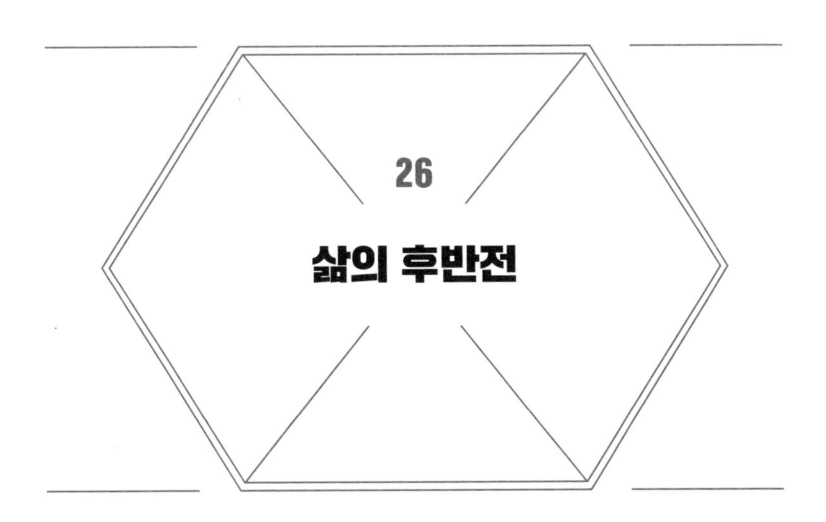

체스를 둘 줄 아는 투자자라면 누구나 아는 중요한 일이 있다. 체스든 투자든 종반전(the endgame)에 좀 더 주의를 기울이는 일이다. 특히 투자 세계에서 종반전을 잘 관리하는 일은 평생 동안의 경제적, 감정적 성공을 높이는 방법이 된다.

만약 당신이 운 좋게도 훌륭한 삶에 대한 본인의 정의를 실행하는 데 필요한 규모 이상으로 돈을 벌거나 유산을 물려받았다고 하자. 그 자금을 어디에 어떻게 사용하거나 사용하지 않도록 결정할 기회와 책임은 오직 당신에게 있다. 대부분의 부유한 사람들은 매우 다른 두 종류의 수혜자에게 주목하는데, 그 둘 모두에는 다음과 같은 깊은 의미가 존재할 수 있다. 즉, 사람(대체로 가족 구성원)과 가치관(대개 대학, 학교, 병원, 종교기관 같은 자선단체들)이다. 당신의 자금으로 진짜 가치를 극대화하기 위해 무엇을 할지 결정하는 것은 절약, 저축, 투자 방법을 결정하는 일 못지 않게 중요하다.

당신이 마지막 플레이의 주인공

당신의 은퇴가 제공하는 것은 세 가지 중요한 도전과 기회 중 하나다. 당신이 아끼는 이에게 남겨줄 유산과 증여가 그 첫 번째와 두 번째다. 사회 '환원'은 세 번째 항목으로 신나는 일이며 성취감도 느낄 수 있다. 돈은 가치를 저장하거나 이전하는 데 매우 효과적인 수단이다. 따라서 자신이 원하는 수준보다 더 많은 잉여금을 보유한 투자자는 다른 사람들에게 도움을 줄 수 있는 기회와 마주할 수 있다.

부(富)에는 선을 행할 수 있는 힘과 해를 끼칠 수 있는 힘이 모두 있다. 재산으로 선을 행하는 투자자는 복을 받지만, 의도는 좋았어도 해를 입히는 투자자는 저주를 받을지어다. 재력이 클수록 힘도 강해진다. 상당한 경제적 성공을 누려온 투자자들은 자신의 희망이나 의도와 상관없이 자녀에게 물려줄 수 있는 부의 양이 자녀의 가치관과 우선사항을 왜곡하거나 자기만의 삶의 방식을 만들어가려는 후손들의 기쁨도 빼앗을 수 있기에 정말로 해를 끼칠지 어떨지에 대하여 조심스럽게 숙고해야 한다. 메이 웨스트(Mae West, 미국의 여성 배우 겸 작가–옮긴이)가 "착한 일을 아주 많이 할 수 있다는 건 멋지거든요"라고 밝히기도 했지만, 막대한 유산이 자녀에게 꼭 좋은 것만은 아니다. '딱한 부잣집 아이들'이라는 불행한 사례가 매우 흔하다.

하버드의 자선기금 고문 찰스 W. 콜리어(Charles W. Collier는) "성공하는 가문은 그들의 재산과 관련해 사려 깊게 선택하고, 그들의 결정이 자녀, 배우자, 손주의 삶에 미치는 영향에 대해 생각한다. 가장 중요한 건, 이들은 적절한 시기에 가족의 진정한 부를 둘러싼 모든 문제에 대해 자녀와 터놓고 대화하며 이 젊은 가족 구성원들에게 가능한 한 많은 책임을 부여한다는 것이다"라고 이야기한다.

콜리어의 저서 《가문의 부(Wealth in Families)》에는 "아리스토텔레스와 그의 현대판 제자 토머스 제퍼슨에 따르면, '행복 추구'는 자기 자신에 대해 이해하기를 배우는 내적인 길 그리고 남들에게 봉사하는 외적인 길과 관련이 있다"라는 이야기가 소개된다.

당신이 사랑하거나 책임감을 느끼는 사람들의 모임 안에서 재산 이전의 가능성을 대략 구상해보기 전에 돈에는 강력한 상징적 의미가 있음을 떠올려라. 정신과 의사들은 환자들이 치료 받을 때 부모와의 관계, 어린 시절의 경험, 핵심 희망과 두려움, 심지어 꿈과 성 경험 등 매우 개인적인 문제들까지 광범위하게 이야기하지만 거의 다루지 않는 한 가지 주제가 돈이라는 사실에 놀란다. 돈은 종종 여러 상징 사이에서 핵폭탄 같은 역할을 하는데, 그것은 여러 사람에게 다른 방식(그리고 종종 전혀 예상치 못한 방식)으로 많은 것을 상징한다.

대부분의 사람은 공개적이고 완전히 합리적으로 현명하게 돈 문제를 논의하는 일이 매우 어렵다고 생각한다. 따라서 당신의 돈을 다른 사람들에게 어떻게 전달할지 계획을 세울 때에는 특히 더 심사숙고하고 신중해야 한다. 그렇다, 당신이 살아 있을 때에는 그것이 당신의 돈이다. 그러나 이렇듯 기분 좋은 현재는 영원히 지속되지 않는다.

우리가 도움이 될 만한 부동산 계획을 세울 경우에는 전문적인 법률 자문을 얻고 싶을 것이다. 하지만 사람마다 자기만의 목적과 재원이 있고 알아서 결정하고 싶어 한다는 것을 생각하면 고려해야 할 사항이 몇 가지 있다.

1. 당신은 매년 증여하고 싶은 사람에게 1인당 비과세로 1만 5,000달러까지 증여할 수 있다. 결혼한 부부끼리는 1인당 연간 3만 달러를 증여할 수 있다. 대다수 투자자에게는 시간이 흐름에 따라 이러한 1년에 한 번 가능한 증여가 평생의 부동산 계획과 가문 투자운용 프로그램의 중심적인 부분이 되며, 심지어 지배적인 부분이 되기도 한다. — 어린 자녀에 대한 증여는 부모를 관리자로 하는 미성년자 증여 계좌(UTMA, Uniform Transfers to Minors Act. 세제 혜택이 있는 대표적인 미국의 자녀 학자금 마련용 계좌로, 자녀가 만 18세가 되면 자동으로 자녀 명의로 변경됨-옮긴이)로 실행하면 된다. — 이러한 증여의 주요 장점은 당신이 사망했을 때 부동산세가 완전히 면세라는 것이다.

자녀에게만 몰아서 주어도 된다. 이런 증여는 실제로 증가하곤 하는데, 부분적으로는 주어진 금액으로 벌어들인 미래 투자 소득은 자녀의 세율로 과세되기 때문이며, 자녀에게 적용되는 세율은 당신에게 매겨지는 세율에 비해 훨씬 낮을 것이 거의 확실하다. 20년 동안 합리적으로 투자할 경우, 매년 1만 5,000달러가 50만 달러의 일부로 더 좋게 적립될 수 있다. 부모 모두에게서 증여된 연간 3만 달러는 100만 달러 이상을 벌어들일 수 있다. 다시 말하지만 성공의 열쇠는 시간과 복리 투자이므로 계획을 잘 세워 일찍 시작하고 꾸준히 유지하라.

2. 2021년 현재 미국 연방정부의 세금 면제 한도가 개인의 경우 1천

170만 달러에 달한다. 그래서 그만한 재력을 가진 사람들은 이 법률이 2025년 만료되기까지 늘어난 한도를 이용해 상당한 증여를 하려고 할 것이다.

3. '적격 개인 거주 신탁(QPRT, Qualfied Personal Residence Trusts)'이라는 특이한 규정은 주택 소유권을 자녀에게 양도해 일정 기간(15년 등) 동안 무료로 거주할 수 있도록 해준다. 소유권을 자녀에게 양도하면 당신은 부동산 세금을 꽤 아낄 수 있다(신탁이 만기에 이르기 전에 당신이 사망하지 않는 한 그렇다). 주택은 현재 시세의 20~30%로 평가되는 과세 증여 대상으로서 양도할 수 있다. 국세청은 증여 시 과세 가능한 현재 가치를 15년이라는 신탁 운영 기간의 만기를 기준으로 자녀들의 소유권 가치로 간주한다.

4. 만약 당신이 후손들에게 상당한 금액을 양도하고 싶지만, 그들이 너무 어린 나이에 돈을 물려받아서 그들의 가치관이 왜곡될까 봐 걱정된다면, 그들이 분배금을 받을 수 있는 조건을 만들어 신탁을 설정할 수 있다.

5. 후손들에 대한 재산 양도를 뒤로 미루고 대규모 자선 기부를 하고 싶다면, 재키 오나시스(Jackie Onassis: 존 F. 케네디 미국 대통령의 아내였다가 케네디 사망 이후 선박왕 오나시스와 결혼함-옮긴이)가 이용한 제도를 고려하라.

이에 대한 일반적인 개념은 다음과 같다. 당신이 가장 아끼는 학교나 자선단체에 보낼 잠정 연간 분배금(정해진 금액을 잡거나 신탁 자산의 비율을 기준으로 함) 및 신탁 원금(corpus, 해당 자금의 본체. 라틴어에서 유래된 단어로 'body'의 의미임)을 정해서 20~30년짜리 신탁을 설정하면, 당신이 택한 20~30년의 기간이 지난 후 당신의 자녀 같은 수혜자에게 지불하게 된다. 재산세는 없으며, 증여세는 국세청에서 정한 이율에 따라 할인한 후 신탁 원금의 추정 순현재 가치로 납부한다.

이런 종류의 신탁은 최소한의 세금으로 상당한 자산을 양도하는 효과적인 방법이 될 수 있다. 핵심 수치들은 모두 먼 미래의 시장 밸류에이션 추정치를 토대로 한다는 점을 주목하면서, 현명한 투자자는 여러 가지 다른 시나리오에 따라 신탁과 투자 정책의 구체적인 기간을 도출해 자신이 가장 편안하게 느끼는 선택을 하고자 할 것이다. 이 제도를 통해 당신의 후손뿐만 아니라 당신이 지원하는 자선단체에 도움이 되는 이중 혜택을 얻는다.

6. 증여보다 유산으로 세후 100만 달러를 양도하려면 돈이 더 많이 들어간다. 증여세는 납부한 다른 세금과 관계없이 증여에 대해서만 과세하는 반면, 재산세는 세금을 공제하기 전의 전체 재산을 기준으로 부과된다.

7. 자산 전문 변호사를 두고 장기간 당신의 고문 역할을 하도록 하는 것이 합리적이다[데이 피트니 LLP(Day Pitney LLP)의 레이 뉴먼(Leigh Newman)은 우리 가문의 자산 전문 변호사로서 재산법과 규제가 계속 바뀌고 있다는 점을 우리에게 상기시킨다].

완전하고 균형 잡힌 삶을 완성하라

저축액과 투자액을 극대화하기 위해 성실하게 일해온 투자자들 역시 세금, 특히 재산세로 인한 자산 전환 최소화에 많은 신경을 쓸 것이다. 이런 노력은 당신의 주요 가치관을 뒷받침하는 당신의 재정 목표 달성에 도움이 된다.

뒤집어서, 즉 거꾸로 생각하기는 어떤 복잡한 사안을 들여다보는 데 유용한 판단을 내리는 방법이 되기도 한다. 투자자들은 재산세를 자산에 대한 세금이 아니라 경고성 세금으로 생각해도 된다. 살면서 — 특히 당신이 살아갈 날이 한참 남았는데도 — 당신의 재산 분배와 관련해 돌이킬 수 없는 결정을 내리기를 망설이는 것에 대해서 말이다.

만약 당신이 지금 당신 재산을 장기적으로 미래에 처분하는 문제와 관련해 취소할 수 없는 결정을 할 수 있다면, 당신은 꽤 많은 세금을 절약할 수 있다. 잘 알다시피 한 푼을 아끼는 일이 한 푼 버는 일이다.

대다수 투자자가 재산 분배 결정을 쉽게 못 내린다. 아직도 그렇다. 그러나 부디 다음 사항을 기억하라. 지금 미래에 대한 결정을 내릴 의지가 있어야 신중히 고려한 목표를 달성하는 데 가장 큰 영향을 주는 복리의 힘을 최대한 긴 시간 이용할 수 있다는 것을 말이다.[59]

평생의 경제적 성과를 극대화하기 위해서는 다음과 같은 다섯 단계가 필요하다.

---

59 클로드 N. 로젠버그는 투자로 돈 버는 방법에 관한 좋은 책을 몇 권 쓴 것 외에도, 다른 사람들에게 기부하면 무슨 생각을 하게 되는지에 대해 다룬 선구적인 책《부와 지혜(Wealthy and Wise)》를 저술했다. 그의 분석은 대다수 사람이 본인이 알고 있는 것 이상으로 훨씬 더 관대하다는 것을 보여준다.

- 돈 벌기
- 저축하기
- 투자하기
- 분배하기
- 유산 계획하기

이상적으로 보면, 당신은 완전하고 균형 잡힌 삶을 누리면서 당신이 얻을 수 있는 실현 가능한 기회 안에서 자기만의 가치관에 따라 각각의 영역에서 성취감을 극대화할 것이다. 다른 투자 분야와 마찬가지로 미리 계획을 세우고, — 한계 내에서 — 보수적으로 행동하며, 가능한 한 일찍 투자를 시작해 오랫동안 스스로의 서약을 유지하며 시간을 생산적으로 활용하는 것이 현명하다.

교육은 대체로 당신이 할 수 있는 최고의 투자다. 본인이 투자할 때나, 자녀나 손주가 투자할 때나, 또는 본인은 교육 받을 여유가 없더라도 아이를 훌륭하게 교육시키고 싶다면 말이다. 교육은 수년에 걸쳐 돈을 벌어들이는 능력을 키워주고, 선택할 자유를 많이 지닌 상태에서 더 부유하고 즐겁고 흥미로운 삶으로 이끌기도 한다.

또 다른 '최고의 투자'는 운동, 체중 조절, 금연 등으로 건강을 유지하는 일이다. 당신은 진짜 더 오랫동안 더 나은 삶을 살면서도, 전체 비용을 더 적게 들일 수 있다.

자녀와 손주에게 남길 유산을 고려할 경우, 현명한 사람들은 최대 금액이 아니라 최적화된 금액이 얼마일지 결정하는 데에 중점을 둔다. 현명함은 무엇이 충분한지 아는 것이다.

현명한 증여와 상속을 고민하라

미국 최고의 부자 두 명은 자녀들에게 적당한 액수만 물려주기로 했다. 워런 버핏은 자녀에게 물려주는 적당한 액수에 대해 이렇게 말한다. "뭐든지 할 수 있다고 느낄 정도로 충분한 금액이긴 하지만, 아무것도 안 해도 될 만큼 많은 금액이면 안 된다." 버핏의 친구 빌 게이츠도 그 의견에 동의한다. 게이츠는 "내 재산이 사회에 환원되어야 한다고 믿는 이유 중 하나"라고 말하며 "자녀에게 상당한 재산을 물려주지 않는 건 많이 남겨주는 게 그 아이들에게 좋을 거라고 보지 않기 때문이다. 아이들은 밖에서 열심히 일하며 사회에 기여할 필요가 있다. 이를 통해 느끼는 성취감이야말로 삶의 중요한 요소라고 생각한다"[60]고 밝혔다.

자녀에게 남길 증여와 유산에 대해 생각할 때, 부모들은 자녀가 저마다 개성 있는 존재이며 재산, 소득, 경제적 필요성 면에서 형제자매들 간에도 상당히 차이가 있을 수 있다는 것을 알고 있다. 이는 '합당함'과 '균등함' 중에서 하나로 결정을 내리기 어렵게 만들곤 한다. 최고의 재정 계획은 각자가 개성 있는 존재이자 가족의 일원이기도 하다는 것 사이에서 자연스러운 긴장이나 역학관계를 풀어준다. 재산 증여는 가족 관계를 분열시키거나 강화할 수 있다. 세금에 대한 모범답안은 당신의 가족 개개인에게 적당할 수도 있지만 그렇지 않을 수도 있다.

대다수 가정에는 실현하는 데 돈이 드는 핵심 가치관(자선사업이나 기업가 정신의 가치 등)이 있다. 그러한 가치를 공유하고 발전시키는 일은 다음 세대의 성장에 필수적인 부분이 될 수 있다. 당신이 재산에 부여

---

60 리처드 I. 커클랜드 주니어(Richard I. Kirkland Jr.), '자녀에게 전 재산을 물려주어야 하는가?' 〈포춘〉 1986년 9월 29일자.

하는 의미는 당신이 어떤 사람인지 그리고 당신이 어떤 식으로 보이고 기억될지에 대해 많은 것을 알려준다. 그러므로 가족과 공유된 가치관을 개발하는 것, 그리고 가족의 선택을 알리는 지침 원칙을 명확히 해두는 것은 대단히 중요하다. 나는 다음의 내용을 제안한다. 당신의 가치관, 미래에 대한 희망을 당신의 가족과 공유하는 시간을 마련하고, 당신의 유언장과 별개로 편지를 써서 사랑하는 사람들과 당신의 가치와 감정을 공유하라. 당신의 그런 생각을 들려줄 수 있는 마지막 기회일지도 모른다.[61] 만약 당신에게 가족 구성원이나 아끼는 사람들에게 증여하고 싶은 액수보다 여유자금이 더 많이 있다면, 당신은 자선사업을 통해 좋은 일이 일어나도록 할 수 있다. 이는 엄청나게 보람 있는 기회가 될 테니 간과하지 마라.

똑똑한 기부가 성취감을 배가시킨다

'자선단체에 돈을 기부한다'는 것은 명제 전체가 잘못된 길에 놓여 있다. 그 대신 여러분이 아끼는 사람들과 단체를 위해, 그리고 그들을 통해 좋은 일이 일어나도록 창의적이면서도 힘차게 돈(즉, 당신과 당신의 능력이 수년간 만들어지며 쌓인 가치관)을 투자한다는 측면에서 생각하라.

---

61 나는 1974년 록펠러 센터에 위치한 찰리 오(Charley O)의 레스토랑에서 대합조개를 먹다가 갑자기 좋은 생각이 떠올랐다. 레스토랑 벽에는 영화배우들의 모습을 담은 커다란 흑백 사진들이 장식되어 있었는데, 사진마다 아래에 인용문이 한 줄씩 적혀 있었다. 내가 앉아 있던 테이블 가까운 벽의 사진 속 영화배우는 한때 대단한 방탕아로 유명했던 호주 태즈메이니아 출신 에롤 플린(Errol Flynn)이었다. 그 사진에 붙어 있는 인용문은 이랬다. "만 달러 이상 남기고 죽는 놈은 누구든 실수하는 거야." 플린의 생각은 확실히 달랐겠지만, 나는 그때 거기서 마음먹었다. 내가 살아 있는 동안 증여해서 재산세로 필요 이상 지불하는 실수를 피해야겠다고 말이다. 나는 너무 적게 내거나 늦게 내서 세금을 내는 실수를 하기보다는 — 나중에 실망하는 요인이 되는 — 수수료 내는 실수를 몇 번 하는 쪽을 더 선호한다. 그게 재미있고 보람도 크다.

타인의 삶에 긍정적인 변화를 일으키는 과정에서 당신은 큰 기쁨과 개인적 성취감을 얻을 수 있다.

자수성가했다고 생각하는 경향을 가진 사람들은 어느 정도는 옳다. 부를 일군 대다수 사람은 열심히 일하면서 리스크를 감수하고 주요 장애물을 극복했으니까. 하지만 중앙아프리카나 중국 서부, 또는 그 외 다른 곳에서 태어났다면 과연 제대로 해낼 수 있었을지 잘 생각해봐야 한다. 대부분의 미국인은 우리가 성공할 수 있었던 것은 미국의 역동적인 경제, 무수한 시장 기회, 교육 체계, 그리고 투자 금액을 비과세로 복리 투자한 후 매도하면 되는 것, 즉 자본 이득세만 내면 된다는 것 덕분이었음을 알고 있다.

사람은 어느 누구도 동떨어진 존재가 아니다. 존 던(John Donne, 16~17세기 영국의 시인 겸 성직자–옮긴이)이 알고 있었듯이, 우리 모두는 중요한 것의 일부다. 어느 정도 자산이 있는 사람은 자신의 가족과 몇몇 지역 자선단체에 초점을 맞출 수도 있고, 반면에 자산이 더 많은 사람은 인류애와 재능을 동원해 고통스러운 문제를 줄이거나 기회를 늘리는 데 창의적으로 자산을 투자할 수도 있다. 에이브러햄 매슬로우(Abraham Maslow)의 유명한 욕구 단계 이론에 따르면, '자아실현(self- actualization)'을 이룬 후 그 상위에 자기초월(transcendences)의 욕구가 있다. 이런 욕구들은 우리가 자기 자신을 넘어 다른 사람들의 욕구와 희망을 이루어주는 일과 직접 연결된 더 큰 성취감을 접하기 위해 행동할 때 실현된다.

기부하는 사람들은 개인이나 사회에 대한 제약을 완화하고 사는 동안 자신에게 중요한 방식으로 좋은 일이 일어나게 하여 그들이 이룩한 자산(성실한 노동, 창의력, 멋진 행운으로 쌓은 결과물)이 다시 생명력을 얻는 과정을 지켜보는 일이 얼마나 즐거운지 배운다. 옛말에 "돈은 죽은 다음에 가져갈 수 없다"는 말이 있다. 기부를 통해 사회에 환원하는 사람들은 이 같은 자기 삶의 수준에 대해 늘 진심으로 만족스러워하며 이야기한다. 또한 기부를 많이 하는 사람일수록 만족감을 훨씬 더 많이 느낀다는 것을 알게 된다.

결실로 이뤄지는 것을 보았을 때 깊은 영적 만족이나 기쁨이 느껴질 행동이나 변화를 선택하라. 그리하여 그 결실을 맺을 수 있게 도울 수 있도록 당신의 재산을 기부하여 이처럼 좋은 일들을 실현하라. 당신이 진짜로 관심 있는 행동과 가치에 당신의 재원을 투입하면 큰 만족감을 누릴 수 있음을 알게 될 것이다. 그런 영향을 미칠 수 있는 몇 가지 기회가 다음에 있다.

- 예술, 과학, 비즈니스 또는 정부에서 매우 기여하고 싶어 하는 유능한 젊은이들을 위한 장학금 설립
- 살면서 나쁜 행동을 했지만 올바른 길로 나아가기 위해서는 누군가의 도움이 필요한 젊은이들을 위한 장학금에 기부
- 과학, 의학 또는 사회 정의 발전을 위한 경제적 지원 제공
- 심각한 도움이 필요한 병원, 쉼터, 기타 기관이나 제대한 군인 지원
- 우리의 삶을 풍요하게 해주는 예술(음악, 무용, 연극, 회화, 조각)을 위한 자금 지원
- 좋은 일을 하기 위해 시간과 자금을 투입하는 '찾아가는' 리더가 되어 당신의 공동체를 더 살기 좋은 곳으로 만들 수 있도록 돕기

최대의 만족감은 주요 국가기관, 국제기관 또는 이웃에 있는 작은 단

체에서 자원봉사자로 봉사할 때에도 느낄 수 있다. 경험 많은 자선활동가들은 돈 기부가 중요하기는 해도 시간, 능력, 에너지를 상당 부분 쏟아부을 때 훨씬 큰 즐거움과 만족감을 얻는다는 것에 동의한다. 시간과 돈을 베풀어라. 당신 삶의 중요한 부분을 '창고에' 남겨두지 마라. 당신이 사망한 후에도 다른 누군가가 향유할 수 있으니 말이다.

당신의 시간, 재능, 돈을 기부하는 일은 두 가지 측면에서 큰 만족을 줄 수 있다. 당신 입장에서는, 현장에서 활동하는 사람들과 조직들이 혜택을 누리는 모습을 보며 매우 큰 만족감을 느낄 것이다. 또한 개인적 경험에 대한 깊은 만족감은 고무적이고 흥미로운 사람들과 생산적으로 교류하면서 새롭고 가치 있는 우정을 나눌 때 생겨난다. 좋은 일은 좋은 사람을 끌어들이지만, 좋으면서 중요하기까지 한 일은 최고의 사람을 끌어모은다.

27

자산가들을 위한 조언

만약 당신이 운 좋게 2,500만 달러 이상 갖고 있다면, 큰 성공을 이룬 것이다. 축하한다! 금전적으로 이런 성공을 거둔 미국인은 25만 명이 채 안 된다.

그런데 아마 당신은 새로운 종류의 문제가 생겼음을 눈치챘을 것이다. 자신에게 딱 맞는 투자 컨설턴트와 투자 매니저를 어떻게 찾을까? 자녀와 손주에게 얼마의 돈을, 언제 물려줄 것인가? 그리고 자선용으로는 누구에게, 얼마나, 언제 기부할 것인가?

부(富)를 일군 투자자들에게 고함

당신에게 훨씬 더 많은 재산(1억 달러 이상)이 있다면 투자위원회를 구성하여 투자의 모든 측면에 대해 자문받기를 고려해야 한다. 매년 자산의 1~2%를 투자 컨설턴트에게 지불하는 일이 비싼 듯하면(나한테는 확실히 비싸다), 대안은 5년에 한 번씩 정기적으로 컨설턴트를 고용해 모든 재정 및 투자 계획을 철저히 평가함으로써 그것이 적합한지를 확인하는 것이다. 만약 당신이 고용한 전문가가 엄청난 단 한 번의 실수로부터 당신을 구하거나 당신이 현명하게 행동하도록 돕는다면, 당신은 저렴하게 잘 이용한 것임을 알게 될 것이다.

참고로, 정보에 가장 밝고 생각이 깊은 투자 전문가들 중 일부는 대형 재단 및 교육 기금 또는 대기업 연금 기금에서 근무한다. 그들은 괜찮은 일당을 받는다면 주말에도 기꺼이 당신을 도울 것이다.

또한 당신은 최고의 신탁 및 부동산 변호사 중 한 명과 꾸준히 관계를 유지하는 것이 좋다. 참고로, 젊은 변호사들이 가장 나을 수 있다. 그들은 계속 수련하며 앞으로도 수년 동안 계속 훈련할 것이므로, 당신과 당신의 재산도 신뢰할 수 있는 동일한 컨설턴트에게 계속 서비스를 받을 수 있다.

마지막으로, 컨설턴트 겸 감독관으로 주요 회계법인에서 일하는 최고의 젊은 파트너와 꾸준히 관계를 유지하면서 개인적으로 선호하는 실력 있는 시간제 회계 담당자를 공동으로 고용하여 지속적으로 모든 것을 기록하게 하고, 매달 보고도 받으면서, 투자를 살펴보는 '그 감시인'을 지켜보라(실력 있는 은퇴 회계 담당자들은 종종 아르바이트를 좋아한다).

'머니 게임'에서 승리했다면, 스스로에게 다음을 질문하라. 더 큰 승리를 하려면 공격에 집중하는 것이 중요할까, 아니면 수비에 집중해 패배를 줄이는 것이 더 나을까? 만약 당신이 상당한 재산을 보유하고 있다면, 부유한 사람들의 신탁에 높은 수익률을 올려주는 능력 덕분에 그

업계에서 '돈을 잘 벌어다 주는 사람'으로 알려진 유쾌하고 말주변 좋은 사람들이 당신을 계속 찾아갈 것이다. 그들이 각자 얼마나 매력적인지 살펴보는 일도 재미가 있겠지만, 부디 조심하면서 그들의 예전 업무 성과를 꼼꼼히 조회해보기 바란다.

'대안' 투자는 꽤 주목을 받아왔다. 부분적으로는 어떤 전문가들이 큰 돈을 내고 언론에 그럴싸한 기고를 하기 때문에, 또 다른 부분에서는 어떤 전문가들이 이례적인 투자 실적을 올렸기 때문에, 그리고 일부의 경우 너무나 많은 투자자가 여전히 리스크를 거의 감수하지 않으면서 높은 수익률을 얻는 방법을 찾고 싶어 하기 때문이었다.

대안 투자가 이렇게 많이 주목받은 또 다른 이유는 예일, 하버드, MIT, 프린스턴 등 네 곳에서 가장 먼저, 가장 큰 규모로, 가장 실력 있는 전문가들 덕분에 잘 통했기 때문이다(참고로 나는 예일대 투자위원회 위원장을 수년간 역임했다). 그들의 실적은 놀라웠고, 마찬가지로 중요한 부분은 엄격하게 훈련된 과정을 거쳐 체계적으로 달성되었다는 점이다. 하지만 그런 실적은 따라 하기가 매우 어렵다. 시도할 생각조차 마라!

다른 투자위원회의 동료들이 영화 〈해리가 샐리를 만났을 때(When Harry Met Sally)〉에 나왔던 "나도 그녀와 같은 것으로 주문할게요"라는 흥미로운 대사를 반복하는 동안, 나는 성장기 시절에 겪은 일이 떠올랐다. 내가 8살이었을 때, 우리 어머니는 누나와 형, 나를 링글링 브러더스와 바넘 & 베일리 서커스(the Ringling Bros. and Barnum & Bailey Circus)에 데려가셨다. 나는 공중그네 묘기에서 보았던 과감한 젊은 곡예사들에게 감명을 받은 나머지 집에서 직접 곡예를 시도해보기로 했다. 결과는 예측한 대로였다. 나는 무릎과 팔꿈치, 턱까지 까졌다. 그리고 그때 전문가를 따라 하는 일이 쉽지 않다는 걸 배웠다(월스트리트의 오랜 질문: "작은 부를 일구는 가장 빠른 방법은 무엇인가?" 답: "큰 재산을 들고 투자를 시작하면서 전문가들을 모방하려고 노력하라." 전문가들을 따라 투자하면 큰돈을 잃고 재산이 줄어든다는 증권가의 블랙 유머-옮긴이). 이에 나는 최근 인기가 있기는 해도 파격적인 투자 방식에 대해 약간 친절하게 경고한다.[62]

헤지펀드

헤지펀드가 갑자기 업계의 스타로 등장한 것은 부분적으로는 닷컴 주식의 2000년대 시장 붕괴 당시 헤지펀드가 좋은 실적을 올렸기 때문이다. 하지만 주요 이유는 그들이 자사 매니저들에게 부자가 되는 놀라울 정도로 강력한 비결을 제공했기 때문이다. 2%의 수수료가 아마도 펀드 운용에 드는 전체 비용을 부담하고, 매니저는 전체 수익의 20%를 받는다.

똑똑한 동료들이 1년에 1,000만 달러를 번다는 사실을 알게 되면(그리고 헤지펀드 매니저 몇 명은 1년에 10억 달러를 벌었다), 이를 무시하기가 쉽지 않다. 당신이 재능 넘치고, 젊고, 승부욕이 강하며, 돈을 벌고 싶든 아니든, 그리고 다른 몇몇 똑똑한 사람들과 뭔가를 알아내려고 노력하는 작은 업체에서 일하고 싶든 아니든 간에 그렇다. 이는 창의적이고 매력적이다. 그리고 클릭하는 소리가 나면, 당신도 만만찮은 돈을 번다. 관심 없는 사람이 누가 있겠나?

---

62 큰 성공은 보통 한 계열의 일이나 한 종류의 투자로 이루어진다. 그러나 경제적으로 성공한 대부분의 사람은 투자를 다각화하며 방어적인 태도를 취하는 게 현명하다. 만약 당신이 머니 게임에서 승리했다면, 너무 열심히 노력해서 승리를 패배로 바꾸는 리스크를 감수하는 것은 비합리적이다.

헤지펀드는 거의 무한대의 다양한 전략으로 진입한다. 헤지펀드는 뛰어난 학력과 근무 경력을 갖춘 데다, 열정적으로 노력하며 자신감 충만한, 게다가 잘 차려입기까지 한 매니저들이 운용한다.

그러나 대부분의 헤지펀드에는 다른 헤지펀드라는 큰 문제가 존재한다. 한 헤지펀드가 '에지(edge, 새로운 투자 기법)'를 개발하자마자, 다른 헤지펀드들도 이용하기 위해 그 비결을 알아내려고 노력한다. 에지는 이내 평범한 수익률로 조정되고 새로운 에지가 필요해진다. 에지를 만드는 건 어렵다. 연달아 에지를 만들어내기는 훨씬 어렵다. 이것이 매년 10% 이상의 헤지펀드가 사라지는 이유 중 하나다. 한편 대다수 헤지펀드의 실적은 한꺼번에 너무 많이 시장에 진출한 탓에 실망스러웠다.

헤지펀드, 즉 헤지펀드에 투자하는 사람들에게 근본적인 도전 과제는 숫자에 있다. 주식 수익률이 7%라면 헤지펀드의 손익분기 수익률은 11.25%가 되어야 전체 수수료를 충당할 수 있다. 이를 위해서는 4.25%의 '알파(우수한 운용으로 올린 추가 수익)'가 필요한데, 이는 예상 시장 수익률보다 무려 60%가 넘는 매우 높은 수준이다.

어떤 헤지펀드는 그런 높은 수익률을 내고, 또 어떤 헤지펀드는 그보다 더 높은 수익률을 올리겠지만, 진짜 문제는 그게 아니다. 진짜 문제는 당신이 투자하는 펀드가 해마다 그렇게 잘 해낼 수 있느냐다. 특히 알파를 알아내려고 경쟁하는 헤지펀드에 서로서로 더 많은 돈을 투입하면서 말이다.

벤처 캐피털

벤처 캐피털이 눈길을 끈다. 장기간에 걸쳐 벤처 캐피털 펀드로 향하는 투자 자본 급증세는 놀라웠다. 의심할 여지없이 애플, 이베이, 페이스북, 구글, 우버 같은 폭발적으로 성공한 기업들을 찾아내 투자로 100배 이상의 수익률을 내는 일에 대한 설렘이 존재한다.

그러나 벤처 캐피털 투자에 앞서 다음 사항을 심사숙고하라. 지난 30년간 벤처 캐피털 펀드 상위 25%의 평균 수익률이 28%였던 반면에, 전체 벤처 캐피털 펀드의 평균 수익률은 사실상 5% 미만이었다. 가장 성공한 벤처 캐피털 투자기관 10여 곳은 전체 벤처 캐피털 산업의 전체 '초과 수익률(S&P 500 지수 수익률보다 높은 수익률)'보다 높은 수익률을 일구어냈다.

다시 말하면, 전체 시장과 비교할 때 나머지 전체 벤처 캐피털 펀드는 집단적으로 손실을 내며 유동성을 포기했고 심각한 리스크를 감수한 것이다. 선두권 벤처 캐피털 업체는 강력한 이유 덕분에 계속 선두에 있으며, 앞으로도 계속 가장 성공적인 업체가 될 가능성이 크다.

벤처 캐피털의 성공 비결은 비밀이 아니다. 돈은 아니다. 투자할 돈이야 필요하지만 거의 그게 전부가 아니다. 최고의 벤처 캐피털 매니저들은 흥미진진한 신제품에 대한 그냥 발 빠른 후원자가 아니다. 물론 그들은 이 일을 잘하지만, 그들의 큰 장점은 다음 두 가지다. 그들은 기업가들을 선별하는 방법을 알고 있으며, 효과적인 팀들을 한데 모아서 특출나게 성공적인 기업을 세울 수 있도록 돕는 방법도 안다. 그들은 확실히 수동적인 투자자가 아니다. 그들은 활발하게 행동하며 창의적이다. 현명한 신생 기업가들은 자신의 신생 회사가 성공하도록 도와주는 최고의 벤처 투자자들이 얼마나 중요한지 이미 성공한 기업가들로부터 배운다. 그래서 최고의 아이디어를 지닌 최고의 기업가들은 모두 최고의 벤처 투자자들과 함께 일하고 싶어 한다.

최고의 벤처 투자자들은 그들이 투자하려 하는 산업의 대기업 · 중견 기업 · 소기업들과 항상 연락을 취한다. 그들은 새로운 기업을 설립하기로 하는 가장 흥미로운 젊은 스타들에게 벤처 투자자의 지원이 얼마나 중요한지, 그리고 그들이 투자한 신생 기업에 얼마나 빈번하게 중요한 차이를 만들었는지 확실히 알려준다. 기술의 특정 측면을 전문적으로 다루는 그들은 가장 효과적인 엔지니어, 영업 담당, 생산 관리자, 금융 전문가를 전부 알고 있다. 그들은 이 사람들이 왜 그렇게 효과적인지 알고 있으며, 어떤 특정 인물들이 성공적인 팀으로 잘 어울릴지 골라낸다. 그들은 그들의 회사가 더 똑똑해지고 더 강해지며 성공할 가능성이 훨씬 더 커지도록 돕기 위해 이런 전문지식을 이용한다.

그리고 그들은 효과적인 기업가들은 그들이 무엇이 효과적이고 무엇이 효과가 없는지를 배우면서 자기들의 제품, 사업 계획, 목표 시장을 거의 항상 변화시킨다는 것을 알고 있다. 그들은 제품이나 시장, 사업 계획이 아무리 흥미진진해도 집착하지 않는다. 성공의 열쇠는 항상 성공하겠다는 강력한 욕구를 지니고 있으며 실력 있는 — 리스크 감수자가 아닌 — 리스크 관리자인 기업가임을 알기 때문이다.

승리자들이 계속 이기는 것은 우연이 아니다. 단 한 가지 문제가 있는데, 그건 당신이 이러한 통찰을 이용할 수 없다는 것이다. 최고의 헤지펀드와 마찬가지로, 최고의 벤처 캐피털 기관은 신규 투자자를 받지 않는다. 사실 그들은 이미 자리가 꽉 차서 오랜 투자자 고객조차 그들에게 맡기기를 원하는 자금을 모두 수용할 수 없다.

게다가 벤처 캐피털이 키워낸 성공한 기업가들 중 몇몇은 자기들도 큰 금액을 투자하고 싶어 한다. 그리고 과거에 성공적인 투자로 큰돈을 벌었던 벤처 경영자들도 자기 자금을 더 많이 투자하기를 원한다. 간단히 말해서, 당신은 당신이 투자하고 싶은 펀드에 참여할 수 없다. 나머지 벤처 펀드들은 현명한 투자자들에게 그루초 막스(Groucho Marx, 미국의 유명한 희극 배우--옮긴이)가 했던 다음과 같은 냉소적인 발언을 떠오르게 한다. "나는 나 같은 사람을 회원으로 받아주는 어떤 클럽에도 속하고 싶지 않다."

부동산

부동산은 대단히 매력적이다. 미국 최고 부자 및 부자 가문의 상당수는 부동산으로 부를 이룩했다. 세제 혜택은 주요 요소인데, 재빠른 레버리지 이용 및 신용 활용(그중 대부분)이 중요하다. 적대적 협상을 잘하는 능력이 결정적 역할을 하며 참을성과 결단력 있는 행동이 모두 필요하다.

또한 실적은 각 지역 시장 및 선별된 시장 내에서 부동산별로 임차인 및 임대 계약의 모든 관련 세부사항에 대한 뛰어나고도 세밀한 지식, 향후 임대료를 크게 높여줄 구체적 개선 방법에 대한 영리한 통찰력, 바람직한 임차인을 끌어들이는 특별한 능력 등에 달려 있다. 사업에 절대적으로 몰두하기는 기본이다.

이 모든 요건을 기꺼이 충족시킬 수 있는 사람은 거의 없을 텐데, 아르바이트 수준으로 일하며 성공을 바라는 사람도 별로 없을 것이다. 그런 까닭에 부동산 투자에 전념하는 사람들은 운이 따르면 매우 좋은 실적을 낼 수 있다.

대형 계약을 하지 않고 부동산에 투자하고 싶다면 부동산투자신탁 주식에 투자해도 된다. 리츠는 주요 거래소에 상장돼 있다. 리츠는 부동산과 전체 주식시장을 모두 반영한 가격으로 거래하는데, 장기 수익률은 전체 주식 수익률과 비슷하다.

사모펀드

다른 특화된 대체 투자와 마찬가지로, 최고의 사모펀드는 신규 투자자를 받지 않는다. 개인 투자자들에게는 문제될 것이 없다. 사모펀드는 전반적으로나 평균적으로나 상당한 레버리지를 감안하고 보더라도 시장 평균 수익률을 밑돌았기 때문이다. 다시 말하면, 투자자가 적당한 '증거금'을 담보로 돈을 빌려 공개 시장에서 거래되는 주식을 사들이는 게 더 낫고, 유동성도 더 넉넉할 것이다.

원자재

원자재는 경제적으로 활성화되어 있지 않아서 성장하는 경제적 가치를 드러내지 않는다. 원자재 가격 변화는 수요나 공급이 달라질 때만 좌우된다. 원자재를 매매하는 사람들은 자기들이 시장보다 더 많이 또는 더 잘 안다며 투자가 아닌 투기를 한다. 그들은 도박하고 거래할 때는 어울릴 수 있으나, 모든 권리에는 늘 그에 상응하는 부작용이 있게 마련이다. 전체 원자재 거래의 합계는 마이너스가 된다. 제로섬 게임에서 거래 비용을 빼면 음수가 되기 때문이다. 금은 최근 몇 년간 주목을 받았는데, 특히 금 ETF가 생긴 뒤로 그렇다.

금값이 변동하고 있지만, 강세장은 더 높은 가격을 전망한다. 그러나 투자자들은 1980년 초 인플레이션을 반영한 금 가격이 온스당 2,250달러가 넘었음을 떠올리고 싶을 것이다(현재 온스당 대략 1,870달러에 거래되고 있다).

성공적인 투자운용에서 가장 중요한 업무를 담당하는 사람은 투자 매니저가 아니라 바로 당신이다. 당신의 주요 책임은 전문 투자 컨설턴트의 도움이 있든 없든 장기적인 투자 목표를 설정하고 목표를 달성할 합리적 · 현실적 투자 정책 조합을 결정하는 것이다.

당신은 당신의 전체 투자 상황, 리스크에 대한 감정적 감내 수준, 투자시장의 역사, 이런 것들이 어떻게 상호 작용하는지를 공부해야 한다. 암울한 현실과 당신의 재정적 욕구 및 감정적 욕구가 가끔 어긋날 수 있기 때문이다. 이러한 불일치는 요즘에도 큰 해를 입힐 수 있다.

패자 게임에서 내려와 승자 게임에 올라타라

과거의 투자 현실을 연구하는 투자자들은 전문성 경쟁에서 승리해 시장보다 높은 수익률을 올리는 액티브 매니저를 찾아낼 수 있다는 너무나 보편적이지만 비현실적인 믿음으로부터 본인과 본인의 투자를 방어할 수 있다. 만약 그 질문이 "똑똑하고, 정보에도 밝으며 경험이 풍부하면서도 열심히 일하는 매니저로 이루어진 팀을 찾아낼 수 있는가?"였다면, 대답은 "그렇다!"가 될 것이다. 그러나 이는 틀린 질문일 것이다. 올바른 질문은 "수수료와 비용을 충분히 충당하고 리스크와 불확실성을 상쇄할 정도로 전문가 컨센서스를 능가할 수 있는 투자 매니저를 찾을 수 있는가?"가 되어야 한다.

정보에 밝은 투자자는, 액티브 투자 매니저가 시장을 이길 수 있는 유일한 방법이란 다른 투자자의 실수를 그냥 찾아내 써먹는 수준을 넘어 매우 빈번하게 찾아내서 활용하는 것으로 알고 있다. 이런 투자자는 시장을 이기려고 노력하는 매니저가 아무리 열심히 애써도 오히려 시장에 얻어터질 가능성이 크다는 것을 안다. 본인이나 전문 매니저가 계속 노력하겠다고 고집부리는 대다수 고객은 실적을 보고 실망할 것이다. 액티브 투자는 패자의 게임이다.

다행스럽게도 패자의 게임에서 승리할 수 있는 쉬운 방법이 있다. 그저 과거의 관행에 따라 투자하지 않으면 된다. 중요한 여러 변화를 고려하면 이 방식이 지금은 심하게 구시대적인 것 같아도 그렇다. '문제를 발견했으면 해결책도 찾아내라'는 전통 안에서 성장한 덕분에, 나는 거의 50여 년 전 나의 '패자의 게임' 기고문에서 확인된 문제의 해결책을 찾아야 한다는 과업에 꽤 흥미가 있다.[63] 흔히 그렇듯이, 해결책은 '현

---

63 이 기고문은 1975년 〈더 파이낸셜 애널리스트 저널(The Financial Analysts Journal)〉에 실린 것으로, 이 업계의 그레이엄 및 도드 상을 수상했다.

장에서 벗어나 생각하기' 그리고 '문제 재정의하기'였다. 그래서 초점을 패자의 게임(전문가 시장을 이기기 위한 헛된 노력으로 더욱 열심히 노력하기)에서 장기 목표, 자산 구성, 투자 정책 등 큰 그림에 집중하고 그 과정을 지속하는 승자의 게임으로 옮겨보았다.

개인 투자자는 다음의 핵심적인 세 가지 이유로 중요하다. 첫째, 개인 투자자는 엄청나게 많다. 미국에 약 5,000만 명, 그 외 국가에도 그 정도 숫자의 투자자들이 있다. 둘째, 대부분의 개인 투자자는 장기적인 투자 정책과 전략을 진짜로 본인이 직접 짠다(투자 컨설턴트가 대부분의 개인에게 합리적인 시간당 비용으로 필요한 컨설팅을 제공하는데도 그렇다). 셋째, 투자 '방법을 알려주는' 대다수 책들은 평범한 개인이 시장과 관계된 전문 투자자들을 능가할 수 있다는 그릇된 약속을 한다. 그렇게 할 수 있는 사람은 아무도 없다.

다행스럽게도 개인 투자자는 시장을 이기지 않고도 성공할 수 있다. 시장을 이기려는 시도는 당신의 주의력을 딴 데로 끌고 갈 것이다. 당신에게 최선의 결과를 제공할 현실적인 장기 투자 프로그램 설계라는 중요하고 흥미로우며 생산성 높은 작업으로부터 말이다.

승자의 게임으로 이끌어주는 세 가지 전략

건실하게 구상하고 끈기 있게 따르는 장기 투자 정책이 투자 성공의 길이다. 필요한 조치들은 복잡하지 않다. 만약 이 책에 나오는 조언 몇 가지가 꽤 단순하게 느껴진다면, 워런 버핏이 멋지게 요약한 다음 문구를 기억하라. "투자는 간단하다. 하지만 쉽지 않다."[64] 진정한 도전 과제는 장기 투자 수련에 전념하면서 미스터 마켓이 강력하게 주의를 끄는 움직임에 반응하지 않는 것이다. 미스터 마켓의 움직임은 실제 투자에서는 그다지 신경 쓸 필요가 없다. 장기 투자 수련에 꾸준히 전념하는 것은 당신의 중요한 의무이며 장기 투자 성공을 보장하는 최선의 기회다.

시장을 이기려고 노력하는 경우, 두 종류의 문제가 존재한다. 한 가지 문제는 이게 매우 어려운 일이긴 한데, 더 잘하려고 노력할수록 너무 심하게 악화되기 쉽다는 것이다. 또 다른 문제는 그런 노력이 당신의 특정한 욕구에 잘 맞는 장기 목표와 투자 정책 수립하기로부터 당신의 주의를 딴 데로 돌릴 거라는 점이다.

시장을 이기고자 하는 패자의 게임에서 승리하기는 쉽다. 즉, 패자의 게임을 안 하면 된다. 시장 현실에 부합하면서도 당신이 유지할 수 있는 장기 목표와 그 목표에 어울리는 괜찮은 투자 정책을 정확하게 정의하고 고수하는 승자의 게임에 집중하라.

상위 25%의 투자 성과를 확실히 달성하기도 어렵지 않다. 인덱스 투자를 하고 특히 장기간에 걸쳐 인덱스 펀드를 보유하라(실제로 지난 20년 동안 인덱스 펀드는 상위 25%의 상반부 절반에 들어가는 실적을 달성했다. 심지어 특별한 리스크를 감수하지 않고 그런 실적을 달성했다!).

투자자마다 욕구와 목적이 다르므로 투자자들의 투자 포트폴리오는 동일하면 안 된다. 다음과 같은 중요한 질문에 당신은 이미 대답한 적

64 의술 및 의학 연구 분야에서 업계 최고 수준의 뛰어난 경력을 지닌 내 친구 두 명은 의학사에서 가장 중요한 두 가지 발견은 페니실린과 손 씻기의 중요성이라는 것에 의견을 같이한다(손 씻기는 1900년 이전에 대부분의 출산을 유도했던 산파들을 거쳐서 한 산모에게서 다른 산모로 이어지는 감염 확산을 방지했다). 아울러 내 친구들의 자문에 따르면, 더 오래 건강하게 사는 방법에 대한 조언으로 담배 끊기와 운전 중 안전벨트 매기보다 더 좋은 것은 없다고 한다. 이 이야기의 교훈은 훌륭한 조언이 꼭 복잡할 필요는 없다는 것이다.

이 있다. 경제적으로 당신은 어디에 와 있으며 어떤 사람인가? 투자할 자금의 투자 기간은 얼마나 되는가? 당신의 자산, 소득, 부채, 책임은 어떻게 되는가? 시장 리스크에 대해 어떻게 생각하는가? 본인이 끈기 있는 장기 투자자가 될 거라고 믿는가? 이러한 몇 가지 질문에 대한 대답이 우리 각자를 개성 있는 투자자로 만든다.

본인에 대한 경제적 책임을 이행하기 위해서는 다음 세 가지 특성이 필요하다.

1. 본인의 진짜 가치관과 투자 목적을 이해하고 발전시키는 일에 진정한 관심을 두어라.
2. 미스터 마켓의 교묘한 속임수와 강력한 기관 투자자의 시장 지배력 등 자본시장과 투자의 근본적 특성에 대한 인식의 폭을 넓혀라.
3. 시간이 흐르면 현실적인 투자 목표 달성에 성공할 수 있는 기본 정책을 마련하고 이를 잘 지켜나가도록 개인 수련에 힘써라.

위 세 가지 제언이 이 책의 전부다.

이기는 경기의 주인공으로 살라

이 책은 현대 투자 관행에 대한 신랄한 비평이기는 해도 결코 투자 매니저에 대한 비난은 아니다. 문제점은 전문 매니저들의 실력이나 성실함이 부족하다는 게 아니다. 오히려 완전 정반대다. 시장을 이기려는 노력의 문제점은 이렇다. 매우 유능하고 대단히 업무에 몰두하는 너무나 많은 전문 투자자들이 치열하게 경쟁을 벌이는 집단으로서 엄청난 정보 및 경쟁력에 동시에 접근할 수 있다 보니, 그들은 그들 중 그 누구도 특히 장기적으로는 더 나은 실적을 거두기 매우 어렵게 만든다.

이 책은 다음과 같은 명확한 관점으로 서술되어 있다. 즉, 투자운용의 진짜 목적은 시장을 이기는 것이 아니라 본인의 진짜 현실적인 투자 목표를 정의하고, 합리적인 장기 투자 정책을 개발하고, 그것들을 유지하는 핵심 의무를 받아들여 투자자마다 본인에게 알맞은 투자를 하는 것이다. 투자자가 자기 돈이 운용되는 방법에 많은 관심을 기울여야 한다는 건 너무나 명백해 보일 수도 있다. 하지만 현실에서는 한참 늦을 때까지도 사람들이 그다지 관심을 두지 않는다. 나는 자신의 투자 운명을 스스로 책임지려고 대비하는 투자자들을 위해 이 책을 썼다.

정식 등록된 투자자문업자는 자신의 고객이 정보를 얻고, 행동하는 중요한 역할을 수행하기 위한 지침으로 이 책을 이용하도록 권장해야 한다. 그러면 고객도 성공할 수 있을 것이다.

내가 이 책에서 제시한 간단한 제안들을 모두 소화하면, 당신은 투자할 때 진정으로 성공하기 위해 알아야 할 모든 것을 배운 것이다. 당신은 승리하는 투자를 누릴 준비가 되었다. 이제 시작해도 좋다!

절대 변하지 않는 것

물리학자 리처드 파인만(Richard Feynman)에 따르면, 창의성을 향한 필수적인 첫걸음은 '진심으로 의심하기'라고 한다. 그래서 나는 이중 확인하는 방법을 익혀서 스스로 대답해보았고, 특히 증거가 가장 확실해 보일 때에도 "내가 틀렸나?" 하고 자문했다. 내 주장의 주요 부분에 대해 수년간 전문가들과 점검하면서 다음과 같은 기본적 체제 현실은 달라지지 않을 것이라고 확신한다.

• 탁월하고 부지런한 투자 전문가 숫자는 액티브 투자를 1960년대, 1970년대 승자의 게임으로 되돌릴 수 있을 정도로 감소하지 않을 것이다.

• 기관별로 그리고 해당 기관을 이끄는 뛰어난 전문직 종사자들의

거래 비율은 떨어지지 않을 것이다. 그러므로 투자 행위는 아마추어 중 가장 유능한 사람이 하더라도 계속 위험할 것이다.

- 아마도 언젠가는 꽤 많은 투자자가 인덱스 투자에 뜻을 함께하여 이 '최후의 증권 컨설턴트(즉, 인덱스 투자-옮긴이)'는 더 이상 경쟁자가 없어질 것이다. 그런 날이 올 것이다! 그사이에 더 좋은 일이 있을 것이다. 당신도 마찬가지다. 우리는 우리의 진짜 장기 목표에 가장 적합한 자산 구성 정책을 결정하는 데 집중함으로써 — 투자 자산을 인덱스 펀드에 투자함으로써 — 우리의 시간과 자금으로 승리할 수 있다.

부록

부록 A 투자위원회와 훌륭한 지배구조

부록 B 오리엔트 특급 살인

부록 C 더 많은 지식을 탐구하고 싶다면

기관 투자는 개인 투자와 상당히 다르다. 이는 단지 헤밍웨이가 F. 스콧 피츠제럴드에게 "그래, 그들은 돈이 더 많지"[65]라고 대꾸했다는 고전적인 답변 때문만은 아니다. 우리 가운데 많은 사람이 기부금, 연기금, 또는 다른 기관의 투자위원회에서 일할 수 있는데, 그런 곳에서 근무하는 사람들 모두에게 도움이 되기 바란다. 다음은 예상할 수 있는 것과 가장 도움이 될 만한 방법에 대한 기본 지침이다.

대부분의 기관 자금은 영구적이거나 거의 영구적이며 외부 매니저들에게 투자를 위임하는 위원회의 관리를 받는다. 투자위원회의 1차 의무는 투자운용이 아니라 훌륭한 지배구조를 확립하는 것이다.

65 두 문호가 주고받은 내용을 처음 접하는 경우도 있는데 피츠제럴드가 "엄청난 부자들은 당신과 나와는 다른 존재들이라네."라고 하자 헤밍웨이가 맞받아친 말이다.

대다수 투자위원회의 주요 업무와 의무는 평균적인 시장 리스크와 장기 수익률 모두에 적당한 목표를 잡은 다음, 그 목표를 가장 잘 달성하면서도 기관의 재정을 투자, 운용한다는 상호보완적 규율에 조화를 제공할 장기 투자 정책을 정하는 것이다. 그런 후에야 투자 매니저와 효과적인 업무 관계를 발전시킬 수 있다(본문에서 설명한 바처럼 인덱스 펀드 투자 비율을 높이는 기관의 수가 증가하고 있다). 이러한 인덱스 투자 결정은 현명하며 '파트너 맺기'에도 용이하다.

수십억 달러 규모의 기금에서는 매니저 관리라는 중요한 업무를 상근 직원이 담당하며 투자위원회에서 이를 관리한다. 투자위원회는 공식적인 지배구조를 확립할 책임이 있다. 10억 달러 미만의 자산을 감독하는 투자위원회는 보통 정규직 형태의 전문 투자 담당자를 두지 않고 주로 관리에 적합한 형태의 고용을 한다. 그래서 조직의 골격을 이루는 사내 직원을 두기도 하고 최고투자책임자를 외부에서 영입하기도 한다. 규모가 작은 기금들은 단순히 투자위원회를 두어서 매니저들을 직접 감독하게 해야 한다. 좋은 사업 관계에서는 어디나 그렇듯이, 고객 기관과 투자 매니저라는 쌍방의 책임과 업무는 양측 모두에게 실제적이고 명확해야 한다. 특히 투자 매니저의 임무는 서로 합의해 문서로 명확히 해야 하며 매년 한 번씩 재확인(또는 수정)해야 한다. 그 임무는 매니저의 권한과 현실적인 시장 관련 범위 이내로 분명히 해야 한다.

고객 기관과 매니저의 관계는 대개 투자 매니저와 투자위원회 모두가 바라는 성공을 함께 달성하기 위해 조직된 정기 회의를 중심으로 이루어질 것이다. 모든 회의는 고객 기관이 계획하고 운영해야 한다. 흔히들 그러하듯 매니저가 맡는 게 아니다. 위원장은 안건을 설정하고, 투자 매니저는 회의에 필요한 모든 관련 서류를 준비해 위원회 구성원들이 꼼꼼히 준비할 수 있도록 충분한 시간을 두어야 한다. 관련 문서에 대해 강조하는 이유가 있다. 중요한 사안들을 이해하기 어렵게 만드는 과도한 통계적 세부사항으로 회의를 꽉 채우는 것은 그다지 현명하지 않다.

장기 투자 정책은 투자운용과 명확히 분리되어야 한다. 그것은 책임과는 상당히 다르기 때문이다. 포트폴리오 운용과 투자 정책 형성을 분리해야 서로 다르지만 보완적인 투자운용의 이런 두 가지 측면 각각에 대한 책임과 의무가 설정될 수 있다. 물론 투자 정책과 투자운용이 계속 따로 움직이는 것은 아니다. 운용 실적은 객관적으로 평가해 투자 정책에 부합하는 운용을 보장해야 하고, 투자 정책은 장기 수익률에 대해 객관적으로 평가할 수 있도록 현실적 · 효과적이어야 한다. 투자 정책에 대한 책임이 포트폴리오 운용 관리와 함께 펀드 매니저에게 위임되는 경우는 아주 흔하다. 투자 정책과 포트폴리오 운용(문제점 정의와 해결)을 뒤섞어 두 가지를 모두 위임하는 것은 문제를 일으킨다.

현대 포트폴리오 이론에서 파생된 전문용어는 투자 목표와 정책을 비교적 쉽게 구체화할 수 있도록 해준다. 고객 기관은 샤프 비율(리스크 대비 초과 수익률 측정)과 벤치마크 수익률을 통해 포트폴리오 운용이 합의된 정책을 얼마나 잘 준수하는지 살펴볼 수 있다. 이러한 정보를 통해 각 포트폴리오 매니저는 영웅적인 시장 능가하기가 아니라 잘 정의된 목표를 달성할 수 있도록 현실적 투자 정책을 정확하면서도 합리적으로 수행해 좋은 실적을 낼 수 있다.

투자위원회와 투자 매니저는 다음과 같은 주요 정책의 관점에 대해 분명히 합의해야 한다.

1. 포트폴리오가 감수할 시장 리스크 수준
2. 시장이 출렁일 때 리스크 수준을 지속할지 아니면 바꾸어야 할지 여부
3. 개별 주식 리스크나 시장 부문별 리스크를 감수할지 아니면 피할지 여부와 그러한 리스크를 감수할 경우 포트폴리오에서 나타날 수익률 증가율 예상

시장 수준을 따라가는 인덱스 펀드에서 벗어나 시장 리스크, 주식군 리스크, 개별 주식 리스크 등 점점 더 다양한 종류의 리스크를 안을 수 있는 재량을 액티브 매니저에게 부여할수록, 우연을 배제한 특정 기간의 포트폴리오 수익률이 어느 정도인지를 판단하는 어려움이 크게 늘어난다.

투자 매니저의 운용 실적은 분명한 투자 정책과 직접 비교해서 측정, 평가해야 한다. 반드시 명시적 정책으로만 비교해야 한다. 가령 성장주나 소형주 포트폴리오의 운용 실적을 전체 시장 평균과 비교해 평가하는 것은 불공정하며 오해의 소지도 생길 수 있다. 참고로 성장주 전문가나 소형주 전문가는 해당 전문 분야가 전체 시장에서 유리하거나 불리할 때 똑같이 불공평하게 칭송이나 야유를 듣는 일이 매우 흔하다.[66]

투자 매니저와 회의할 때에는 매니저의 합의된 임무에 대한 간략한 검토부터 시작해서 목표나 정책을 어느 정도 수정해야 적당할지 확인

---

66 성능 데이터를 올바르게 이용하기가 얼마나 어려운지를 보여주는 전형적인 사례는 1967년 벤처 캐피털 펀드인 아메리칸 리서치 & 디벨로프먼트(AR&D)에 대한 투자 효과였다. 이 투자는 눈부시게 성공적이었는데, 1967년에 디지털 이큅먼트 코퍼레이션(Digital Equipment Corporation)에 거의 우연히 소규모로 시행한 투자였다. AR&D는 회사를 설립할 수 있도록 재정 지원을 약속받았다고 여긴 어느 MIT 교수에게 투자할 의무가 있다고 판단했다. AR&D는 디지털 이큅먼트에 투자해 시장 평균보다 높은 수익률을 기록했다. 만약 AR&D가 디지털 이큅먼트에 투자하지 않았다면, 20년 동안 시장 평균보다 부진한 수익률을 보였을 것이다.

해야 한다. 고객 기관과 투자 매니저 모두가 제안할 투자 임무의 변경 사항이 없는 경우, 양측 모두 분명하게 임무 내역을 재확인해야 한다.

고객 기관이나 매니저가 변경을 제안하고자 할 경우에는, 제안된 변경사항과 이를 뒷받침하는 근거를 미리 작성해 회의 준비서류 중 하나로 배포한다. 그렇게 해야 전체 참가자가 회의가 열리기 전에 제안된 변경사항들을 살펴보고 생각해볼 수 있다. 회의의 가장 중요한 부분에서 당황스러운 일이 생겨서는 안 된다.

특정 유가증권의 매수 및 매도 등 특정 포트폴리오 운용에 대한 논의는 예외적인 기준일 때에만 이루어져야 하며 간략해야 한다. 회의 시 이런 부분이 '관심사'가 되면 안 된다. 고객 기관은 흥미진진한 전쟁 이야기나 특정 주식의 요약 보고를 받아서는 안 된다. 이런 것은 재미있기는 해도 배우는 게 아니라 오락거리다. 그 대신 회의할 때 이런 부분은 매니저가 합의된 정책을 합리적으로 정확히 준수했음을 간단히 확인하는 정도여야 한다. 이상적으로는 운용 보고와 투자 매니저의 임무 재확인에 딱 5분만 걸려야 한다. 만약 시간이 더 오래 걸린다면 "휴스턴, 문제가 생겼다(Houston, we have a problem)" [아폴로 13호 우주선이 우주 비행 도중 큰 문제점을 발견하고 미국 항공우주국(NASA)에 무전으로 전했던 말. 이후 무엇인가 큰 문제가 생겼을 때 사람들이 종종 쓰는 상징적 표현이 됨-옮긴이]와 같은 상황이라는 이야기다. 뭔가 잘못되었다는 것은 임무가 명확하지 않거나, 실적이 임무에서 벗어났다는 의미다.

(매니저가 액티브 매니저라면) 일반적으로 2시간 미만인 회의 시간의 균형은 고객 기관과 매니저 모두에게 중요한 여러 주제들 중 한두 가지만 상세히 논의하는 시간으로 사용해도 좋다. 이는 액티브 매니저의 투자 관련

및 방식에 대한 공통의 이해를 높이는 방법이 될 수 있다. 토론 주제에는 포트폴리오 전략, 주요 포트폴리오의 매매 서약을 뒷받침하는 리서치, 특정 산업의 변화하는 투자 매력도에 영향을 미치는 중요한 경제 발전 등을 포함할 수 있다. 이러한 주제를 논의하는 주요 목적은 투자위원회가 투자 매니저의 사고 과정을 더 깊이 들여다볼 수 있도록 하기 위함이다.

실적 평가의 최종 가치는 분명히 질적이다. 본인 판단에 대한 액티브 매니저의 설명은 일리가 있는가? 액티브 매니저의 행동은 이전 회의 때 그가 이야기했던 것과 일치하는가? 신중하고 관심 있는 고객 기관으로서 당신은 논의를 하면 할수록 매니저의 능력, 지식, 판단력에 대한 자신감을 발견하는가, 아니면 실망하는가? 위원회 위원들은 이처럼 '가벼운' 질적 요소에 실제로 비중을 두어야 한다. 반복해서 말하건대, 실제 문제점을 예견하는 징후들은 확실한 양적 데이터로 문제점이 나타나기 한참 전에 겉으로 먼저 드러나기 때문이다.

적어도 1년에 한 번은 투자 포트폴리오가 맥락에 맞는지 당신 기관의 전반적인 재정 상황에 대해 있는 그대로 점검해야 한다. 마찬가지로 투자 매니저는 매년 개최하는 회의 중 한 차례 정도는 기관의 전문성과 사업성 발전 논의에 힘써야 하며, 특히 장기적인 정책과 전문 역량 강화를 위한 서약에 중점을 두어야 한다.

거의 항상 그렇긴 하지만, 다음과 같은 식으로 회의 시간을 낭비해서는 안 된다. 경제 전망에 대한 피상적인 논평, 최근의 금리 변화, 주식 포트폴리오의 산업군 가중치에 대한 자질구레한 점검, 채권 포트폴리오 내 우량주 비율의 소폭 변동에 대한 빠른 재검토 등 투자 업계에 대한 간단하지만 궁극적으로 무의미한 순방을 돌고, 몇 가지 구체적인 결정에 대한 '흥미로운' 통찰로 결론을 내는 것 말이다. 시행된 중요한 결정을 진짜로 하나도 제대로 파고들지 않는다면, 이런 행동은 포트폴리오에 잠재적으로 이어질 중요한 주제에 대해, 그리고 장기간에 걸친 의뢰인과 매니저의 성공적인 관계에 진지하게 논의하는 데에 써야 할 시간을 소모하는 것과 같다.

3~5페이지로 표현된 주요 사항, 사실, 견해 등을 정리한 서류는 각 회의를 마친 후 작성해 배포하고 향후 이용, 참조할 수 있도록 보관되어야 한다. 괜찮은 제안을 하나 하자면, 고객 기관과 투자 매니저가 이런 회의 요약서를 번갈아 작성하는 것이다.

전문 인력이 없는(특히 인덱스 투자 사례를 강화할 숙련된 인력이 없는) 투자위원회는 네 단계의 운용상 결정을 내려야 한다.

첫째, 매니저를 교체해야 하는가? 일반적인 예상 답변은 '아니다'이다.

둘째, 어떤 매니저가 '점검 대상'으로 인식되면, 매니저 교체를 시행할 경우와 그렇지 않을 경우에 대한 엄격한 분석이 이루어져야 한다. 매니저를 교체하지 않는 경우에는 각별히 신경 쓰고 주의를 기울이자. 경험에 따르면 가장 좋은 결정은 종종 직관과 정반대인 결정, 즉 최근 실적이 시원치 않은 매니저에게 더 많은 자금을 배정하는 것이다. 이유는 다음과 같다. 잘 고른 액티브 매니저라면 아마도 본인 스타일이 시장에서 일시적으로 불리해서 대개 실적이 저조할 것이고, 시장 상황이 본인 스타일에 더 유리해지면 아마 다시 좋은 성적을 올릴 것이기 때문이다. 위원회들은 계속 유지해야 할 매니저들을 너무 자주 내보내고 전성기가 막 끝난 매니저로 교체한다. 이렇게 매니저를 교체한 대가는 적지 않은데, 특히 해고된 매니저가 잘하고 있었으며, 이미 정점을 찍고 영입한 새 매니저가 부진한 실적을 보일 경우가 그렇다.

셋째, 어떤 매니저가 지속적으로 운용한 자산의 조건이나 규모를 유의미한 방식으로 교체 또는 수정해야 하는가?

넷째, 자산 구성에 대한 장기 정책을 바꾸어야 하는가? 바꾸지 않는다면 — 정상 수준을 벗어난 — 상당한 일시적 편차가 적당한가? 정책을 바꾸지 않는다면, 그 회의의 형식적인 부분은 마무리된다.

이처럼 형식적인 점검을 할 때 어떤 결정을 내리는 경우는 흔치 않다. 행동에 나서는 결정은 아주 드물다. 당신이 이미 과제를 엄격하게 수행했고 진짜 목표를 이해하여 합리적인 장기 투자 정책과 각 매니저에 대한 구체적인 임무에 대해 결정했을 것이기 때문이다. 장기적인 결정을 내렸더라도 필요할 경우 약간의 변화는 필요하다.

경험이 풍부한 연속 공정 공장 관리자라면 누구나 알겠지만, 투자운용 같은 경우 연속 공정이 잘 운영되고 있음을 보여주려면 계속 흥미로운 현상이 없도록 노력해야 한다. 흥미로운 현상이란 문제가 생겼다는 뜻이기 때문이다. 잘 운영되는 연속 공정 공장, 그리고 매우 장기적인 연속 공정인 투자운용은 문제점이 없으면 수정도 필요 없다. 안타깝게도 액티브 매니저들 대부분이 장기간 지속해서 사용하는 체계적 투자 프로세스를 개발하지 않았다. 거대 화학 기업의 주요 시설 10여 곳을 둘러보며 내 생애 최고의 교훈을 얻었다. 운 좋게도 각 공장을 함께 방문한 업체 임원이 살펴봐야 할 부분을 내게 알려주었다. 마지막으로 방문한 공장은 예외였다.

함께 시설을 살피러 가면서 그가 내게 말했다. "찰리, 당신에게 마지막 시험이 될 겁니다. 당신에게 어디를 둘러볼지 알려주겠지만, 그 시설에 관해 어떤 얘기도 안 하겠습니다. 이 시설을 다 둘러보고 나서 당신에게 중요한 질문을 하나 하겠어요."

1시간 후 그가 질문을 던졌다. "흥미로운 게 보였나요?"

고민을 하다가 포기한 나는 결국 고백했다. "아니오, 프레드, 보지 못했습니다."

"아무것도 발견하지 못했나요?"

"네. 아무것도요."

"당신의 점수는 A+입니다."

"왜인가요, 프레드?"

"관심을 가질만한 것이 없었고, 계속되는 가공 시설에서는 당연히 그래야 하기 때문이에요!"

다음은 투자위원회가 유망한 투자 매니저에게 질문하면 잘 이해할 수 있는 몇 가지 질문들이다.

- 지난 10년간 당신의 투자운용 관념과 프로세스는 어떻게 달라졌나? 이유가 무엇인가? 이러한 것들은 향후 10년 내에 어떻게 달라질까?
- 지난 10년간 당신의 전문 능력과 자산 운용 능력을 높일수록 당신이 근무했던 전문 기관은 어떻게 바뀌었나?
- 과거에는 업무전략을 어떻게 변경했나? 앞으로는 어떻게 바꿀 계획인가? 그렇다면 이유는 무엇인가?
- 당신의 리더십 개발과 승계를 위한 계획은 무엇인가?
- 당신의 경력직 전문성과 비즈니스 리더로서의 보상은 무엇이었고 어떻게 정해졌는가?

당신의 질문에 투자 매니저가 제시한 답변을 메모하자. 훗날 이와 동일하거나 유사한 질문을 했을 때 듣게 될 답변과 비교하는 데 활용할 수 있도록 말이다(이 간단한 기법은 상당히 잘 들어맞아서 몇 년, 어쩌면 몇 세기 동안이나 스코틀랜드 투자 신탁의 매니저와 일본인까지도 이용했을 정도다).

만약 당신이 투자 매니저를 해임하기로 결정했다면, 결정을 이행하되 그 실패가 매니저 탓이 아닌 당신 잘못일 수도 있음을 인식하라. 그러니 시간이 걸리더라도 각 매니저를 선발해 함께 일을 더 잘할 수 있는 방법을 배울 수 있게끔 노력한 후에 신규 매니저를 찾도록 하자.

인덱스 펀드는 저렴한 비용으로 손쉽게 구할 수 있다. 따라서 여러 액티브 매니저 활용을 두고 상장된 증권 포트폴리오의 분산투자와 리스크를 줄이는 방편이라는 말로 정당화될 수 없다. 분산투자와 리스크 감소는 단순하고 광범위한 시장 인덱스 펀드로 훨씬 쉽고 저렴하게 해낼 수 있다.

기금에 어떤 지출 규정이 채택되든, 다음 두 가지 기본 원칙이 좌우해야 한다. 규정은 주요 강세장 및 약세장 동안에도 지속될 수준으로 설정되어야 하며, 수익률과 지출률의 차이(즉, 기금에 재투자되는 금액)는 인플레이션으로 인해 수익성이 갉아먹히는 효과를 완전히 흡수할 정도여야 한다.

연금 기금의 보험 통계적 수익률 가정이나 기금의 지출 규정은 투자 결과로 정해져야 한다. 그 반대가 되어서는 안 된다. 수탁자는 지출 희망이나 '필요성'이 투자운용 관례나 정책을 결정하게 하면 안 된다.

모범적인 투자위원회의 경우 운용 업무를 관리(governance) 업무와 명확히 구분하는데, 이를 통해 훌륭한 관리 업무가 장기적인 정책의 틀을 제공하고, 운용 매니저가 효율적 · 효과적으로 일할 수 있도록 업무 환경을 지원, 보장한다는 점을 알고 있음을 증명한다.

모범적인 투자위원회에서는 누가 활동해야 할까? 특히 해당 기관의 최고경영자(CEO) 또는 최고재무책임자(CFO)는 투자위원회에 항상 참여하거나 정기적으로 회의를 열어서 위원회가 기관의 재정 운용상 도전 과제를 빠르고 확실히 이해할 수 있도록 해야 한다. 투자위원회에는 투자 경험에서만 나올 수 있는 일종의 지혜를 토대로 대비하고 판단할 수 있는 사려 깊고 정보에 밝은 위원들이 필요하다. 따라서 각 투자위원회 위원 대다수는 투자자로서 풍부한 경험이 있어야 한다. 위원회 위원 일부는 해당 기관 및 해당 기관의 재정에 대한 이해가 높은 사람들로 채울 수 있다. 모든 위원은 사람, 개념, 기관에 대한 올바른 판단을 보여주어야 한다. 아울러 '다른 사람들과 잘 어울릴' 수 있어야 한다.

위원회 업무는 시차를 두고 계획되어야 한다. 5~6년의 기간(한두 번 연임 가능)은 유능하지 않거나 해당 업무에 별로 관심을 보이지 않는 이들을 위원회에서 조용히 제외할 수 있게 해준다. 위원들은 배경, 경험, 능력이 달라야 한다. 모범 위원회의 임기는 평균 6~8년이다(모든 종류의 업무상 집단의 효과성 면에서 보면, 이 정도 평균 기간이 적당한 듯하다. 평균 임기가 짧다는 것은 위원들 서로가 너무 낯설어서 '상대방 이야기를 잘 들어주는 사람'이 되는 방법을 몰라 진정한 팀으로 일할 수 없음을 의미한다. 평균 임기가 길다는 것은 위원들이 서로의 말을 주의 깊게 듣지 않는다는 뜻이다).

투자위원회(일반적으로 1년에 네 번 개최)가 관리 집중 및 운용 불간섭을 해야 하는 데에는 두 가지 이유가 있다. 첫째, 오늘날 급변하는 자본시장에서는 분기별 위원회 회의가 운용상 의사결정을 내리는 데 적합하지 않다. 그들은 이를 잘할 수 없다. 둘째, 잘 조직되어 잘 돌아가는 위원회라도 다음과 같은 훌륭한 관리 의무에 전적으로 임하게 된다는 사실을 알게 될 것이기 때문이다. 즉, 리스크에 대한 적절한 제한 설정, 최적의 투자 정책과 목표 설정, 포트폴리오 구조 합의, 투자 매니저의 현명한 선택 보장, 시장에 희열이 가득한 기간과 근심과 두려움에 차 있는 기간 동안 꾸준한 투자 과정 유지, 합리적 지출 규정 수립, 기금이 기관의 전반적인 재정 관리 면에서 온전하고 적절한 역할을 수행할 수 있도록 재정위원회와 전체 이사회 간의 조율 등이 그것이다.

물론 모든 투자위원회는 양호한 장기 수익률에 관심이 높지만, 최고의 전문가들은 리스크 관리가 최우선 과제라는 것을 알고 있다. 특히 강세장 시기에는 더욱 그러한데, 이런 시기에는 리스크를 간과하기가 쉽기 때문이다.

각 매니저와 연계되는 예상 기간은 매우 길어야 한다. 이상적인 경우라면 '영원히'가 될 것이다. '영원히'는 비현실적으로 긴 시간으로 보일 수 있지만 그렇지 않다. 매니저 이직률이 높은, 액티브하게 운용되는 펀드에서는 매니저 교체에 따른 비용이 대개 인용되는 3~5%의 거래 비용보다 훨씬 클 수 있다. 더군다나 여기에는 위원회와 경영진이 최고 매니저들과 훌륭한 업무 관계 발전이라는 진짜 의무에 대한 철저한 처리라는 것으로부터 주의를 딴 곳으로 돌리는 숨겨진 비용도 있다.

위원회 모두가 이직률을 매니저 탓으로 돌리지만, 진범은 성급하게 고용하는 위원회인 경우가 흔하다. 이런 고용은 때로 단 한 시간짜리 '스피드 데이트' 면접 후 이루어진다. 그 이후의 주요 고려사항은 시장 대비 '양호한 실적'이기 때문에, 단기적으로 샀다 팔았다를 반복하며 매니저와 위원 모두의 좌절감을 키운다. 양측 모두 더 좋은 방법이 있음을 잘 알고 있다. 투자 운용 세계에서 훌륭한 지배구조를 잘못 이해하게 되는 이유는 단순히 거래를 제일 먼저 따지기 때문이다. 전쟁에서 단순한 사격이 장군들의 관심사가 아니듯 보통의 거래 그 자체는 훌륭한 지배구조의 중점사항이 아니다. 영화《패튼 대전차 군단(Patton)》에서 확인했듯이 장군들은 전략을 수립하고 병사들을 훈련시키며 조직을 운영한다.

여러 자산군으로 구성된 대규모 포트폴리오를 운용하고 적극적으로 활동하는 각각의 전문 투자 매니저들을 고용한 경우에는 분명히 수많은 거래를 비롯해 복잡한 정보와 불확실한 추정을 바탕으로 한 구체적인 결정 과정이 동반된다. 최고의 투자운용 프로세스라고 하면 실제로 최고 수준의 경쟁력을 보여주는 신중한 프로세스다.

탁월한 투자 운용은 늘 잘 설계된 지속하는 프로세스가 바탕이 된다. 그래서 최상의 투자운용을 위해 먼저 신중한 통제와 리스크 관리에 초점을 맞춰야 한다. 그다음으로 중요한 부분이 리스크의 한 부분인 유동성을 잘 관리하는 것이다. 이 두 가지 요건을 확실히 충족한 후에야 우수한 실적을 달성하는 데 초점을 맞추게 된다.

훌륭한 지배구조를 확립할 의무가 있는 투자위원회는 경영진이 최고의 투자 담당자를 모집, 육성, 보유한다는 깊은 목적의식과 함께 이 일련의 우선순위를 이해하고 이를 바탕으로 활동하도록 하는 책임이 있다. 이런 점에서 지속가능성이 늘 훌륭한 조직문화의 핵심요소가 된다. 또한 리더십의 승계가 자연스럽게, 또 누가 봐도 어렵지 않게 이루어져야 한다. 마지막으로 지속하는 프로세스를 근간으로 하는 투자운용 조직에 걸맞는 리더는 언제나 섬기는 리더다.

투자위원회가 투자 매니저의 고용과 해고에 중점을 두는 경우 두 가지 측면에서 기대에 못 미치는 결과를 낼 수밖에 없다. 첫째, 실수를 저지를 수밖에 없는 구조에 놓여 있다. 엄청나게 복잡하고 지속하는 프로세스에서 수집한 소수의 사례를 바탕으로 분기별로 단체 회의를 하고 30분이나 1시간 만에 의사결정을 하면 거의 확실히 오류를 범할 것이다. 검토한 항목들이 판단 기준으로 너무 부족할 것이다. 둘째, 해당 위원회가 장기적으로 더 중요한 문제를 논의의 대상으로 삼고 검토하기에는 시간이 너무도 부족할 것이다. 훌륭한 지배구조의 실제 기능을 이해한다면 다음과 같이 당연히 다뤄야 할 문제를 놓치는 셈이다.

1. 당신이 수립한 목표를 거듭 달성하는 데 필요한 역량과 경험, 정보를 매니저가 갖추었는가? 그렇지 않다면, 인력운영 계획에 문제가 있다고 보는가? 개선할 문제가 무엇인지, 어떻게 개선해야 할지 알고 있는가?

2. 그보다 더 중요한 각각의 영역에서 절대적 기준이 아니라 경쟁자들과 비교하여 매니저의 역량이 늘어나거나 줄어들고 있는가? 다시 말해, — 절대적이 아니라 — 비교적 당신의 매니저와 함께 하는 업무 프로세스가 향상되고 있는가? 아니면 쇠퇴하고 있는가?

3. 당신의 위원회는 최적의 시간 범위를 기준으로 삼는가? 5년이나 10년 — 아마도 그보다 더 긴 기간 — 이 매니저의 조직 역량을 평가하기에 알맞은 기간일 것이다. 당신의 핵심 투자 정책을 결정할 때는 그보다 더 긴 기간을 기준으로 삼아야 한다.

4. 투자자들이 일류 매니저와 연결되기 위해 경쟁해야만 하는 세상

에 우리는 살고 있다. 이런 현실에서 당신의 위원회는 당신의 조직을 위해 어떻게 '불공평한' 경쟁우위를 창출하고 있는가?

5. 투자 매니저들에게서 '우수한 의뢰인'이라는 평판을 얻거나 얻을 만한 자격이 있는가? 당신의 매니저들은 의뢰인인 당신에게 어떤 점수를 줄까? 당신이 1위인가? 아직 아니라면, 분명히 '가장 발전한' 수준은 되는가?

6. '최고의 의뢰인'이 되려고 수립한 전략이 있는가? 그에 대한 정의를 내렸는가? 객관적으로 — 매니저들의 관점에서 — 당신의 조직을 평가했는가? 당신이 고용하지 않은 매니저들이 당신을 어떻게 평가할까?

인덱스 투자의 분명한 이점은 수수료와 비용이 낮다는 것이다. 하지만 장기적으로 더 나은 투자 실적보다 중요하지는 않다. 그리고 그런 더 나은 실적은 다음 사안만큼 중요하지 않다. 인덱스 투자는 위원회가 정말 중요한 것에 계속 중점을 둘 수 있도록 해준다는 것이다. 바로, 자산 구성과 장기 투자 정책을 올바르게 하는 일 말이다.

마지막으로 투자위원회에서 일하기는 흥미롭고 즐거우며 성취감이 있어야 한다. 당신의 위원회가 이 세 가지 기준에 모두 부합하지 않는다면 변화를 모색하라. 정말 바꿀 수 없다면, 사임하라. 그리고 다른 곳에서 일하라. 모범적인 위원회는 이 세 가지 수준에서 전부 성공하게끔 설계되어 있다. 모범적인 투자위원회는 사임할 이유가 없다. 물론 그러한 위원회를 조직하는 데에는 사려 깊은 리더십이 필요한데, 이 또한 훨씬 더 재미있다.

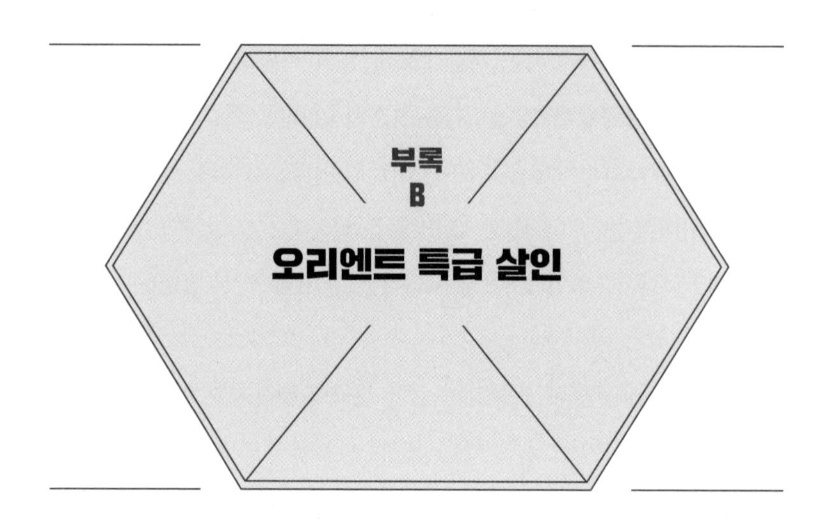

세계에서 가장 인기 있는 추리소설 작가 아가사 크리스티[67]는《오리엔트 특급 살인(Murder on the Orient Express)》에서 "당신이 해결할 수 있을까?"라며 놀라운 수수께끼를 창안해 독자들을 위한 추리게임을 완성했다. 단서는 여러 방향을 가리켰으나 확실하지는 않았다. 결국 줄거리가 촘촘해지는 가운데 영리한 벨기에 탐정 에르큘 포와로(Hercule Poirot)는 마침내 절묘하게 독자들을 다음과 같은 명백한 결론으로 이끌었다. 범인은 한 명이 아닌, 용의자 모두가 범인이다!

이처럼 현실에서도 뮤추얼 펀드와 기타 기관 투자자가 우월한 실적, 즉 '시장을 능가하는' 실적이라는 흔한 것 같아도 매우 보기 어려운 투

67 크리스티 작가의 탐정 소설 66편 및 단편 소설집 14편을 합하면 성경과 셰익스피어를 제외한 나머지보다 많이 판매되었다.

자 목표를 계속 달성하지 못하는 일이 설명될 수 있다. 실적은 계속 실망스러운데, 원인에 대한 단서와 용의자로 이어지는 증거는 넘치고, 의심과 증거는 가능성 있는 범인을 일제히 가리키며, 그들 중 누구라도 가해자가 될 수 있다.

그러나 의도치 않게 '실적을 내는 데 실패하는' 문제점은 많은 투자자가 매우 높은 목표를 세우고 애초에 비현실적인 기대치를 설정한 후에 최근 실적이 더 좋아 보인 수익률이 들쭉날쭉한 매니저들을 고용함으로써 더욱 악화된다. 넷 중 하나 이상은 상위 25% 실적을 달성한다는 것이 통계적으로 분명히 불가능함에도 불구하고, — 상위 25%라는 객관적 용량의 두 배가 명백히 넘는 — 대다수 펀드는 이를 목표로 엄숙히 선언한다. '워비곤 호수(Lake Wobegon, 자신의 능력을 과대평가하는 오류를 '워비곤 호수 효과'라고 함. 미국의 작가 개리슨 케일러가 한 라디오 쇼에서 워비곤 호수라는 가상의 마을 사람들이 모두 자신을 과대평가하는 것으로 설정한 것에서 유래-옮긴이)'의 팬이라면 놀라지 않을 것이다. 행동경제학자들 역시 놀라지 않을 텐데, 이들의 연구에 따르면 다수의 자기 평가 사례에서 그 유명한 '80 대 20 법칙'이 나타난다고 한다.

적어도 우려되는 점은, 실적이 좋은 펀드가 벤치마크를 1.5배 능가하는 것만큼 실적이 저조한 주식 매니저들은 벤치마크보다 1.5배쯤 부진하다는 것이다. 따라서 그런 펀드의 '타율(안타 수를 타석수로 나눈 비율-옮긴이)'은 두 배 위축된다. 기관 포트폴리오 실적에 대한 연구에 따르면, 펀드 중 24%는 추종하는 시장 벤치마크보다 상당히 부진해 손실을 기록하고(마이너스 알파 기록), 펀드 중 75%는 거의 시장 수준의 수익률을 내며(0의 알파 기록), 펀드 중 1% 미만은 비용을 뺀 뒤 통계적으로 상당히 우수한 실적을 달성하는데, 그 수치는 거의 0에 가깝다.[68] 여기서 그동안 기관 펀드의 실적이 시장 대비 부진했던 이유를 나타내는 증거를 살펴보자.

기관 펀드들이 자금을 맡겼던 특정 매니저들에 대한 거의 50년 이상의 연구 결과 데이터에 따르면, 신규 계좌 다수는 최근 우수한 실적을 기록한 매니저들에게 맡기고(주로 이런 매니저들의 최고 실적이 나온 시기 이후) 최악의 실적을 낸 시기 이후에 실적이 저조한 매니저들은 내보낸다(자주 인용되는 또 다른 부정적 요소는 가격이 오른 후 자산군 또는 세부 자산군을 시장에 투입하고, 가격이 하락한 후 자산군 또는 세부 자산군을 회수한다는 것이다. 이는 자산을 잘못된 시기에 잘못된 방향으로 움직이는 것이다). 이처럼 '비싸게 매수해 쌀 때 매도하는' 행동 패턴은 투자자들에게 수십억 달러의 비용을 부담시킨다.[69] 〈B-1〉의 신뢰할 만한 데이터에 따르면, 일반적으로 기관 투자자들은 벤치마크보다 수익률이 부진한 것으로 나타났다. 정규직 직원, 컨설턴트, 최고의 매니저로 여겨지는 매니저를 선택할 수 있는 능력 등 많은 경쟁 우위가 있는데도 그렇다.

〈B-1〉에서 주목해야 할 점이 있다. 해임이 진행되기 전의 수익률을 봤을 때 해임된 매니저들과 채용된 매니저 간에 통계적으로 뚜렷한 차이가 있었다. 반면에 매니저가 교체된 후에는 해임된 매니저와 채용된 매니저들 간에 통계적으로 의미 있는 차이가 없었다.

---

68 로런트 배러스(Laurent Baras), 올리비에 스캐일렛(Olivier Scaillet), 러스 워머스(Russ Wermers), '뮤추얼 펀드 실적에 대한 잘못된 발견: 추산된 알파로 운수 측정하기', 〈금융 저널(Journal of Finance)〉 65호 제1번(2010년 2월), 179~216p.

69 스콧 D. 스튜어트(Scott D. Stewart), 존 J. 뉴만(John J. Neumann), 크리스토퍼 R. 니텔(Christopher R. Knittel), 제프리 하이슬러(Jeffrey Heisler), '가치 부재: 기관 연금 제공기관별 투자 배분 결정 분석', 〈금융 분석 저널(Financial Analysts Journal)〉 65호, 제6번(2009년 11월/12월), 34~51p. 이들은 연간 비용이 3,000억 달러를 초과할 것으로 추산했다.

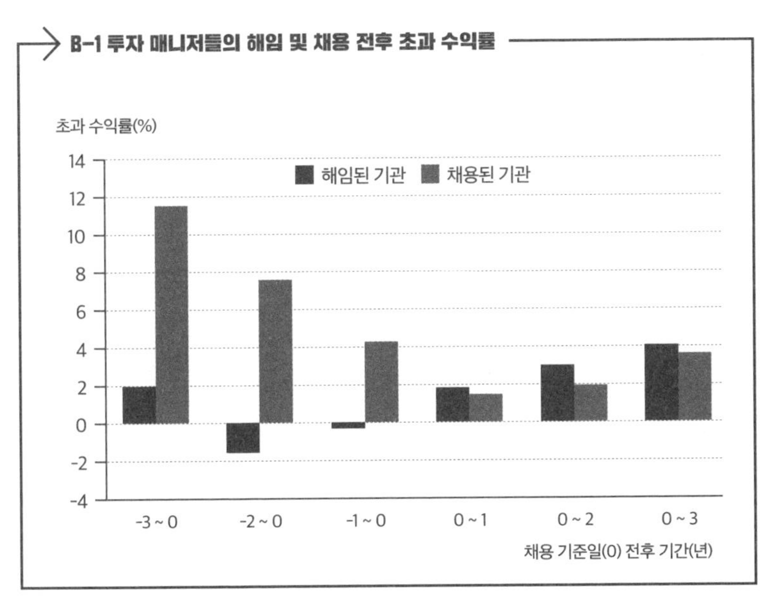

B-1 투자 매니저들의 해임 및 채용 전후 초과 수익률

출처: 아미트 고얄 & 수닐 와할(Amit Goyal and Sunil Wahal, 2008. <금융 저널> 63호 제4번, 2008년 8월)

3,000개 이상 기관 펀드를 대상으로 이루어진 최근의 한 연구에 따르면, 채용된 매니저들은 해임된 매니저들보다 채용되기 전 3년 동안 꽤 높은 수익률을 달성했다(채용된 매니저들은 3년 동안 연간 각각 12.5%, 7.8%, 4.3%라는 상당한 미국 주식 초과 수익률을 올렸다).[70] 그러나 신규 매니저 채용 후 3년 동안, 해임된 매니저들이 사실상 신규 매니저들보다 약간 높은 수익률을 냈다.

계속 반복되는 이러한 차이는 반복을 통해 누적되는 두 종류의 비용을 초래한다. 의미심장하게도 대체로 중요한 것은 매니저 교체 후 해임된 매니저와 비교해 신규 매니저의 부진한 실적에 대한 자잘한 비용이

70 아미드 고얄(Amit Goyal)과 수닐 와할(Sunil Wahal), '연금 제공기업별 투자운용사 선정 및 해임', 〈금융 저널(Journal of Finance)〉 63호 제4번(2008년 8월), 1,805~1,847p.

아니라 교체 전에는 몇 년 동안 수익률이 좋았던, 조만간 해임될 매니저의 상당히 저조한 실적이다.

역설적이지만, 일단 채용을 마치면 매니저를 채용하는 과정이 나중에 얼마나 자주 또는 어째서 실망스러운지 연구하는 사람이 거의 없다. 해임된 액티브 매니저들은 자기들의 부진한 운용이 일시적인 '비정상'이었을 따름이며, 근거 없는 낙관주의를 지닌 채 더 나은 시기를 기다렸으면 더 좋은 실적을 기대할 수 있었을 거라고 스스로에게 말할 수도 있다. 한편 고객들은 나쁜 매니저들을 정리한 것이 현명했던 거라고 스스로에게 말한다. 고객이나 매니저 모두 실제 경험을 살펴보지도 않고 배우지도 않는다면, 지속적인 실적 부진 문제는 분명히 계속될 것이다.[71]

고객이 자신의 경험을 살펴보았다면, 가장 심각한 비용은 우수한 실적을 낼 수 있는 매니저를 식별하려고 할 때 감수한 리스크에서 비롯된다는 것을 알 수 있다. 그러나 어떤 매니저가 우수한 미래 실적을 달성할 가능성이 높은지 식별하기 위해 과거의 실적을 활용한다면 실망할 가능성을 높일 것이다. 왜냐하면 과거의 실적은 아무리 뛰어나 보여도 미래 실적을 예측할 수 없기 때문이다.

한 유령이 액티브 운용을 따라다니고 있다. 시장 추종 리스크에서 시장 추종 수익률을 일관되게 제공하는 인덱스 펀드[72]에 부과하는 매우

---

71 사회과학자들은 서비스를 받기 위해 줄을 서는 경우 줄 바꾸기와 관련한 법칙인 에토레의 법칙(Ettore's Law)이라는 문제를 알고 있다. 우리 대다수도 '은행 창구 줄서기 역설'을 안다. 즉, 당신이 은행에서 줄을 옮겨서 서는 경우 새 줄 대기시간이 느려지는 만큼, 이전에 서 있던 줄은 왠지 속도가 빨라지는 듯하다는 것이다.

72 놀랍게도 일부 인덱스 펀드조차 S&P 500 추종 펀드에 대해 무려 0.75%에 이르는 높은 수수료를 부과한다.

낮은 '상품' 수수료는 액티브 매니저들이 시장을 이길 경우에만 실제 가치를 제공할 수 있음을 의미한다. 그러나 이는 알다시피 대부분의 경우 특히 장기적으로는 그렇지 않다. 액티브 운용의 실질적인 한계비용은 액티브 매니저가 제공하는 증가 수익률 대비 그들이 부과하는 증가 수수료다.[73] 정확히 보면, 액티브 운용은 제공한 가치보다 더 많은 비용을 받는 서비스에 불과할 수 있다(겉으로 보이는 비용 대비 실제 비용에 대해 공부해본 사람이라면 강아지에 대한 진짜 비용은 구입 가격이 아니며, 보트 구입에 대한 진짜 비용은 보트 상인에게 지불하는 게 아니라는 것을 떠올릴 수 있을 것이다). 실제 수수료(부가 가치가 늘어날수록 증가하는 수수료)는 실제로 액티브 매니저가 제공하는 가치의 100% 이상이다.

특히 오늘날의 고도로 전문화된 시장에서 고객들은 수수료와 운용 비용이 실적부진 문제의 주요 부분임을 점차 깨닫고 있다. 잔인한 역설은 너무 많은 액티브 매니저들이 매우 숙련되어 있고, 성실하며, 능력도 뛰어나 시장을 집단적으로 좌우한다는 것이다. 그래서 전문가 컨센서스를 능가할 수 있는 매니저는 거의 없으며, 만약 있다고 해도 당황스럽게도 투자자들은 어떤 매니저가 그럴 수 있는지 알 수 없다. 액티브 매니저의 10퍼센트만이 장기간 상위 25%의 실적을 올리기 때문에 수치로 보더라도 당신이 인덱스를 추종한다고 하면, 액티브 매니저의 10%만이 그만한 실적을 올리거나 그보다 높은 실적을 올린다는 의미일 것이다. 그러니 당신이 인덱스에 투자하면 당신의 펀드가 상위 25% 중에서도 상위 절반에 속하는 것이다. 투자자들 대부분이 '이기는 투자'

73 데이비드 F. 스웬슨(David F. Swensen), 《이례적인 성공: 개인 투자의 기본 방식》, 뉴욕: 프리 프레스, 2005년.

라고 생각하는 실적이다.

투자업계 종사자들은 제도적 실적 부진이라는 범죄의 유력한 용의자로 부족함이 없다. 내가 유럽, 아시아, 북미 전역의 주요 투자운용사들과 30년 동안 사업전략 업무를 진행해보니, 유력 용의자는 투자 매니저들이 틀림없음을 깨닫게 되었다.

정황 증거는 상당했다. 자신이 유능하고, 성실하며, 훈련도 잘 받았고, 헌신적이라는 것을 아는 액티브 매니저들은 본인 업무의 가치를 굳게 믿는다(행동경제학자들은 이를 친근성 편향이라고 한다). 거의 모든 액티브 매니저들은 신규 사업 발표와 분기별 점검 회의 때 자기들의 실적 기록을 가장 유리해 보이도록 발표하기 위해 이해할 만한 유혹에 굴복했다.[74] 그래서 그들의 기록은 거의 항상 '향상'되었다. 경력상의 실적 차트에 표시되는 연도는 종종 가장 좋은 인상을 남길 수 있도록 선별되었고, 결과가 비교되는 벤치마크는 흔히 비슷한 이유로 선택되었다.

저조한 실적에 대한 책임이 투자 매니저들에게 있다는 또 다른 단서도 있다. 투자 철학과 의사결정 과정은 그것이 아무리 복잡하게 이루어졌어도 너무 빈번히 지나치게 단순화되었고, 선별된 데이터로 기록되었으며, 설득력 있는 '보편적 사실'로 명확하게 표현되었다. 잠재 고객들과 기존 고객들은 각각의 매니저가 실적 경쟁에서 매우 흥미로운 개념적 경쟁 우위를 개발했다고 믿게 되었다. 어느 매니저도 기업 정보와 철저한 분석이 확산됨에 따라 투자운용이 얼마나 어려워졌는지 솔직히 이야기하지 않았지만, 경쟁자들은 늘어났으며, 한때 액티브 매니저의 경

---

74 언젠가 빙 크로스비(Bing Crosby)가 노래했듯이, 그들은 '긍정적인 것을 강조하고 부정적인 것을 제거'한다. '미스터 중간(Mr. In-Between)과는 상종하지도' 않았다.

쟁 우위인 '비법 양념'으로 여겨졌던 정보는 갈수록 더욱 상품화되었다.

현실주의자들은 투자 매니저들이 우수한 실적을 바탕으로 본인 회사 설립을 원했을 수도 있는 만큼, 다음과 같은 경제적 이유가 동기로 작용했을 것으로 추측하곤 한다. 즉, 새로운 사업을 더 많이 수주해서 가능하면 기존 사업만큼 오래 유지하기 위해서라고 말이다. 여러 나라의 200개가 넘는 다양한 규모의 투자기관에서 거의 30년 동안 경험을 쌓고 난 후, 나의 시각은 현실주의자들이 제기하는 의혹에 점점 솔깃해졌다. 투자 매니저들의 경쟁 순위를 면밀히 살펴본 결과, 다음과 같은 설득력 있는 경우가 추려졌다. 매니저들은 심지어 빠른 시일 내에 계속 더 우수한 실적을 내기가 대단히 어려울 것임을 나중에 알아차리고도, 그들은 최근 몇 년간 실적 수치가 특히 좋았을 때 계속 외부에 나가 영업하고 신규 계좌를 유치하고자 특별한 노력을 기울였다는 것이다. 아마도 그들은 그랬을 것이다. 그렇지 않겠나?[75] 현실주의자들이 파악한 바로는, 본인 실적이 가장 좋아 보였을 때 신규 사업을 수주하려고 열심히 영업한 매니저들이 신규 사업을 더 많이 따냈고, 실적이 부진한 시기에도 노련하게 시간을 때운 매니저들은 기존 사업을 더 많이 유지했다. 그래서 목격자들에게 의뢰를 받았든 받지 않았든, '이게 추리소설이라면' 증거는 투자 매니저들이 제도적 실적 부진을 초래한 죄가 있다고 가리켰다.

그러나 곰곰이 생각해보니, 또 다른 용의자 집단이 고려되어야 함을 깨달았다. 바로 투자 컨설턴트다. 그들은 보수를 받고 투자자의 현재 매

---

75 당신이 1세대 서비스 사업사에게 맡기는 10억 달러가 적다고 생각하지 않을 경우, 서비스 판매업자에 대한 지급액도 커진다.

니저 점검과 신규 매니저 선정을 돕는다. 물론 그에 앞서 우선 실적이 저조한 매니저에 대한 고객들의 해임 결정을 돕는다. 바쁜 대다수 투자자의 관점으로 수백 명의 잠재적 투자 매니저들을 평가하고, 매니저들의 '실적' 수치를 체계적으로 평가하며, 주요 매니저들과 정기적으로 만나고, 과거에 했던 계약과 실제 움직임을 철저히 비교해주는 전문가를 활용하는 것은 타당했다. 표면적으로는 고객의 최선의 이익에만 전념하는 이러한 전문가들은 광범위하면서도 집약적인 평가를 할 수 있으며, 독립적이다.

현실주의자는 투자 컨설팅이 사업이라는 점에 주목하곤 한다. 컨설턴트는 고객을 위해 대단한 실적을 올리고 싶겠지만, 비즈니스 경제학은 거의 필연적으로 전문성을 향한 열망을 지배한다. 일단 투자 컨설팅 회사에서 매니저 평가와 데이터베이스 생성에 드는 연구비가 충당되고 나면, 이후 계정 증가에 따른 연간 이익률은 90%가 넘는다. 그리고 잘 관리된 관계는 미래까지 여러 해 동안 이어지기 때문에, 계좌의 경제적 가치는 그저 올해 수수료로 그치는 게 아니라 수년 동안의 미래 수수료에 대한 순 현재 가치가 된다. 마찬가지로, 상실한 계좌의 수수료에 대한 순 현재 가치의 90% 이상은 해당 투자 컨설팅 기업의 이익률을 직접적으로 낮춘다. 따라서 컨설팅 회사 소유주들은 자사 비즈니스 관계에 세심한 주의를 기울이고 있으며, 그러므로 위기 상황에 놓여 있는 모든 매니저의 우선순위는 분명히 다음과 같다. 즉, 계좌를 잃어서는 안 된다! 결국 이러한 우선순위는 필연적으로 모든 컨설팅 회사에서 일하는 모든 사람의 행동을 지배한다.

이 일의 엄청난 어려움을 감안하면, 어떤 기업이라도 뛰어난 잠재력을 지닌 매니저를 어떻게든 지속적으로 식별하고, 실망을 안겨주려는 매니저들을 솜씨 좋게 해임할 수 있을 것으로 가정하는 것은 순진한 행동이다. 각각의 고객이 여러 매니저로 분산하도록 권장해 강력한 방어적 포지션을 구축하는 것이 훨씬 현명한 사업전략일 것이다. '많을수록 더욱 즐거운' 분산은 특정 매니저의 실적 부진이 컨설턴트의 고객 관계와 향후 수수료에까지 해를 입힐 수 있는 리스크까지도 분산시킴으로써 컨설턴트의 사업을 보호한다.

컨설턴트들이 근무하는 투자 컨설팅 회사의 이익은 경제적 측면에서 가능한 한 여러 해 동안 가장 많은 계좌를 유지하는 데 중점을 둔다. 이러한 컨설팅 회사의 이익은 고객의 장기적인 주요 이익과 잘 맞지 않는다. 양측 모두 그렇게 되기를 원한 건 아니지만, 컨설팅 회사와 — 고객의 — 주요 행동 양식 간의 충돌은 예측되었어야 했다.

내가 보기에, 물론 이러한 포트폴리오 분산전략은 고객들이 상대하는 매니저 수 증가로 이어져서 한 명 이상의 매니저가 실망스러운 실적을 낼 가능성도 높였다. 그것은 또한 현재의 매니저 중 한 명이 불안정하거나 실패했을 때 데려올 수 있는 매니저뿐 아니라, 투자자가 그러한 매니저들을 살펴보는 컨설턴트에게 더욱 의존하도록 만들었다. 매니저 전체에 대한 모니터링은 투자자가 매니저 정보와 평가, 그리고 판단을 컨설턴트에게 의존하도록 만들었다.

투자 컨설턴트들은 투자자가 최종 선택을 할 수 있도록 상당히 흥미로운 최근 실적을 보이는 매니저만 추천하고 '실망스러운' 매니저를 옹호해서 점수를 잃지 않으려는 방법을 익혔다.(혹 컨설턴트가 다음과 같이 말하며 투자 매니저를 추천한 적이 있지 않았는가? "이 매니저의 최근 실적은 확실히 유리해 보이지는 않아도, 저의 전문적 의견은 이 매니저가 특히 강한 팀을 두고 있고 그 팀의 스타일에 불리했던 시장에서 폭풍우를 이겨냈다는 것입니다. 그래서 우리는 이 매니저가 향후 우수한 실적을 낼 수 있을 거라고 생각합니다.")

마지막으로, 매년 어떤 매니저가 계좌를 수주하고 또 어떤 매니저가 계좌를 상실하는지 추적한 결과, 컨설턴트들의 고객들은 최고 수익률을 낸 이후의 매니저를 고용하고 최악의 수익률을 낸 이후의 매니저를 해임하는 것으로 나타났다. 따라서 증거는 다음과 같은 결론으로 귀결된다. 컨설턴트들에게도 죄가 있다! 이들은 투자자의 실적 저하를 초래한 범죄에 대해 유죄 또는 최소한 공범이다.

그러나 신중한 관찰자가 봤을 때, 의혹은 또 다른 방향으로도 향하고 있다. 바로 개인 투자자 또는 기관의 펀드 책임자들 말이다. 투자 매니저들은 오래전부터 늘 매우 숙련된 솜씨를 갖추고 거래를 성사시키기 위해 거액을 내는 사람들, 그리고 절대적 결정으로 승리하는, 사회적으로 지배적인 사람들의 뜻을 대리하는 것을 배웠다.[76] 줄곧 그들의 잘못은 아니지만, 기관 펀드 책임자들과 개인 투자자들은 압도당한 상태에 놓여 있다. 투자 서비스를 조심스럽게 매수한다기보다 대다수 투자자가 해당 서비스에 영업을 당한다. 그리고 액티브 투자 매니저에게 영업 당하기 가장 쉬운 시기는 투자 실적이 절정에 올라 있을 때다. 그래서 현실주의자는 내키지는 않더라도 '투자자가 다 그렇지 뭐'라는 암울한 결론을 내린다.

---

76 투자 매니저의 상담과 거리를 두는 경우에 대한 한 가지 설명은 다음과 같다. 기관들이 더 많은 수의 전문 투자 매니저를 활용하게 되면서, 기관들이 분명 두 기능을 분리하여 외부 감사인이 재무 보고를 감시하듯 독립 투자 컨설턴트가 매니저들을 감시하도록 하기를 원했다는 것이다.

그렇지만 이런 결론이 그리 성급한 건 아니다. 나는 아시아, 북미, 유럽, 중동 등지의 투자위원회 10여 곳에서 1,000만~4,000억 달러 규모에 이르는 기금들과 일하며, 증거가 또 다른 놀라운 범인에게도 분명 혐의가 있다고 가리키는 것을 보았다. 개별적으로나 집단적으로나 그들 모두는 최선의 의도로 행동한 것이었음에도 불구하고, 그 투자위원회는 실적 부진이라는 범죄의 가해자일 것이다.

그 증거를 살펴보자. 첫째, 많은 위원회가 투자에 대한 많은 통념을 쓸모없게 만든 투자시장의 실질적인 변화를 반영하지 않는 방식으로 운영된다. 특히 이처럼 시대에 뒤떨어진 통념은 투자위원회에서 자주 일하는 고령자들이 여전히 고수하고 있다. 그러나 의도치 않게 많은 투자위원회가 목표를 잘못 정의하면서 이제는 역효과가 나타나는 방식으로 이루어져 있다. 따라서 셰익스피어의 표현을 빌려 말하자면 이렇다. "친애하는 브루투스, 잘못은 우리 별에 있는 게 아니라 우리에게 있다네."

그러나 축적된 증거를 객관적으로 검토한 후 투자위원회 위원들이 실적 저조를 초래한 것에 대해 공언하려 해도 위원회에 전적으로 책임이 있는 것은 아니다. 그들은 유죄이긴 하지만 단독 범행은 아니다. 그들에게는 공범이 많다. 액티브 투자 매니저, 투자 자문가, 컨설턴트도 역시 유죄다. 유죄인 용의자는 한 명이 아니다. 그들 모두가 유죄다.

많은 독자가 즐겨 보았던 아가사 크리스티의 소설 《오리엔트 특급 살인》 '마무리' 부분에는 역설적인 반전이 자주 나오는데, 죄를 지은 무리 중 실적 부진이라는 범죄에서 자신의 역할을 인정할 준비가 되어 있는 사람은 없다. 모든 용의자는 자기들이 양심적으로 일한다는 것도 알고, 열심히 일한다는 것도 알고 있어서 자신이 진심으로 결백하다고 믿는다. 그들은 이 범죄에서 자기들의 역할을 인정하지 않는다. 아무도 범죄가 저질러졌다는 사실을 인식조차 못 하는 듯하다.

투자 세계에서 유죄 판결을 받은 이들 또한 증거를 살펴보고 자신의 적극적인 역할을 인식할 때까지는, 비록 의도하지 않은 채 저지른 일이긴 해도 액티브 운용의 실적 부진이라는 범죄가 계속 벌어질 것임을 깨닫지 못할 것이다.

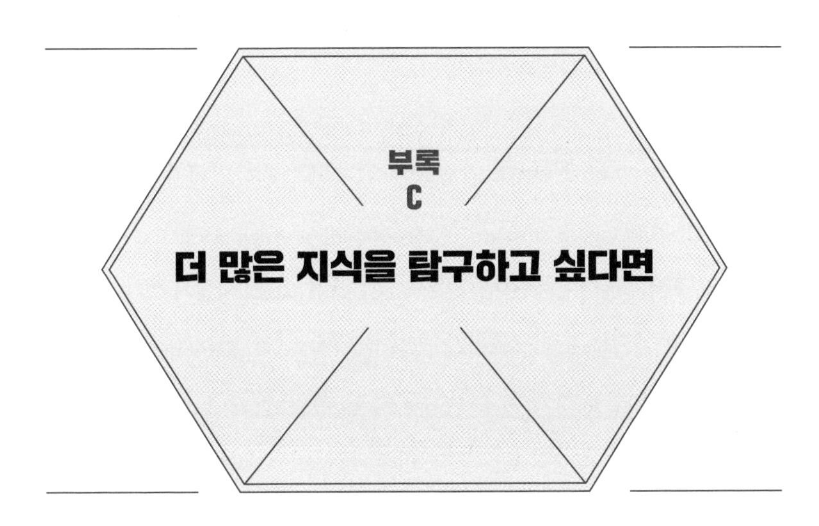

더욱 현명한 투자자, 성공적인 투자자가 되기를 원하는 당신을 위하여 투자 세계의 가치와 즐거움을 더하여 줄 만한 추천도서 12가지를 소개한다.

1.《버크셔 해서웨이 연례 보고서(Berkshire Hathaway Annual Reports)》. 가장 성공적인 투자자로 널리 알려진 워런 버핏이 본인과 파트너 찰리 멍거가 무엇을 하고 있는지, 그리고 왜 그렇게 했는지에 대해 유머와 많은 솔직함을 섞어 설명한다. 기분전환용 독서 속에 심오한 교훈을 담은 이 유쾌하고 놀라운 연례 보고서는 모든 투자자를 위한 공개 강연장이다. 당연한 이야기지만 매년 열리는 그 유명한 버크셔 주주 총회 또한 마찬가지로 솔직하고, 재미있고, 유익하다. 현재와 과거의 연례 보고

서는 berkshirehathaway.com에서 확인할 수 있다.

2. 투자운용 분야의 창시자로 알려진 벤저민 그레이엄의 저서《현명한 투자자(The Intelligent Investor)》(Harper Collins Business Essentials). 이 책은 '고급 입문서'다. 투자에 관한 가장 인기 있는 해설가 중 한 명인 제이슨 츠바이크(Jason Zweig)가 우리 시대에 대한 통찰과 균형감으로 가득 채우고 빈틈없이 주석을 붙인 판본을 출판했다. 더 깊고 폭넓으며 정확한 내용을 원한다면《증권 분석(Security Analysis)》(McGraw-Hill)의 도움을 받아보자. 이 책은 종종 저자의 이름을 따서 '그레이엄과 도드'라고 불린다. 6개의 개정판본을 거친 80년 동안 이 책은 전문 투자자들의 바이블이었다.

3.《탭 댄스를 추며 출근하기(Tap Dancing to Work)》(Portfolio Penguin)는 캐롤 루미스(Carol Loomis)가 오랜 친구인 워런 버핏에 관해 〈포춘〉에 기고했던 여러 원고에 주석을 붙여 엮은 책이다.

4. 뱅가드의 설립자 존 보글의 저서《존 보글 투자의 정석(John Bogle on Investing: The First 50 Years)》(McGraw-Hill). 존 보글은 개인 투자자를 위한 호민관이었으며, 명확하게 사고했고 글도 잘 썼으며, 우리 모두 마음에 새겨 활용할 만한 많은 말을 남긴 개혁운동가였다.

5.《포트폴리오 성공 운용(Pioneering Portfolio Management)》(Free Press). 예일 대학교의 매우 성공적인 최고투자책임자 데이비드 F. 스웬슨

(David F. Swensen)은 전문용어와 복잡한 방정식은 쓰지 않고 훌륭한 생각과 판단을 듬뿍 담아 철저히 현대적 방식으로 비과세 포트폴리오 운용방법을 설명한다. 관심 많은 아마추어가 충분히 접근할 수 있는 이 책은 전문적인 투자에 대해 다룬 책 중 가장 뛰어나다. 예일대 기부금의 각 측면의 이면에 숨겨진 논리에 대한 스웬슨의 친절하고 명쾌한 설명은 다른 모든 기관이 다음과 같은 핵심 질문들에 대한 해당 기관만의 답을 찾을 수 있도록 안내한다.

- 해당 기관의 전략적 포트폴리오 구조는 무엇이며 그렇게 짠 이유는 무엇인가?
- 해당 기관은 투자 매니저를 어떻게 선정하고 그렇게 하는 이유는 무엇인가?
- 해당 기관의 지출 규정은 무엇이며 그렇게 하는 이유는 무엇인가?
- 투자위원회의 특정한 기능과 의무는 무엇이며 그렇게 하는 이유는 무엇인가?

6. 《생각에 관한 생각(Thinking, Fast and Slow)》(Farrar, Straus and Giroux). 우리의 행동은 경제학자들이 믿었던 것만큼 합리적이지 않고 우리의 비합리적인 행동이 놀라울 정도로 일관되고 예측 가능하다는 것을 알려주는 책이다. 대니얼 카너먼(Daniel Kahneman)과 몇몇 주요 행동경제학자들이 했던 작업들을 매력적으로 설명한다.

7. 구스타브 르 본(Gustave Le Bon)의 저서 《군중(The Crowd)》(Dover Publications). 오래전에 출판된 이 책은 똑똑한 사람들도 집단에 참여할 때, 또는 더 나쁜 경우에는 군중들의 일부가 될 때 이성과 개성을 잃는다는 것을 보여준다. 투자자들은 거품이나 패닉을 일으키며 '집단행동'

을 상당히 빈번하게 나타낸다.

8. 앤드류 토비아스(Andrew Tobias)의 저서 《당신에게 필요한 단 한 권의 투자 안내서(The Only Investment Guide You'll Ever Need)》(Mariner Books). 어려운 말이 없어서 쉽게 읽을 수 있는 입문서다. 이 책은 명확하고 이해하기 쉬우며 솔직하고 매력적이다. 괜히 150만 부 이상 팔린 것이 아니다.

9. 프린스턴 대학교의 전설적인 교수 중 한 명인 버턴 말킬(Burton Malkiel)의 저서 《랜덤워크 투자수업(A Random Walk Down Wall Street)》(W. W. Norton). 200만 부 넘게 팔린 이 대중적이고 매력적인 안내서는 전문가와 투자자 모두가 알아야 할 최고이자 가장 유용한 연구결과, 그리고 여러분의 투자 생활에서 그 능력을 발휘하는 방법을 모두 알려준다.

10. 《투자자 앤솔로지(The Investor's Anthology)》(John Wiley & Sons)는 전문 투자자들에게 '경종을 울리는' 유명한 통찰과 사상을 담고 있다. 매우 영향력 있는 주요 기고문을 엮은 책이다.

11. 《인덱스 혁명(The Index Revolution)》(John Wiley & Sons)은 시장이 여러 중요한 측면에서 변화함에 따라 어떻게 당신이 액티브 투자자에서 인덱스 투자자가 되어야 하는지를 이야기한다. 아직도 인덱스 투자를 하지 않는 투자자는 인덱스 투자에 대한 이 설득력 있는 사례를

읽어보고 결정하기 바란다.

12. 버턴 G. 말킬과 찰스 D. 엘리스의 저서《투자의 요소(The Elements of Investing)》(John Wiley & Sons)는 부족하지만 명확한 투자 안내서다. 초보자가 실제로 알아야 할 모든 것을 담고 있으며 2시간 안에 쉽게 읽을 수 있다.

13. 피터 번스타인(Peter Bernstein)의《세계 금융시장을 뒤흔든 투자 아이디어(Capital Ideas)》(John Wiley & Sons)는 금융과 투자이론을 개척한 사람들이 지난 40년간 투자의 통념을 바꿔놓은 과정을 생생한 현장감을 가지고 살펴볼 수 있는 책이다.

패자의 게임에서 승자가 되는 법

초판 1쇄 | 2010년 6월 5일
개정1판 1쇄 | 2020년 9월 10일
개정2판 1쇄 | 2021년 12월 15일

지은이 | 찰스 엘리스
옮긴이 | 이혜경, 방영호

발행인 | 박장희
부문 대표 | 이상렬
제작 총괄 | 이정아
편집장 | 조한별
책임편집 | 최민경, 우경진

디자인 | 김윤남

발행처 | 중앙일보에스(주)
주소 | (04513) 서울시 중구 서소문로 100(서소문동)
등록 | 2008년 1월 25일 제2014-000178호
문의 | jbooks@joongang.co.kr
홈페이지 | jbooks.joins.com
네이버 포스트 | post.naver.com/joongangbooks
인스타그램 | @j__books

ISBN 978-89-278-1272-2 03320

중앙북스는 중앙일보에스(주)의 단행본 출판 브랜드입니다.